语文其实很有趣

从良老师『超级语文课』

刘从良 著

北京时代华文书局

图书在版编目（CIP）数据

语文其实很有趣：从良老师“超级语文课”/ 刘从良著 . -- 北京：北京时代华文书局，2024.4

ISBN 978-7-5699-5061-8

Ⅰ . ①语… Ⅱ . ①刘… Ⅲ . ①中学语文课－教学参考资料 Ⅳ . ① G634.303

中国国家版本馆 CIP 数据核字 (2023) 第 237908 号

Yuwen Qishi Hen Youqu: Congliang Laoshi “Chaoji Yuwen Ke”

出 版 人：陈　涛
策划编辑：王　灏
责任编辑：李　兵
执行编辑：王　灏
责任校对：薛　冶
装帧设计：柒拾叁号 13810257834
内文版式：赵芝英
责任印制：訾　敬

出版发行：北京时代华文书局 http://www.bjsdsj.com.cn
北京市东城区安定门外大街 138 号皇城国际大厦 A 座 8 层
邮编：100011　电话：010-64263661　64261528

印　　刷：三河市嘉科万达彩色印刷有限公司
开　　本：787 mm×1092 mm　1/16　　成品尺寸：185 mm×260 mm
印　　张：16.25　　字　　数：260 千字
版　　次：2024 年 4 月第 1 版　　印　　次：2024 年 4 月第 1 次印刷
定　　价：58.00 元

序言

刘从良老师在教学之余，笔耕不辍，近年来潜心创作了大量作品，将语文教学心得付诸笔端。近日，刘老师拟将这些作品集结成书，以便与语文学界同人交流，也希望更多学子能从中有所收获。为此，我不揣浅陋，谈谈与刘老师的结识过程、交往故事，以及对这些文章的一些观感。

“海内存知己，天涯若比邻。”将诗人王勃在离别之际劝慰友人的诗句，拿来描述我与刘老师相识的过程，也是十分恰切的。一天，在浏览微信朋友圈时，我点开了一个公众号的链接，阅读之后，大呼精彩。小说、散文、诗歌这些语文学习的文本可能大家都很爱看，但是分析、解读类文字难免失之枯燥、烦琐，这篇公众号文章却能在讲解语文学习的方法的同时让文字闪耀出智慧和幽默的光芒，在不知不觉间读完一篇数千字的文章并有所获益，实属难得。

有别于钱锺书先生关于“鸡蛋”与“鸡”的妙论，因为编辑工作的特殊性，我不仅要寻找佳作，更需要创作佳作的作者。寻根溯源，终于隔着屏幕，隔着从太原到合肥的千里距离，我见到了刘老师。

前段时间，我邀请刘从良老师在《语文报·高中版》开设一个专栏，从语文学习的浩瀚大海中选取几个细微的点来谈谈看法，做些指导。刘老师欣然应允，随即开始收集资料、梳理思路、寻找话题。随后，在一次次的交流中，在一次次对写作话题的否定与重新确定中，我们加深着对如何学习语文和如何向同学们介绍语文学法的认知。

高考在不断变革，考查方式和题型也在相应地寻找着最佳的途径。但是，不管考查方式如何变换，考查的核心即提升语文学科核心素养的目标是不变的。为此，刘从良老师从这些素养入手，写下了一篇篇文章。其中，《积累，提升语文核心素养的前提》是该专栏的第一篇文章，推出这个话题，编者和作者旨在告知同学们做出规划、计划的重要性，“凡事预则立，不预则废”，了解到“积累”的重要性和方法论，并在学期开端做好积累的准备，会对同学们整个语文学习有所助益。文章延续了刘老师行文的特点，生动不枯燥，以形象的事例解读抽象的概念；丰富有条理，条分缕析地将丰富的内容一一道来。

在新的时代，语文学科受到各方的广泛关注，语文教学也承担着立德树人的艰巨使命。相信刘老师凭着对语文教学的认真思考、锐意探索，会在这个伟大的时代展现出自身的光彩！

是为序。

《语文报·高中版》编辑　杨森

目录

语文主张

语文策略

语文课堂

| 语文碎念 |

第一编

语文主张

今天，我们应该怎样学语文

高考后，有位同学给我发信息，说：“老师，我感觉现在高考题开启‘坑人’模式了，文字量加大不说，选的材料和问的方式都‘不太正常’。”

不得不说，从学生角度看，还真是如此。高考试卷字数增加，而且材料的形式也在发生变化，比如，开始采用非连续性复合文本形式，语言文字运用题把原来单独考的成语、病句、推断补写等题放在一个文段里考。其实题目考查侧重点也在悄然发生着变化，如文学类阅读由原来的重理解改为重鉴赏，常问“这样处理”“这样写”的好处或效果。题目设置也在发生变化——“小切口，重能力。”如今，“背套路”“套模板”完全不起作用，甚至会适得其反。

我们之所以感觉高考题目“坑人”，只不过是因为我们还停留在传统的语文学习认知里。如今，高考的命题变了，开始从知识立意、能力立意，向素养立意转变；对我们的要求也变了，只是能“解题”不行，还要能够“解风情”“解决问题”，只会“做题”不行，还要会“做人”“做事情”；国家选拔人才的筛子换了，要把“盛知识的容器”和“解题机器”筛下去，要把真正具有学科思维能力及核心素养的人筛出来。

有的学生不适应这种变化，只是

注重笨方法（刷题），或者只是相信技巧（背答题模板），就会得不到分。高考试卷给人的感觉就是，让投机取巧的人占不到便宜，让“背套路”的人“被套路”，让临时抱佛脚的人感觉不到佛的光芒。所以导致高考语文分数的差距很大，有两位同学中考分数是差不多的，高考时其他各科成绩也差不多，但高考语文一科竟差了37分（一位考91分，一位考128分）。

同时，时代在以前所未有的速度发生着变化，影响着我们的语文学习。海量信息，应接不暇；反转新闻，难辨真假；“读图”“听书”“碎片化阅读”成为我们生活绕不过去的常态。

这样一个背景，对我们学语文提出了哪些新的要求呢？我们又该如何应对呢？

从我本人来说，我更相信坚持，相信死磕精神，坚持读书、写日记，哪怕是刷题，只要不停地做这些事，最后一定会有进步。坚持每天吃饭，我们终于长成今天一米八的大个，你不能说我猛吃一顿，希望第二天早上长一大截。学好语文绝不是没有办法，但有的同学太急了。我们常常会夸大一个月努力的效果，却低估一年的点滴收获。不要太相信技巧，关键在于行动，不能说技巧一点用都没有，但技巧一定要建立在大量积累的基础上，还是以长身体为例，你需要营养，只有自己来吃，只听别人讲很多增加营养的技巧，当然是不会长高的。

在语文学习上，我们要有农夫思维，春种秋收，要能等待，中间要持续付出，浇水施肥。很多人学不好语文，主要因为他们带有猎人思维，他们学语文是撞运气式的，扛着枪出去，想着一枪打个大猎物，急功近利，就想着付出一天，就收获很多。这种思维指导下的行动，是很难成功的。所有的弯路都是直的，所有的捷径都是陷阱。

其实，“万变不离其宗”，我们要能够“得其意忘其形”，简单说，语文学习能力的“宗”和“意”无非是两个方面：正确理解别人的意思，准确表达自己的意思。前者表现为“听”和“读”，是输入；后者表现为“说”和“写”，是输出。前者需要敏感度，后者需要熟练度。

一、敏感度

语文学科和其他学科最大的不同，也是最关键的，往往不是研究内容，而是研究意图——谁说的？什么情况下说的？对谁说的？为什么这样说？一个“死”字，在生物学科里，要么是脑死亡，要么是心脏死亡，但在语文里就不能这么死心眼儿地理解，它也许是“吓死我了”的夸张表达，也许是“你个死鬼”的甜蜜嗔怪。

同样一句话“明天就星期天了”，丈夫说意思是“可以好好休息一下了”，妻子说意思是“你要一起做家务”，小孩子说意思是“你们要带我到游乐场玩”。所以人们常说“听话要听音”，所谓的“音”，就是意图和目的。比如鲁提辖打死了郑屠后说“这厮诈死”。我们就要考虑：从场景上看，他是在发现打死了人时说的；从对象上看，他是对周围观众说的，如果周围都是鲁提辖的同伙，他就不这样说了；从意图上看，他是要掩饰一个真相。

衡量“输入”能力的标准就是敏感度。所谓阅读策略，就是正确理解文本意思的能力；所谓语文学习和情商有关，首先表现为能不能正确理解别人语言的意思。这要求我们要能担任六种“身份”。

1. 做“火眼金睛的孙悟空”，能判断词语表意上的不同。《茶馆》中两个地痞去收保护费，说的是：“那点意思送到，你省事，我们也省事！”王利发也很厉害，见过世面，他说：“那点意思得多少的？”“……你聪明，还能把那点意思闹成不好意思吗？”我们要能区分几个“意思”的不同意思。

2. 做“敏感的诗人”，能品味语言的审美趣味。去年理科班有位同学要参加作文大赛，写了一篇作文让我看一下，我一看实在写得太“实在”了，连“火烧锅”这样的词都出现了。我说：“你这个可以改得更有美感一些，比如说，至少写成‘蓝色的火苗轻轻舔着锅底’。”他说：“老师，你好厉害。”我说：“你不要侮辱我，我一个语文老师，说这一句就算厉害了？”我给他讲了一个笑话，据说当年知青下放，有个在北京长大的孩子，到农村的第一天，看到一头驴子在吃麦苗，他既不认识麦苗，也不认识驴子，但是又感觉这事很严重，于是就大喊一声：“快来人呀，动物吃植物了。”审美的趣味低，一方面，是词汇匮乏，于是在表达自己感受时，是低像素的、大颗粒的，不够精细化；另外一方面，则是不知道用哪个词更好，缺少感受力。

3. 做“优秀的侦探”，能判断语言的深层含义。从“春雨贵如油”里不仅能看出春雨贵、油贵，还能看出春雨少、春雨重要。

4. 做“老司机”，要能预判语言的走向，能听出来没有说出来的意思。从“张三呀，人是个好人”预判出后面的内容可能不是表扬张三的。人与人之间的语言信息传达是有限的，我们要能听出语言以外的东西。就像家长对我们的唠叨，为什么我们那么反感？因为语言信息传达的次数多到我们已经听不下去了，明明知道他说的是对的，但是就受不了他们那个态度。其实他们拍拍我们的肩膀，拉拉我们的手，给我们一个拥抱，都可以解决问题，但是他们偏偏采取了最拙劣的语言表达方式。语言是一种“不得已”，熟人社会常常是不需要语言的，最亲密的人之间从来都没有语言，婴儿不会说话，但他妈妈都知道他表达了什么意思。

班主任喊你到办公室，说：“你最近整体表现还是不错的，上课也很认真”，你心里面就想着：“少废话，直接说‘但是’”。你就能够判断，班主任找你肯定不可能专门为了表扬你，一般是“凶多吉少”，想批评你先给你打麻药，马上就要动刀子。这就叫预判能力。

5. 做“耐心的淘金者”，能区分一段话中的重要信息和次要信息、干扰信息。班主任找你谈话，能听出来“你最近整体表现还不错”是次要信息，“但是……”后面的才是重要信息。有个高考作文材料是作家冯骥才说的两句话：“运动中的赛跑，是在有限的路程内看你使用了多少时间；人生中的赛跑，是在有限的时间内看你跑了多少路程。”我们在审这个作文题时，首先要能够判断，分号前后的这两句话是不对称的，重点是后一句，前一句是为了引出后一句。就像“一个篱笆三个桩，一个好汉三个帮”“路遥知马力，日久见人心”两个俗语的表达侧重点，都在后面半句一样。

6. 做“高精度的CT机”，能通过X光般的眼，看到一篇文章的骨架、精髓、关节连接处，整体上把握阅读内容。CT机有什么特点？能看出骨架和关键。如果我们去做CT，拍出来以后是我们穿着衣服的图片，这个CT机就不专业。读文章也是。

有了这个能力，做高考阅读题就不成问题。我们来看高考卷上一段材料。

诸子之学，兴起于先秦，当时一大批富有创见的思想家喷涌而出，蔚为思想史之奇观。在狭义上，诸子之学与先秦时代相联系；在广义上，诸子之学则不限于先秦而绵延于此后中国思想发展的整个过程，这一过程至今仍没有终结。（2018年高考语文全国Ⅰ卷）

大家可以试一下，看自己能不能迅速判断出来这段话主要讲什么。你可以先看句号，看出这段有两个句子，显然，前一句众所周知，是导入，后一句才是正题。后一句中间又有个分号，显然，分号前后的句子地位不对称，前面为次，后面为主。于是我们就能判断了，这段话主要讲“诸子之学绵延至今”。有了这样的习惯，才能提高阅读的速度。

怎样才能提高我们的敏感度呢？要靠多阅读。同时，要注意以下几个原则。

1. 重视阅读。有了阅读，就有了大量的原始的积累，以后就会越来越轻松。

2. 有所选择。不能只读轻松文字，还要阅读经典，读轻松的文字只是获取信息，不能提高理解力；不能只读一个作家的，要博采众长；不能只读文学类，还要读点哲学、经济学，换个角度看世界，阅读能力才能真正提高。

3. 动笔阅读。三种方式：一是圈画精彩处、疑惑处、共鸣处；二是列框架，就是尝试给读的书或文列个提纲；三是读完和别人分享，讲给别人听，或者写读书笔记，做些点评。

4. 成系列地读书。比如读鲁迅小说，就把他的三本小说集都读读，把相关年份的杂文、散文也读读，甚至这一时期相关作家的也读读，这样才比较容易有收获。这就是学习的“记地图”理论。打个比方，以前的出租车司机能熟练记住一个城市的路，绝不是把城市分成几个区，然后再分成几条路来背诵，而是先沿一条路，把所有这条路上的交叉口记住，然后再沿交叉口转向另一条路，再记交叉口，从而织成一张网，形成体系。读书也是这道理，现在倡导整本书阅读、任务群阅读，大体就是这个意思。

5. 大声朗读。现在大家太忽视朗读了。很多作品反复吟诵、朗读，效果才好，语感的形成、审美能力的形成、理解能力的提高，都离不开朗读，而且均非一朝一夕之力，反复朗读，久久为功。

6. 经常抄读。对于文言文类或其他理论性较强的篇章，可以尝试抄读，学语言的最高境界就是用那种语言进行思考，抄读是走近一种语言思维的很好的方式。

二、熟练度

衡量“输出”能力的标准就是熟练度。我们要认识到，说话和写作是“技能性活动”，是需要反复练习的。我们不要太相信所谓的写作技巧，还是要多用笨方法，常写、多写、坚持写、写完反复修改，直至找到“巅峰体验”。只有写，才会写，没有更好的办法。再优秀的教练也不可能在草坪上教会我们游泳，不下水，谈任何游泳技巧都是可笑的。“下笔万言”定是无数次练习修成的语言的“正果”，“文思泉涌”无非是无数次练习铸就的思维的“超链接”。

除了多写外，还要注意以下三个方面，才能提高我们写作的“熟练度”。

1. 设定写作对象。我们不要写“表达作文”，要写“交际作文”，近年来高考作文题已经向这个方向转变。表达作文，就是“我要说”，不管谁看，我只管展示自己，实质上是一种“假写作”。交际作文，就是“向谁说”，有一个明确的写作对象，我们必须考虑到对象的特点、体验等，从而选取最适合他的写作方式。所谓“不熟练”，常常是因为没有设定“假想对象”，导致写作没有针对性，没有“好”与“不好”的评价标准，自然不熟练。我常想，如果我们从小学到高中，只练书信一种文体，我们一定会写得更熟练，写作水平一定会更高。

2. 关注写作情境。写作文一定要考虑在什么情况下写作，针对什么情况写作，把写作置于生活这个“参照系”里，打通写作与生活的“任督二脉”。这样，我们才更有写作的兴趣和欲望，更有随时随地的写作意识，才会更关注生活中的写作现象，使写作活动多样化，才会写得“熟练”。同时，在互联网时代，我们关注每一个写作情境，在写作中对生活进行思考，才更能够培养我们的科学思维，使我们具有批判性思维的技能和态度，让我们在写作中“想得更熟练”。另外，关注写作情境，对于我们自由的、有个性的、有创意的表达习惯的养成无疑也是非常有益的。

3. 明确写作任务。那种为文造情、为理拉事，空话假话套话堆砌的“中国式考试化写作”的现象之所以非常普遍，主要是因为写作没有明确的任务，不知道为什么而写，不知道要达成什么目的。如果每次写作文，我们都能够明确写作任务，是劝说还是评价？是倡导还是表明立场？写完后，就可以评价自己作文有没有“完成任务”，写作熟练度就会不断提升。

新课程改革背景下，高考题已经开始旗帜鲜明地表明态度：我们的语文学习，还是要回到学语文的根本上，踏实，求真，培养敏感度、熟练度，提高“输入”“输出”能力。

概括来说，学好高中语文主要有两点：一要趁早；另外要重视阅读、整理和记录。语文也是讲信用的学科，不管是哪种方式，只要你多花时间，就一定会慢慢提高。什么叫素养？简单理解，就是“平素养成”，要靠平常慢慢积累。

我说一个个人的体会，近几年，我每天都录语文微课，每节课10分钟左右，现在已经录了将近2000节了，感觉自己在语文教学上进步很大。大家学语文，也可以试试，每天坚持，久久为功，时间会给我们丰厚的回报。

积累，提升语文核心素养的前提

我们常用“巧妇难为无米之炊”来形容没有素材积累就没法写作，其实语文核心素养的提升也是如此，没有积累，谈提升素养是可笑的。

比如，一提阅读，我们就会想到“涵养”“熏陶”等有东方神秘主义色彩的词语。其实，阅读的功效，首先在于词语的积累。语言达不到的地方，就是思维的无知；语言的简化，就是人文的缺失；语言的匮乏，是终极的匮乏。举个例子，一个玻璃器皿，我们命名为“杯子”，而在男人眼里可能是个“酒杯”，在女人眼里是个“花瓶”，在孩子眼里是个“玩具”，在法官眼里是个“凶器”……如果我们脑子里只有“杯子”一个词语，我们的认识就是不全面的，就没有从多角度思考世界的能力，也就很难对男人、女人、孩子、法官有同理心，有人文情怀。

所以，我们常说语文需要丰富的积累和见识，并不是背很多东西在公开场合向别人炫耀。“在语文学习中养成有意识地积累的习惯，积累有利于丰富自己的字、词、句、篇的语文素材，语言运用典型案例等。”能够让我们“逐步领悟语文运用的规律”，提高我们的语文素养，进而“丰富自己的精神世界、生活经历和情感体验，完善自我人格，提升人生境界”。

另外，积累要趁早，“原始积累”非常重要，你有10000块钱，我有100块钱，若每年都是10%的利息，我不但永远赶不上你，而且我们之间的差距会越来越大。有一种现象特别能说明这个问题，有的学生小学和初中是在乡村上的，后来到了城里上高中，数理化可以学得非常好，但语文和英语常常是怎么样也赶不上城里的同学，就是因为原始积累的缺失。所以，积累应该是越早越好。

那么应怎样积累呢？很多同学感觉语文素材太琐碎，范围广，量太大，记了又忘。的确如此，但办法还是有的。

首先，多用笨方法。多记，常背，积累多了，才会有类似生物学上的“涌现”效应，单个的蜜蜂没什么智力，但聚集成群可展现出不可思议的智慧。语文学习也是如此，所谓出口成章、信手拈来、文思如泉涌，一定是建立在大量积累基础上的。积累还不能太功利。比如说，地上修的路，如果只是供人走的话，就简化成一个个脚印那么大的水泥柱子就行了，但为什么还要修那么宽的水泥路呢？“脚印”之外，还有那么多看似“无用”的东西在起着作用。这就是“无用之用”。盖房子的时候我们努力地砌墙，但我们最终不是用墙，而是用墙里的“空无”。所以多积累，不要只以“有用”为标准来积累，我们要知道“所有的弯路都是直的”，我们要积累“脚印”之外的无用之用，我们要用墙里“空无”里的有用。

其次，记成体系。问大家一个问题：是钥匙容易丢，还是硬币容易丢？肯定是硬币（有人说是钥匙，是因为丢钥匙往往印象深刻，丢硬币常常浑然不觉）。为什么呢？因为硬币是零碎的，而钥匙是有钥匙扣的。我们记东西也是如此，要记成体系。没有导航的年代，出租车司机是如何快速记住城市里那么多条路的呢？他们肯定不是用切分方法一个一个记，而是先沿一条路，记住所有和它相交的路，再沿相交的一条路一直记下去，依此类推，最后在大脑中织成一张清晰的路网。比如记古代文化常识中的科举考试，我们知道考第一的叫状元，那考第二、第三的呢？是在哪次考试中这样叫呢？共有哪几次考试呢？每次各有什么规定和特点呢？不同朝代有什么区别呢？这样逐步织成一张知识网，才能记得清楚。

再次，加工整合。如今我们不缺材料，见到文档就想复制，看到PPT就要留存，读到什么好东西就会拍照截图……这常是“收藏型人格”的自我安慰，用简单粗暴或生吞活剥的方式给自己“我在积累”的假象。遍地宝石，想真正拥有，为我所用，不是去收到盒子里，而是要给每个宝石打个眼，用自己的线把它们串上，才能佩戴。要对材料加工、整合，才能内化成自己的积累。思维导图之所以被常用，是因为制作图表的过程，就是对材料进行加工、整合的过程。

最后，要常运用。运用是对积累“最长情的告白”。记下来的材料，分享给别人，反复使用，在使用中加深理解，才算完成积累。学习学习，要“学”，更重要的是“习”。比如经典文学作品，不仅要背诵，还要反复吟咏、朗读。

除此之外，还有一些关于语文积累的细节也值得关注。如多种途径，生活处处皆语文，随时随地记忆。要反复，“见过”不等于积累，在反复中加深理解。还要认真准确，养成把每个字、每句话都能读进去的习惯，在精读的基础上把握主要内容。字典、词典里夹支笔，查了什么随时圈画一下，下次再查到，发现前面已经查过了，就会激发记住的责任感。

语感，是一种怎样的存在

大家肯定见过或听说过，有人常凭“第六感”做出对人对事的准确判断：一眼就知某人是不是好人，一看就知某事应如何应对。这种“高人”有超强的直觉能力，令人羡慕。其实，语文学习的最高境界类似于此，就是有超强的语言直觉能力。说不出缘由，看一眼就能判断对错优劣，就能体会文字的深意或妙处，如庖丁解牛，“以神遇而不以目视”。我们把这种能力称之为语感能力。

“语感”这个词一般理解为“对语言文字的感受”。这种理解很笼统，因为所有人对语言文字都有感受，有的可能是表层的、错误的。比如看到“当代最伟大的思想家停止思想了”，疑惑“他为什么不愿意‘思想’了呢”，就没有把词句放到语言环境里去感受，就不是正确的感受。

所以，严格来说，语感感受的不是表层的、孤立的含意，而是具体语境里隐含的整体性含意。这个“具体语境”既有主观方面的，如谁说的、说的人的个性和动机等；也有客观方面的，如对谁说的、在什么情况下说的等。“你个坏蛋”不是什么好话，但如果是一个妈妈对自己的孩子说的，可能表达的是怜爱、赞赏。人们常说“听话要听音”，听“音”的能力，就是人的语感能力。

这种语感能力表面上看源自天赋和反复训练，其实也和思维方式有很大关系。学一门语言的最高境界，是用这门语言的思维方式思考。比如最早的英语视频教学，就是英语单词再加汉语单词，翻来覆去地读，“狗dog，dog狗”。其实这是不对的，因为中间还要经过翻译环节。后来的视频教学就是直接出现狗的图片或者狗的叫声、小狗摇摇尾巴的画面等，然后不停地说“dog，dog”，下次见到狗，自然就有了语感，马上想到dog。文言文学习也是如此，一边看原文一边看翻译不是好的学习方法。就要先不看注释，“连蒙带猜”，在那种艰难、不顺中，逐步培养文言文的思维方式，然后才能形成语感能力。

培养语感能力有两个途径：一个是多积累、多实践，一个是有意识、有方法地多积累、多实践。

先说多积累、多实践。我们骑着车、哼着歌、想着事，也不影响准确地回家，一定是经过了无数次的练习。自古以来的“读背抄”语文学习方法及效果，也证明了这一点，还有就是现在很多名师依然倡导“死记硬背”。人小时候记忆基本上是“复印式”的，过目不忘，要利用好“黄金期”。更重要的是，在反复积累中，语言的隐含意义和隐性规律在我们头脑中反复出现，形成“书读百遍，其义自见”的“见识”。在反复运用中，“操千曲而合晓声，观千剑而俣识器”，从而形成卖油翁式的“唯手熟尔”的“肌肉记忆”。

值得关注的是，这种反复中，我们不仅对语言加深了理解，语言也在对我们进行“反向驯化”。就像人类驯化了小麦，实际上小麦也把人类驯化得不再迁徙、常吃面食一样。我们读的、背的、说的、写的，这些语言的意义和规律，对我们的眼、耳、口、大脑等器官反复刺激，塑造着我们的“口味偏好”及“能力倾向”。我们看到“不远万里”，为什么不觉得奇怪呢——都“万里”了，怎么还“不远”呢？这就是语言对我们“反向驯化”的结果，让我们形成“见多不怪”的语感。

还有一个建议送给大家，就是要多读经典作品，形成有价值的语感能力。打个不太恰当的比方，你想要开个高端的饭店，那你就得常到高端饭店里体验，你才能真正理解什么叫高端。

当然如果只靠感性的经验积累、直觉感悟，也可能会形成错误的语感。比如辨析句子是否有语病，“张三虽然来了，但是李四没来”，很多同学从语感上觉得没问题。但仔细分析就会发现它违反了语言的一般规则，当前后两个句子的主语不同时，关联词应该放在主语前面，“虽然张三来了，但是李四没来”才正确。语感能力的培养，不能只在低水平重复，不能只靠从感性到感性，还要靠从理性到感性，也就是形成在理性基础上的语言直觉能力。文学语言的语感也是如此，看到“面朝大海，春暖花开”，我们就要仔细想想，大海上怎么会有“春暖花开”呢？这是诗人在表达喜悦和幸福，还是在表达忧伤和绝望？经常这样练习，我们就不会有那么多“人云亦云”的“刻板印象”，才能真正提高语感能力。

同时我们还要强化语境意识，养成不做孤立的判断的习惯。比如，有人说：“我的长相是‘塌屋倒墙、死猪疯狗’”，我们就要有意识地关注前文是不是有“别人的长相是沉鱼落雁、闭月羞花”之类的表述或暗示。我们看到《近试上张水部》这样的诗，要有意识地想谁写的、写给谁的、作者在什么情况下写的，才能更准确地感知“妆罢低声问夫婿，画眉深浅入时无”真正要表达的意思。

有意思的是，这种有意识的理解和我们无意识的感受之间是可以互相促进的，理解了就会有更深刻的感受，感受到了，还会加深理解。

辩论，口语交际的终极对决

就像锻炼不是为了炫耀肌肉，而是为了健康一样；辩论其实不是为了“占上风”或让对方“哑口无言”，而是为了形成正确的认识，让问题得以澄清或解决。本质上来说，辩论，是浓缩的、极致的口语交际。

口语交际不是简单的“说话”，“口语”是形式，关键在“交际”，有来有往，要互动，是在特定场景下、对特定的人、有明确的目的、采用最合适的方式“说话”。辩论更是如此：专题辩论、自由辩论或日常交流，构成特定场景；面对的是不同意你观点的“对手”；目的是证明对方观点谬误、自己观点正确，从而澄清问题、解决问题；为达成这一目的，要考虑对方观点的依据是什么、对方是怎么思考的、依据或思考方式有什么漏洞、反对我的观点的原因、应该采取哪些方式“先破后立”等问题。

成功达成“辩论”的交际效果，需要严谨的思维、广博的见识和准确的表达。

首先，严谨的思维是前提。首要的一条是双方思维要在一个频道，这样才能公平“对擂”，否则各说各话，交流都达不成，更别说辩论了。大家来看两组办公室里发生的对话。

（1）A：“一到过年，合肥就没人了。”B：“怎么可能没人了？”

（2）A:“小明一见面就叫‘姐’，嘴真甜。”B:“他嘴甜？你尝啦？”

“没人”“嘴甜”都是文学表达，前者是夸张，后者是通感，分别表示“很多人不在”“说话让人舒服”，不理解这层意思，就会出现让人“无语”的无效交流，或玩笑式的“讲歪理”。辩论需要“提纯”，去除“杂质”，进入“实验室状态”，如同物理学科里常说的“假设摩擦力为零”，化学里研究的水必须是纯净的，从不考虑是黛玉的眼泪还是武松酒碗里的酒。思维调到同一平台，方可辩论。

其次，要分清事实和看法。“事实”是公认知识，“看法”是主观想法。“事实”无须证明，如“北京是首都”；“看法”则需要证明，如“北京是最美城市”。“事实”表述用的是有公认标准、词义界定清晰的词语，如“方形”“水”“汽车”等，而“看法”使用的词语往往是个人主观理解的、见仁见智的，如“难看”“过分”“漂亮”等。弄清这些，就可判断双方所说的哪些是“事实”，哪些是“看法”，自己的“看法”要能证明，对方的“看法”要看他能不能证明。

最后，还有因果问题。主要有以下几种：一是因果是否成立。我们常把“关联”当“因果”，如，爷爷每天喝一杯酒，活到100岁，所以喝酒使人长寿。二是以“因”为“果”，如，重点班的老师教出的学生成绩比普通班好，其实是学习成绩好的学生才会到重点班。三是归因谬误，这就是人们常说的“原因的原因，可能不是原因”。迟到就是不好好学习，将来工作也不努力，不努力使公司受损，受损使公司倒闭，倒闭使人失业，失业使人自杀，所以迟到就是谋杀。所以，在辩论中厘清因果，非常重要。

广博的见识对于在辩论中看到问题本质、选择正确立场有很大影响。一是要放下“成见”，不被“流行”迷惑，如“某个地方的人素质就是差”“努力学习就一定能考上好大学”之类的说法，我们要“擦亮眼睛”，看到现象背后的本质，避免逻辑谬误。二是立场问题。《沉思录》里说，我们看到的一切不过只是视角，而非真相。比如，有同学希望高考全国统一试卷，按分数从高到低录取。这实际上是从个人价值实现角度考虑的，而国家呢，是从社会价值（如区域公平、民族补偿等）实现角度来考虑的。

除此之外，还有我们对一件事情的抽象态度和对这个抽象态度的具体运用常常很难保持一致。如，“人人都有公开演讲的权利吗？”“是的。”“搞传销的也可以公开演讲吗？”“不行。”

还有情感因素，如，“酒后开车，应该枪毙”，这是一般观点，但如果是“我爸酒后开车，……”那就要另当别论。可见辩论中持理性立场并非易事。

辩论离不开准确的表达。有个故事，三人到苏格兰，在火车上看到窗外有一只黑羊。一个人说：快看，苏格兰的羊都是黑的；第二个人说：不对，只能说苏格兰至少有一只羊是黑的；第三个人说：也不对，只能说苏格兰至少有一只羊的一面是黑的。大家看，准确的表达不仅能够规范语言，也能规范思维。有时我们不一定需要一个现实的辩论对手，可以试着和假想对手“辩论”，不断追问，也是训练语言的好办法。另外，还要抱着宽容、开放的心态，理解、尊重对方，以审慎、警惕精神反省自己，理性发言，准确表达，尤其是网上辩论，不能宣泄情绪、简化逻辑、牵强论证、粗暴定论。

拥有了以上三个方面的实力，我们就能在辩论中，达到“四两拨千斤”“一剑封喉”之效，在纷繁复杂的交流中看到问题的本质，采取最有效、最妥当的方式交流。前面提到，现在的高考作文，由原来的“表达作文”（我要说），转变为“交际作文”（向谁说），本质上是和辩论相似的。辩论能力提升，也会使我们作文的论证更清晰、严谨、顺畅。

思辨，议论文写作的核心能力

很多同学觉得写议论文最缺的是素材，因而喜欢整理大量事例，或者买很多素材类资料。其实，写议论文，“摆事实”只是手段，“讲道理”才是根本。显然，举再多白天鹅的例子都不能证明“天鹅都是白的”，只要有一只黑天鹅就能攻破这个观点。

也有同学觉得写议论文的关键在于多用好词好句、名人名言，平时搜来一堆，写作码成一片，作文内容空洞，形式浮夸。其实，议论文语言的关键在于准确、恰切，《师说》全文没有华丽的词语，只引了一句小学生都知道的名言“三人行，必有我师焉”。成语堆砌不等于论证，名言罗列不表明理性，就像声音大不代表有理一样。

议论文写作的核心能力在于思辨。所谓“思辨”，顾名思义，就是思考辨析，看似简单，实则是我们培养理性表达习惯，进而享受写作表达快乐的关键。

（一）

议论文写作过程，就是将内在、清晰的思维外化为恰当的表达。这就需要我们克服惰性思维、惯性思维，不断地刻意训练，掌握科学的思维工具，培养审辨能力。

哪怕有“定论”的事情，也要多

思考，多质疑，多辨析。要知道，有一种严谨叫“看情况”，有一种真理叫“不一定”。勤奋就是好的吗？如果在错误的路上勤奋，可能会越来越糟，正所谓“人生错了方向，停止就是进步”。之前有个说法是“打群架时先动手的大多都死了”，其实这和“飞机弹痕”的高考作文是一个道理，属于“幸存者偏差”，因为死了所以才更容易“被先动手”。生活中大量的交流语言，细想也能发现逻辑问题。“大家都这样做，肯定没问题”，这是诉诸大众的盲从；“不好好学习就对不起爸妈的养育之恩”，这是诉诸情感的“歪理”；“吃饭都不专心，学习怎么能学好”，这是错误类比；“吃这么多，难怪这么胖”，这是归因谬误。

哪怕是众所周知的传统名言、格言，也应考虑其适用范围。孙绍振教授就曾指出：如“有志者事竟成”“笨鸟先飞”“知足常乐”等，从局部看，都有一定道理，也可以找出例子证明，但这些观点的片面性也是很明显的。比如，有志而事不竟成者大有人在；笨鸟后飞并成功的也不乏其人；知足者如不思进取，就不能常乐。很多看似颠扑不破的真理，都是有语境和条件要求的。在写作中，我们自己的观点是不是经得起推敲，要换一种语境和条件再思考。要站在反对者角度再论证，才能严谨。《六国论》最大的论证特点就是反复举出“利于论敌”的反例，然后再逐一批驳，使得论证很有说服力。

（二）

王力先生说：“最忌的是先有结论，然后找例证，这是很有害的。因为你是主观的，找一些为你所用的例证，不为你所用的就不要，那自然就错误了。”这话虽是说搞研究工作，但拿来说写议论文也是一语中的。按理说，写作满足了我们表达的欲望，应该是一件快乐的事情。为什么很多同学会把写作文看成痛苦的事情呢？主要因为是生拉硬拽式写作，写的是“伪议论文”。先有观点（有时这个观点自己也不赞同），再“搭配”几个分论点，然后各举一些例子来“证明”，最后用上“因此”“综上所述”“可见”等词，再把观点句抄一遍，这就是很多同学写议论文惯用的“伎俩”，完全不顾及基本的逻辑，难怪自己看着都恶心。

本质上，写议论文也是在做研究。比如面对一个“共享单车遭损坏”的作文材料，我们就要辨析思考：材料是故事还是时事？内容是个案还是普遍现象？核心事件是什么？相关方有哪些？本质上是素质、技术、利益，还是监管问题？根本原因是文化因素、社会因素，还是历史因素？对诚信制度建设、青少年教育、公德风气营造、企业社会责任感的培养有何影响？如何应对？是规范、严惩，还是“静等花开”？

选择我们最能把握的一两个角度，仔仔细细辨析，认认真真思考，老老实实写作，写自己真实的认识，论证自己理性的观点，展现自己完整的思考过程。

用做研究的态度来对待作文，用文字“干预”生活，让作文有针对性，让写出的作文成为自己的研究成果，才能真正享受到作文表达的快乐。

高考作文题，多以任务驱动形式出现，就是让我们在具体的情境中面对明确的对象说理，通过目标达成来体现我们的理性思考。这就需要我们养成辨析的思考习惯，于无疑处生疑，于见惯处追问，严谨地论证，有逻辑地说理，提高我们的思辨能力。

群文阅读，需要用脑子『看』的阅读

“群文”，是相对于“单篇”来说的，相信大家不陌生，高考实用类文本阅读题采用群文形式已经好几年了。简单说，群文就是围绕某个“点”聚合在一起的一组文章。以后学语文，在一篇一篇地学之外，将侧重一组一组地学，比如以前只是学教材上苏洵的《六国论》这一篇，以后可能会把这篇和苏轼、苏辙、李桢写的《六国论》放在一起学。相应地，对我们阅读就提出了新的要求，如果说单篇阅读是要用眼睛看，那群文阅读却是非得用脑子“看”不可的。

以下从三个方面说说群文阅读对我们提出的新要求。

第一，“运用脑髓”，自主阅读。单篇阅读学习时，我们常常依赖教师对文章的“精讲”“分析”“解读”，不仅效率低（费时多收获少），而且效益差（阅读能力没有提升）。群文阅读更多是要靠我们自己，必须大量自主阅读，必须不局限于课堂，不依赖教师；更重要的是要“动脑”。要知道“群文”的“群”可不是单篇的简单叠加，“群文”的组合一定是基于某种“同”和某种“异”的。比如《六国论》《阿房宫赋》《过秦论》三篇组成“群文”，阅读时我们要先用脑子“看”出它们的“同”：写作目的都是借古讽今，引用史料都是“断章取义”，文章结构都是先叙后议。再“看”出它们的“异”：“借”的“古”侧重不同，“讽”的“今”方向有别，“叙”和“议”语言相异。能够判断群文的“同”和“异”，才能采取有针对性的阅读，显然要做到这一点，需要养成自主思考习惯，需要不断提高自主阅读能力。

第二，“放出眼光”，分清类型。群文阅读文字量大，不掌握专业的阅读方法，阅读可能会顾此失彼、不得要领，所以我们要分清文章类型，不同类型采用不同的阅读方法。其实，“阅读”这两个字就大可玩味。一般来说，实用类作品侧重“阅”，文学类的则侧重“读”。“阅”是检索，是信息获取，得其意可以忘其言；而“读”呢，是理解，是品味，品其言才能会其意。目前高考试卷上的实用类群文，阅读时就要采取针对该类型的方法。比如，没必要逐字品味，可以边读边圈画各段中心句、上下文衔接句等；再比如，要抓住主要观点和主要事实，区分重要信息和次要信息，厘清写作顺序和写作逻辑，判断论证方法和论证角度等。而像《六国论》《阿房宫赋》《过秦论》群文，我们还要弄清它们的细分类型，表面上看是史论（评议历史），实际上是策论（向上献策）。写作目的决定写作方式，我们阅读时就不能用历史考据的办法读它们“叙”的部分，否则就很难理解其内容的“断章取义”，其手法的夸张铺排，其语言的“微言大义”。

第三，“加工整合”，及时分享。对于群文阅读，这一点非常重要。群文题读完后，找到几篇文章间的有机联系，结合自己的思考，进行“加工整合”，及时写一篇读书笔记，分享中不仅能检验群文的阅读效果，而且会加深自己对这一组文章的理解，巩固阅读成果。有的同学抱怨读了很多书，却感觉写作能力并没有提升，这些同学往往是只读，没有读后的模仿、借鉴，没有付诸行动，没有刻意训练，就不可能有真正的提高。只读就只有“输入”，是“仓储”过程，不对所读的很多文章进行“加工”，不从“群文”视角进行“整合”，会把脑袋变成杂货铺。真正的读书，应该是“化合”的过程，也就是要有新东西产生，而新东西是在“输出”时才真正产生的。这不难理解，要“输出”，就要对群文的内容、结构、逻辑等有透彻的理解，而且要结合个人经验、体验，加工整合，使之成体系；而且分享常常是在新情境下，需要调动自己的知识和智力来应对，这就使得分享过程既是提高理解力的过程，也是把所读知识内化、形成个人观点的过程。

另外，提醒大家，群文阅读是基于单篇阅读的，很多阅读方法和单篇是相通的：如动笔阅读，随时批注；“读一不二”，专注阅读；带着问题，反复阅读。这些大多和形成专注而持续的思考有关，也不能忽视。

群文阅读，从“读懂”一篇到“读通”一类，让我们拥有更强的阅读能力，更能享受阅读。

情商，为什么和语文有很大关系

所谓情商，简单说就是在交际中能够准确体察别人、恰当表达自我的能力。显然，这两种能力都和语文学习关系密切。

体察别人可不是一件容易的事。生活中，一个人心里想说的话、嘴上说的话以及对方听到的话，常常是不一致的。在爱情电影中，语文学习恰恰是在培养这样一种“解码”能力，比如读一篇文章，也是作者想写什么（创作意图）、实际写了什么（呈现内容）、我们读到什么（读者理解）三个方面，需要通过分析内容（包括表现方式），准确理解作者的创作意图。这可不就是情商中体察别人的能力吗，即所谓“听话听音”。

而且，这种“解码”能力，特别依赖情境，同样一句话，在不同情境下，常表达不同的意思。你很难单独判断“还是生一个好”表达的是劝人不要多生孩子，还是劝人不要不生孩子。有人对你说“打死你”，是立即报警，还是笑笑而已，取决于你对这句话的理解。有的人是不能开玩笑的，也可能因为他缺少立足情境理解别人意思的能力。语文这门学科和别的学科最大的不同，恰恰是最关心的不是说了什么，而是谁说的、对谁说的、什么情况下说的、怎么说的。因为特定情境中，语句的表层意思和说话人的真实意图也许隔好几层，“包装”得十分隐秘，“言此意彼”，抑或“指桑骂槐”，我们需要透过现象看到本质，通过“此桑”读出“彼槐”。而有了这种能力，我们在生活交际中自然也能够游刃有余。

同样，我们在表达时，不管是口头的，还是文字的，也要想清楚“我想说什么”“说出的是什么”“对方可能听到什么”，力求准确表达自己的意思，避免信息损耗或意思被曲解。有人说，心里怎么想就怎么说不就行了？实际上没这么简单。一方面，心里想的和表达的很难一致，“词不达意”是常态，语言在表现我们复杂的内心方面，永远捉襟见肘。另一方面，不考虑对谁说，所谓“怎么想就怎么说”完全是一厢情愿，有的人可能和你“不在一个频道上”。填表时需问：“你生日是哪一年？”这算不算表达准确？但小朋友往往会回答：“每一年，叔叔。”语文学习中的写作、口语交际等，就是在培养我们这方面的能力。

现在大家常写“情境作文”“任务驱动型作文”，这对我们理解生活中的表达、提高恰当表达能力自然很有帮助。生活表达也要考虑情境。老人过生日时，说“祝您长命百岁”，一般情况是没问题的，但要在99岁老人的生日时说，就成问题了。“经济搞上去，人口降下来”是我们曾经使用的标语，但若把它写在火葬场的门口，就不妥当。生活表达也要关注目的。多年前，朋友带我去找人帮个忙。我俩个子都高、身材都瘦，且都戴着眼镜。那人问他：“这是你亲弟弟吗？”大家先想一下你会怎么回答。有同学可能会想，这有什么想的，直接回答“不是”。这固然准确，但并不妥当。这样会使情境生硬，不能给人以舒适感，尤其是还要求人帮忙呢，人家关注两人是什么关系。我的那位朋友笑笑说：“和亲弟弟一样。”大家看，这句话既明确表达了“不是”，又顺着对方问的方向回答，更重要的是暗示了我俩关系非同一般。我总觉得，后来人家爽快答应帮忙，和朋友妥当的表达有很大关系。

调查表明，参加工作后的人认为中学学科中最重要的是语文。工作要和人打交道，理解能力、表达能力的重要性很容易被感觉到。就像中学写议论文时学来的“先观点，后理由，再事实，最后总结”的方式，放在生活中向别人提建议或向上级汇报事情，原理几乎是一样的。大家想一想，你找老师提个建议是不是应该是这样的模式：“老师，今天能不能少布置点作业？（观点）这几天各科作业太多了，大家都写不完了。（理由）我同桌经常写到凌晨1点。（事实）减少一半，可能更合适。（总结）”有的人不采用这种方式，常会使交流不顺畅，甚至产生误解。比如，有的同学说上面的话，先说的是：“老师，我同桌凌晨1点才睡。”老师就没有听懂他的意思，有的老师性急，马上说：“去把你同桌喊来。”结果同桌被教导了一通“休息好才能学习好”的道理，然后一头雾水。

有人预测，未来世界只有三种人：程序员、客服和会讲故事的人。大家看，情商将成为重要的生存实力。从上面的分析中，大家不难看出“客服和会讲故事的人”都离不开语文学习。

语文学习增长见识，拓宽视野，陶冶情操，提高审美能力，让我们更能享受或忍受人生，让我们内心变得柔软而博爱，这样思考不也是高情商的表现吗？

所以，想提高情商，就要好好学习语文。

情境化，考试题的新趋势

很多学科考试问题的设置，是“提纯”“简化”后的实验室情境。这样的考试就和生活隔着一层，不能激发我们的学习热情，也不能培养我们真实的能力。毕竟，考试不是为了解题，而是为了解决问题。学习不是为了“纸上谈兵”，而是为了“彩排人生”，因为我们终究不可能用玩具车学会驾驶，终究不可能在草坪上学会游泳。

近几年，考试题目设置具体的情境，在情境中考查我们的学科能力，语文学科变化得尤为明显，这一新趋势应引起关注。我们有必要了解语文考题情境设置的方式，更重要的是，要学会应对这种趋势的学习策略，提高我们的语文素养。

广义上的情境包括学科认知情境。一类是语段本身的上下文情境，比如在语段中辨析词语、句子使用的优劣，根据提示进行名句默写，在语境中判断文化常识正误，结合文言文上下文进行断句和翻译等。另外一类是联系教材内容设置的探究情境，如高考文学类阅读《理水》的题目借用了教材中鲁迅文章《中国人失掉自信力了吗》中的语句，考小说人物形象；诗歌鉴赏考选诗和《白雪歌送武判官归京》在写景角度上的区别，选诗和《酬乐天扬州初逢席上见赠》进行语言风格对比等，都是让我们在作品群这样一个特定情境中进行比较、思考。

狭义上来说，情境就是我们熟悉的生活交际情境。我们以近几年全国Ⅰ卷作文题为例，来说说这类题的情境设置特点。

首先，情境“仿真”。2015年“女儿举报父亲”的作文材料就是真实的事件，2017年的“中国关键词”、2018年的“时光瓶”、2019年的“不理解劳动，不愿意劳动”、2020年的“读书会”等情境设计都非常具体、细致且富有意义，贴近我们的体验，能够引发我们“自动化”的思考，让我们有表达的欲望。

其次，“写给谁”明确。这类作文情境的设置，有明确的言说对象，不管是“小陈、老陈或其他相关方”“外国青年”，还是“那时18岁的一代人”“本校同学”“班级同学”，都非常明确。我们想向他们表达什么观点、他们有什么想法、他们会怎样回应、怎样表达才更能说服他们等思考，就伴随着我们写作的全过程，于是写作就不再是单向的表达，而是互动式的交际。作文时自然不会无病呻吟，行文时自然减少空话套话，写作就更有针对性。这种情境限制，变成一种写作引导，使我们更有话说。

再次，“我是谁”清楚。情境里同时提醒了我们写作者的身份。向外国青年介绍中国，我们自己也是青年，“你所认识的中国”，就是青年人眼中的中国；给2035年的18岁青年写信，我们现在也是18岁的一代；面向全校同学演讲，自己也是一名学生……作文要求中反复提醒要写出“你的认识与思考”，是隐性的作文要求：要说符合自己身份的话，要谈自己最真实的想法。

最后，任务确定。“帮助外国青年读懂中国”“倡议大家‘热爱劳动，从我做起’”等表述，确定了文体范畴和写作目的。作文是以“任务”来推进的，需要调动自己“全面的语文能力”来解决具体的问题；作文写得如何是可以“自我检验”的，要看任务有没有完成。

面对此种趋势，怎样才能更好地提高我们的写作能力，进而提高语文的能力呢？以下学习建议供大家参考。

1. 多写“实用”作文。平时写作练习要和生活建立起联系，让作文能够“干预”生活，具有实用意义。作文立足实用，有写作的情境，有个人体验，因而就有话可说，就更有训练的价值。

2. 设定“假想对象”。写东西，时刻记着是写给谁看的，作文水平才能真正提高。我有一个极端的想法，如果从小学到高中只写书信一种文体，学生作文水平应该会更高一些。即使不是写书信、演讲稿等，也应该养成设定“假想对象”的习惯，读者不同，写作的方式自然也不同。比如我现在写这篇小文，“假想对象”是中学生，而不是教师，所以我就要力求回避教学的专业术语。平时写作“心中有人”，久之笔下才能生辉。

3. 准确定位身份。近期有道作文题要求从几位名人中任选一位，给他写封信，谈自己对“中国精神”的理解，结果很多同学写出来的作文就像“教训”名人。显然，这和没有准确定位自己的身份有关。随时记着“我是谁”，说话、写作时，会更有分寸，更能准确表达自己的意思，提高自己的表达能力。

4. 表达先定目标。为什么出发？要到哪里去？始终记着所有的内容和方式都是为了去“罗马”。一切表达都以“任务”来驱动，保持“不蔓不枝”，方是写作能力提升的关键。

本质上来说，语文学习和别的学科的最大不同，不是关注说了什么，而是什么情况下说的、对谁说的、谁说的、为什么而说，恰好对应以上四点。从这些方面着手训练，养成良好的习惯，应对新高考情境式命题自然不成问题，语文能力的提升也就水到渠成了。

整本书，为什么非要读整本

整本书阅读直接纳入了新教材，在必修教材里设了两个单元，也就是说，现在不再是倡议读，而是必须读，课程化了。这不能不引起我们的重视。

整本书阅读，对应的是碎片化阅读（如单篇阅读、浅阅读、视觉化阅读等）。二者有什么区别呢？打个比方，碎片化阅读是吃零食，整本书阅读是吃主食。

这个比方包含三层意思。

一是足够的量。只有吃足够的主食，才能保证足够的营养，促进我们健康成长。只有通过足够大的阅读量，得到足够多的语言信号的刺激，我们才能够完成自己的语感积累，形成必要的语文能力和素养。有同学会说，那其他类型阅读多读点，比如看很多杂志，不也可以达到这样的效果吗？不是这样的。问题在于，碎片化的阅读，内容杂乱，用力的方向不单一，就会有力的合成和抵消，所以阅读要在一个点上做深，才能形成水滴石穿之功效。

二是完整的书。吃一只鸡爪，自然是无法全面认识一只鸡的。其实，原来教材里的《边城》《雷雨》《窦娥冤》《老人与海》节选，以及《林黛玉进贾府》《林教头风雪山神庙》等选文，对阅读来说，不能不说是一种遗憾，当然也是教材选择的不得已。一部作品作为一个完整的生命体，有其主体独立性和生命独特性。取一瓢饮不知海，盲人摸来不识象。读费孝通的《乡土中国》，如果只读其中一篇，就很难了解其全貌，而且就是对这一篇的理解，也不可能透彻。读了整本书，有了全面、细致的理解，建立起完整、有厚度的信息层，沉淀成有价值的、成体系的知识，这样才有可能培养我们的思维能力。

三是亲自体会。就像了解一个事物不能只看图片一样，读书当然也不能只看别人写的简述、评论或名著导读。现在有很多“五分钟带你读一本书”之类的文章或视频，很多同学喜欢这样“读”书，其实这样收获的只是“虚假的获得感”，是“阅读幻觉”。食物当然要亲自去吃，亲自品味。阅读是生命体验，生命体验自然不能由别人代劳，还是要亲自去读整本书。

口语交际，需要我们有怎样的核心素养

“口语交际”不是简单的“说话”，而是在特定场景下、对特定的人、有明确的目的、采用最合适的方式“说话”。也就是说，不能只关注“口语”，实际上关键在“交际”。既然是“交际”，就有来有往，要互动。这包括两个方面：听懂别人的意思，表达好自己的意思。前者是“输入能力”，后者是“输出能力”。

输入，就是听懂别人说话。有同学觉得这有什么难的呢？认真听，听清每一个字不就行了吗？但在我们的文化里，人说了什么并不重要，重要的是他说话的意图和目的。大家回忆一下，考试考砸了，家长发火时的问话：“你还想不想学了？”你怎么回答？你说“想”，家长火气更大。下次你改成“不想”，家长还是火气更大。他本质上就不是问你“想”或“不想”，所以你无论回答哪一个，迎来的都是暴风骤雨。我们要弄明白，家长无非是表达他看到你糟糕的成绩之后的愤怒，你需要表态努力学习，而不是直接回答问题。人们常说“听话要听音”，所谓的“音”，就是意图和目的。

所以，听人说话，要能够透过现象看到本质，通过其“说出来的”来推断其“未说出的”。有时说话人可能是“声东击西”“言此而意在彼”，语句的表层意思和说话人的意图也许隔好几层，“包装”得十分隐秘，也就要求我们有更高的侦查、识别能力。输入能力的高低，取决于一个人生活阅历的深浅，对语言敏感度的强弱，还有对人情世故洞察力的高低。《烛之武退秦师》中郑伯请烛之武出使秦国，烛之武说：“臣之壮也，犹不如人；今老矣，无能为也已。”这话什么意思？表面上说自己老了，实际上是在发牢骚：现在国家危难了，想到我了，早干什么去了？幸好郑伯一下就听明白了，马上说：“吾不能早用子，今急而求子，是寡人之过也。”先道歉：对不住呀，我没有早点任用您，我错了。果然，烛之武就愉快地答应了。

输出能力，也是同样的道理，要努力站在说话对象的角度想，他是怎样的人，他的真实意图是什么，我应该怎样让他明白，否则就会出现“不在一个频道”的现象。大家看看下面这个笑话：

“喂，119吗？我家失火了，请快来帮忙。”

“什么地方？”

“我家。”

“你家什么地方？”

“我家厨房。”

“我是说我们怎么才能到你家？”

“你们不是有消防车吗？”

报警的人始终没有站在接线员角度想一想“为什么这样问”，所以自己的“输出”是无效的。口语交际也要有“同理心”，也要注重对象的“体验”。

我们经常说，表达要清楚，其实这个说法很笼统，什么叫“清楚”？对不同的人，很难有统一、明确的“清楚”。说的人觉得说清楚了，听的人却还很糊涂。

李鸿章特别爱吃。英国王室的贵夫人送他一只在赛狗会上得过大奖的名犬。过了几天，她接到李鸿章的感谢信：“感谢夫人赠我名犬，我年纪太大，牙齿不好，不能多吃。为了表达对夫人的感谢，还是吃了一点，果然是天下美味。”大家可以想象一下这位夫人内心的崩溃。如果她真正了解李鸿章，就一定会在赠犬时表达得更“清楚”。人们在理解别人的意思时，会有个先入为主的思维模式，叫“前理解”，也就是听别人话之前的心理状态，形象点说，屎壳郎听见别人说圆的东西就觉得应该是粪球。这也正是在交际中总是出现信息损耗、意思扭曲现象的原因。每个倾听者都是带着自己的经验来理解听到的信息，我们在输出时必须想清楚，我们面对的是一个怎样的人。

以上把两种能力分开来说，是为了方便大家理解。实际上，口语交际是二者不断“交互合作”的过程，这种能力的获得，是需要我们长期地、反复地、有意识地学习和训练的。

语言的匮乏，为什么要警惕

在北京坐出租车，司机接个电话，是一个他许久不见的朋友约他聚餐。这位司机在整个交流中，就只是说了七八遍“我×”，有表示打招呼的，有表示惊喜的，有表示同意的，有表示再见的。语言可谓极端简化。

细想，现在学生的交流不也是如此吗？“哇”“巨”“渣”“切”几个字就可以应对交流了，甚至都懒得说话了，直接用竖拇指、“比心”等“手语”交流。网上聊天他们都不叫“聊天”了，只发表情包，称为“斗图”。

很多成年人也是如此，似乎已失去语言能力，想表达什么观点或心情，就找一篇相关文章，在朋友圈转发一下，连“推荐语”都是直接复制文章里的句子。

导致这些现象的根本原因，是语言的匮乏。而语言的匮乏，恐怕是终极的匮乏。

语言的匮乏，是思维的简陋。比如说，“手机”，有的人理解为“电话”，有的人理解为“互联网”，有的人理解为“游戏机”，有的人理解为“娱乐终端”，有的人理解为“手提办公电脑”……我们有了更多的词语，就有了更多的思维方式，就更能真正全面了解“手机”的功能。比如说，出门旅游的时候，“你的那部手机带了吗？”“没事，我带的有专业相机。”

看着答非所问，但这个交流完全没问题，因为在这个问话里，“那部手机”就是“好的相机”的意思。如果我们脑子里只有“手机”这一个词语，我们对世界的理解就是单一的、片面的，甚至是错误的。语言的简化，是思维的惰性，语言达不到的地方，就是思维的无知。

语言的匮乏，是人文的缺失。没有用语言从不同角度“命名”的能力，就没有从不同角度理解世界的能力，就很难有同理心、同情心，对物、对人、对事，就会缺少人文关怀。比如，学生被简化成两类，不是“学霸”，就是“学渣”；男人被简化成两类，不是“高富帅”，就是“矮矬穷”。这种分类，忽视了丰富的中间状态，阉割了人的个性化，形成了“语言暴力”，使无辜的人受到伤害。中国古时把“拐杖”称为“扶老”，二者实际上有很大差别，“拐杖”只是突出形态、材质，“扶老”这个命名本身就充满了人文关怀。所以，积累更多的词语，获得更多的表达方式，会让我们更有人文性，更有悲悯情怀，更有心胸，更博爱地对待世界。

语言的匮乏，是生命的粗糙。之前我讲过一个笑话，说城里孩子在农村看到驴子啃麦苗，既不认识“驴子”，也不认识“麦苗”，就大喊：“快来人呀，动物吃植物啦！”这说的是语言表达的粗糙。而在媒体传播如此迅速的今天，流行语凭借着大家的盲从，以及怕不用某词就跟不上时代的群体性焦虑，像病毒一样传播，横扫生活的精致，碾压感受的细腻。我们有时会完全想不起来，在“撸”“怂”“渣”“土豪”等词流行之前自己是如何表达这些意思的。伴随简化，还有语言的恶俗化，很多学生满口“屌丝”“装逼”等“生殖器词汇”。一次课间听一个文静的女生和同学聊天，张口闭口“我靠”，非常自然，她似乎完全感觉不到任何我们觉得不适的东西。显然，词语的匮乏会使我们对生活的感受越来越粗糙，“像素”越来越低，甚至雅俗不分，我们的生命状态就会越来越“将就”，而不“讲究”。

语言的匮乏，是精神的荒芜。今天，我们总是关注财富的阶层固化，实际上还有更可怕的，就是语言的阶层固化。可以毫不客气地说，使用什么样的语言，将决定一个人处于什么样的社会阶层。英国古典作品中，对于“脾气不好的中年女性”，不同阶层的人表达是不一样的，低层人就直接用“泼妇”，而贵族则称之为“不以发火为羞的女人”。我们总是说“不让孩子输在起跑线上”，其实应该说“不要让孩子输在语言上”，物以类聚，人以“词”分，孩子使用的语言反映了他和什么样的人在一起，并最终影响他的人生走向。有了丰富的语言，精神世界才有可能丰腴。

语言的匮乏，不能不引起我们的警惕。从某种意义上来说，倡导阅读，本质上是希望孩子积累更多的“语言”。

第二编

语文策略

阅读，怎样读才有效

我们来聊聊“怎样阅读才有效”。我主要说四个方面的内容：①阅读的功能；②影响我们有效阅读的因素；③阅读的原则；④阅读的策略。

一、阅读的功能

大家现在肯定有个感觉，到处都在说阅读很重要，但是，为什么要阅读？阅读到底有什么用？我们往往只有一些模糊的感受，或者说一些“虚的”，说什么“涵养人生”“诗意生活”，使人“精神升华”等。和作者进行心灵的交流，从而完善我们自己，固然是阅读的功能，但是是间接的。阅读的直接功能我们可以用三个短语来概括。

第一，积累更多的词语。有同学一听这么说，肯定是非常失望的，觉得这么高大上的阅读，原来它的作用只是增加词汇量。语言的匮乏会使我们的表达非常模糊，语言的简化就是思维的简陋。比如说，看到鲁迅一些文章的主题，很多人马上就想到一个标签化的说法——“吃人”，于是就认为自己理解了这些文章。但什么是鲁迅文章里的“吃人”呢？要用语言精确地表述，就是中国传统思想和文化里缺少对人本身的生命关怀，更多的是对人的精神自由的剥夺。这样的表述，表面上看是语言的增加，但实际上也是思维的精确。如果没有阅读，我们都快“词穷”啦。

第二，积累更多的体验。这一点，容易理解，阅读会拓展我们人生的宽度，丰富我们的人生体验。我们写作文就只会写“我划了一根火柴”，张爱玲却曾这样描述：“黑暗里，他划燃了一根火柴，这橙黄色的三角旗缓缓摇荡在自己的风里，慢慢地，燃尽了自己的旗杆，归于寂灭。”不就是划火柴吗？人家写出来就是这样的。我们的表达方式越丰富，我们对社会的认识像素越高。活得糙，主要是阅读量太少了。

第三，培养高质量思维，它是我们智慧的源泉。

现在高中生比较重要的是批判思维的培养，批判思维实际上是包含技能和态度两方面。你有批判性思维的技能，还要有批判性思维的理性态度。实际上我们现在作文论证中的批判思维能力还是有缺憾的。

我们选几个角度说一说，让大家感受一下。

生活中我们的很多说理是打比方，并不是论证，比如说，周末的早上，你妈喊你起床，说：“快起来吧，太阳都升起来了。”大家要注意这不叫论证。你可以讲歪理，下次你妈再说“快起来吧，太阳都升多高了”，你就说：“太阳都升多高了，正好我接着睡”，这也是说得通的。

论证是什么？论证是要证明，证明就有很多的假设，很抽象。我们的数学、物理，还有化学，有很多证明题，但大家要注意证明是一种“提纯”了的，比如说物理学科中常说“假设摩擦力为0”，问题在现实生活当中，摩擦力什么时候为0？化学里边谈的水永远是最纯净的，不能是林黛玉的眼泪，也不能是武松酒碗里的酒。要有这样一个前提，才能论证，狭义上的论证，就是接近于这些学科的论证。比如，班主任开班会，说不要早恋，人年轻的时候容易有一个误解，会放大自己的感受，觉得爱情是人生的全部，但其实爱情最多占人生的1/8。

于是我就做了一下论证，用数学方法。因为人的生活必然分成物质生活和精神生活两个方面，爱情当然不是馒头包子，它属于精神生活。我们假设物质生活占1/2，精神生活占1/2；精神生活里边又不只是有感情，还有文化娱乐，假设文化娱乐占

1/2，情感占1/2；但是情感里面不可能只有爱情，还有亲情、友情、同学情、师生情、同事情、战友情等，假设它们加在一起占1/2，伟大的爱情独占1/2：乘一下，结果是爱情最多占人生的1/8。这个证明过程就是论证。

培养批判性思维，还存在一个立场问题。

很多同学觉得高考应该全国一套试卷，按分数从高到低录取，这样才绝对公平。其实，这样想常常是因为我们站在个人立场，是个人英雄主义的考虑；而国家立场是要考虑区域公平、社会功能、民族补偿等。所谓的“绝对公平”，是另一种不公平。明代朱元璋那个时候，还分南榜、北榜、中榜呢。再比如，我们从小区景观路上走过，你会发现草坪上石板路安排就很不合理，要是迈一个板，步子太小了，要是中间隔一个石板迈一步，又太大了，于是你就觉得设计者弱智，难道不知道人的腿迈开的步子有多大吗？其实是因为我们站在一个成年人的立场，而设计者不是站在这个立场，是站在老人、儿童的立场。你平常走的时候想发火，但一听这一点，是不是有点感动？一旦换了立场，看问题的角度不一样，感受就不一样了。

以上所说，都和思维水平有关，而思维水平的提升，是离不开阅读的。

概括起来说，阅读能让我们有更多的词语、更多的体验、更多的思考角度、更多的人生智慧，有了这些，我们就更能享受人生。所以说，文学，让我们更能享受人生。

即使是从大家更容易感受到的考试的角度来说，我们也应该重视阅读。别的不说，我们阅读的速度就值得关注。近几年，高考语文文字量逐年上涨，从原来的七千字悄然增加到将近一万字了，阅读策略如果不提升的话，将没办法应对。

二、影响阅读效果的因素有哪些

我们平常做阅读题的时候，实际上是需要做两件事的，一个是正确理解文本的意思，一个是准确表达自己的意思。说直白点，一个是看得懂，一个是写得出。几乎整个中学阶段的语文学习，学生都在纠结第二点，记各种所谓的答题“技巧”、套路、模板。但更重要的是看得懂。经常有学生跟我说：“老师，我阅读不好，文章我都能看懂，但写不出来。”我说：“吹什么牛，你都能‘看得懂’，什么叫‘懂’？”

于是我给学生举一个例子，我讲一篇小说。

一个醉汉，深夜回到家，到小区里找不到自己家了，看看这栋楼也像，那栋楼也像，这单元也像，那单元也像，一直在小区里徘徊。警察就怀疑他，说：“你干什么呢，大半夜的？”他说：“我干什么，我回家。”“你家在哪儿？”他有点急了，“我家在哪里？我家就在这，不信我带你去看看。看，这楼梯口放的不是自行车吗？“上了二楼，”你看这里有蜂窝煤。”他拿出钥匙一阵乱捅，捅开了门，“你看这就是我家，这是我家客厅，这是我家厨房，这是我家卫生间，这是我家卧室。”他推开卧室门，“你看床上睡的那个人，那不就是我老婆吗？她旁边那个男的，不就是我吗？”

各位，你觉得你有没有听懂这个小说？好，恐怕你觉得这太简单了，小学三年级的学生也能听懂。那我来追问一句，请问这个小说表现了什么？小说的主题是什么？是不是有点迷糊了？所谓的“懂”，要了解主旨，要明白作者的创作意图。其实，我刚才讲这个故事的时候，把环境描写、心理描写、细节描写都给它抹去了，所以大家听不懂了。我们读小说时，常常是在读故事，而不是在读情节。这两者有什么区别呢？《小说面面观》里有一个形象的说法，说故事就是“国王死了，王后也死了”，情节就是“国王死了，王后因伤心过度死了”。有什么区别？简单说，后者找到了因果联系。如果我们只关注故事，只关注结局，我们是很难真正读懂小说的，很多人终其一生，阅读能力都停留在小学三年级水平，就是这个原因。

影响我们看懂的因素，从主体角度来说，也就是从我们读者角度来说，有三个，我逐一介绍一下。

第一，是个人的经验体验。

比如城镇里的孩子，大多缺少乡村生活经验。但一个人的作品能够被选到我们的教材上、试卷上，在中国这样一个按资排辈的社会，作家要没有个五六十岁，可能性不大，而五六十岁的人大多数作品里呈现的乡村，今天的学生读起来很吃力。更新迭代太快了，现在很多人已经反对“00后”这样笼统的说法了，大家要求被标注得清楚、精确，比如“05后”“06后”“07后”。有一个“90后”

的大学生跟我说，“00后”的学生说，“最讨厌‘90后’那帮老头老太太了”，他听了后表示“很受伤”。

现在高考命题很为难，文学作品如果选择了乡村的生活，城镇里的学生理解起来可能有困难，就存在区域公平问题。

比如有一次我上公开课，讲王小波的杂文里有一篇谈中国电影的，他回忆说自己在知青下放点的时候，电影放映员每个月到那里给他们放电影，每次来大家都很高兴，用最好的菜招待他。有一次给他做了韭菜下面条，电影放映员就在院里靠在树根下蹲着吃，结果吃着吃着，从碗里挑出来一个报纸角，然后电影放映员就在院子里呕吐。这时候我说：“你们知道电影放映员为什么那么恶心吗？”其实没打算让学生回答，只是引导大家思考。结果一个孩子马上就举手站起来：“老师，我知道，那时候报纸是铅印的，铅是一种重金属，经过食物进入人的体内，会破坏神经系统、消化系统，影响骨骼的造血功能。”班里同学都给他鼓掌，但是他谈得越酣畅淋漓，离真相越远，因为他没有乡村生活经验。韭菜的生长需要大量的有机肥，以前没有马桶，农村人早上起来的时候，就把厕所里的东西，用桶挑到菜园子里，倒进韭菜沟。电影放映员作为农村人，他深深地知道面条碗里这个报纸角的来历，以及它原来的功能。大家看，没有生活体验，就算有科学知识也不能帮助理解文本。

大概是20世纪80年代，有一道测试题：

美国某女子高校卫生间里的镜子上总是留下爱美的女生的唇印，保洁员很发愁，于是诉至女校长。女校长说这有什么难的，于是带一帮最爱美的女生，亲自操起马桶刷，把镜子刷得干干净净，从此以后镜子上再也没有留下爱美女生的唇印。

镜子上不再留下女生唇印的原因是（　　）

A.学生被女校长身体力行的精神打动。

B.马桶刷太脏了。

C.二者兼有之。

很显然应该选B。但是当时测试的时候，发现城里的学生选择B，农村的学生大多都选择A。后来发现，在媒体不发达的年代，农村学生不知道什么叫马桶刷，以为就像软毛刷、硬毛刷一样，是刷子的一种，于是马桶刷带来的恶心层面的体验就没有传达给农村学生，所以孩子自然就容易选择“习惯性正能量”的选项。这也是经验体验影响阅读理解的例子。

第二，是共情力和同理心。每年高考前，会有好多同事朋友找我给孩子“点拨”，其实到了高考前，老师能做的事已经不多了。

我们学校有位数学老师，他家孩子是典型的“理科男”。他的理科好到什么程度呢？生物经常考满分，生物这个学科有人很厉害，但考满分是不容易的。他在模考的时候语文考了87分，依然是年级前20名。他爸爸就急了，让我给他“点拨”一下。当时就谈到一篇高考小说《侯银匠》。

这个小说写侯银匠早年失去了老伴，一个人把女儿侯菊拉扯大，父女俩相依为命，终于给女儿找了个好人家，把女儿嫁出去了。女儿出嫁之后，有一天晚上，侯银匠半夜醒来，喊：“菊子，给我添点灯油。”及至无人应声，才一个人笑着说：“老了，糊涂了。”

我就问这位同学，这个场景你能想到什么？他用中国学生特有的表情做思考状，很悲壮的那种表情。过一会儿，他说：“哦，老师，我知道了，他这属于老年性遗忘。”大家能想象得到跟他交流语文有多难了吧。然后我给他说了四点：第一，表现了侯银匠在女儿出嫁之后孤独的生活状况；第二，表现了他潜意识里对女儿的思念；第三，从侧面表明她女儿在家的时候把他照顾得很好，表现了父女俩相依为命的生活状况；第四，表现了侯银匠对自己的宽慰之情。

我大概给他讲了40分钟，前三个他基本接受，当然也很艰难。比如，他认为第一点和第二点“还不是一回事？”，说明他对人的情感的理解是低像素的，大颗粒的。他还不停地讽刺我们语文老师：“你们语文老师就会瞎想，人家作者写的时候有没有这个意思？”但对最后一点，“表现了侯银匠对自己的宽慰之情”，他是完全不能接受。于是我就想搭一个体验的桥，给他打了个比方，我说：“假设你考上了大学，到外地上学去了，你妈妈很想念你。”但很可惜，他一点不“入戏”，刚一说，他马上就来一句：“我妈才不想我，巴不得我早点走。”我说：“只是打个比方。你妈妈一方面很想念你，另外一方面她很享受这种想念，因为儿子长大了，他要去上大学应该为他高兴，虽然自己见不到他很想他，但是只要儿子在走着他应该走的人生之路，她就感到无比欣慰和开心。世界上所有的爱都以聚合为目的，唯独父母对子女的爱以分离为目的。今天，父母爱我们，其实就是为了放心地看我们离开他们。这说起来有一点伤感，实际上正是如此。侯银匠和女儿相依为命，天天生活在一起，现在女儿出嫁了，他肯定很想念他的女儿。大家可以想象，他不仅想念，而且还隐隐担忧：女儿在婆家能不能过得好，能不能吃得好，能不能生活得习惯，会不会不自在？但他知道女儿长大了，就应该走这样的路，现在女儿正走着她应该走的幸福道路，只要女儿过得好，糟老头子有点孤单，又有什么关系呢？只要女儿过得好，他愿意承受现在的生活，愿意享受这种孤单。”

举这个例子大家就明白了，如果没有移情能力、同理心，我们读文学作品，是非常困难的。

还有一个例子，我也常举。高考考过王安忆写的《洗澡》，我们的新教材不是有篇《百合花》吗？作者茹志鹃，是王安忆的母亲。母女俩都是文坛上响当当的作家。

这个小说，写于20世纪80年代的上海，写一个三轮车夫帮一个在机关工作的人拉了八包书，就这么一件事，两个人在路上有毫无交集的交流。你们看三轮车夫是这么聊的。第一句是问：“你家住在静安寺？”，第二句是问：“你家有浴缸吗？”，大家听听，如果你现在坐出租车，司机和你这样聊，你是不是觉得这个人脑子有问题？

这个在机关工作的人，是上海小男人，他突然警觉起来，心想这人是不是要在他家洗澡。后面呢，这个三轮车夫一直在围绕这个话题聊：“你们单位有浴缸吗？”“你家的浴缸是大还是小？”“你每天在单位洗澡还是在家洗澡？”“我兄弟厂里天天有澡洗。”“这样的天气你洗冷水澡还是热水澡？”，帮人家把东西搬上楼后，还说：“你洗澡好了”，离开前说：“你可以洗澡了”。各位同学是不是觉得这个人太有问题了？但我们有没有遇到过这样的人呢？比如，你上了高中，你家亲戚中有弟弟妹妹问你：“高中作业少吧？”“高中老师管得不严吧？”“高中比初中更有意思吧？”你会不会觉得很烦，心想：小屁孩懂什么，高中也有高中的烦恼。但你有没有做过这样的人呢？大学生回母校，你不是也在问：“大学没有早读和晚自习吧？”“大学肯定比高中轻松吧？”“大学宿舍不会强行关灯吧？”大学生也觉得你很烦的。大家听懂了吧，我们都在问什么？我们对那样的生活充满了向往和羡慕。小伙子是三轮车夫，在炎热的夏天，他每天一身的臭汗，在他心目中，这个世界上最幸福的事情就是每天有澡洗；同时，他对这位在机关工作的“上层人”的生活充满了羡慕。这个小说除了写出特定地域的人的心理，同时还表现了小人物的幸福理想；同时，我们也可以站在小说中“他”的角度想一想，我们平凡的生活，也许是别人眼中的幸福理想，这也在提醒我们，珍惜当下，珍惜我们当下拥有的一切。泰戈尔写过一首诗叫《错觉》：河的此岸暗自叹息。/“我相信，一切欢乐都在对岸。”/河的彼岸一声长叹：/“唉，也许，幸福尽在对岸。”

当然，这种共情同理的能力，还需要我们养成一个习惯，就是读小说时越觉得“怪异”的地方，越要格外关注，因为小说的人物是作者刻意塑造的，体现着作者的写作意图。所以小伙子“怪异”的交流方式背后，体现的是作者的意图，就是让两个人聊天没有交集，而是小伙子在自说自话。海明威写的《桥边的老人》中老人的语言也是如此。不只是人物语言，人物长相也是如此，很多同学自己写小说，常拿给我看，我觉得有一个通病，就是写人的长相，只是按照生活原型来设计，小说里的人物长成什么样，也要符合作者创作意图。王熙凤就必须长的是“一双丹凤三角眼，两弯柳叶吊梢眉”，丹凤眼、柳叶眉是中国古典美女的标配，但她是“丹凤三角眼”“柳叶吊梢眉”，在美丽中显露着她的刻薄、威严、狠毒。西方有句谚语：“了解了一切，就原谅了一切。”我们在“怪异”处多共情，更能够帮助我们读懂文学作品。

第三，读文学作品还要有联想能力。

很多同学觉得诗歌很难读懂，主要是因为我们缺少联想与想象能力，诗歌在我们面前就变成了一堆乱码。如果没有联想和想象，既没有诗歌的创作，也谈不上对诗歌的欣赏。

好多同学总是喜欢按生活思维来读诗，那也就难怪读不懂诗了。这里面体现的是一种文学思维。不要总以为中国的诗写的都是真事，比如说中国古诗中寻隐者一类的诗，几乎所有的寻隐者都是找不到的。为什么都找不到呢？因为一找到，隐者的境界就太低了。找不到，还能让我们感觉到隐者的形象，这就是诗人的高超之处。我来举个例子。

寻隐者不遇

［唐］贾岛

松下问童子，言师采药去。

只在此山中，云深不知处。

隐者没找着，但是我们眼前呈现了一个鲜明的隐者形象：鹤发童颜，仙风道骨，来无影、去无踪，是个得道高人。

人都没找到，我们却见到了他的形象，岂非咄咄怪事？其实作者已经下了功夫了。第一句，“松下问童子”，为什么不是别的树呢？“松”在我们文化里就代表长寿，提到“松”，我们就近联想，就很容易想到长寿，想到老者形象。第二句，“言师采药去”，这个“药”字不能忽略，我们要调动我们的联想与想象，“药”在我们文化里代表求仙问道，让我们想到隐者的形象，如随便换一句，“言师打猎去”，整个境界就不一样了，简直有些不堪了。还有，“只在此山中，云深不知处”，这个“云”字也大可玩味，诗人为什么不说“山深”呢？说“山深”就少了“云深”的仙气了，而且也就没了那种在山中飘来飘去、难觅踪影的意味了。这首诗看着都是大白话，实际上贾岛是“推敲”到了极致。我们再细看一下，四句中还不断有情感心绪的变化：“松下问童子”，是充满期待的；“言师采药去”，得知不在，内心肯定是失落的；“只在此山中”，又让人燃起希望；“云深不知处”，让人重归失落。在短短的20个字内，读者被“撩拨”得怅惘不已，让人回味无穷。我们像这样调动一下我们的联想与想象能力，读出来的味道就不一样了，可以获得更多读诗的愉悦。

这里举的例子是诗歌，其实散文、小说、戏剧等，也是如此。

第四，是“解码能力”，或者叫看懂“言外之意”的能力。

文学语言和自然科学语言最大的不同在于，最重要的不是说了什么，而是谁说的、说给谁听的、什么情况下说的、用什么方式说的、说的意图是什么。比如说自然学科生物说到了人的“死”，要么定位为脑死亡，要么定位为心脏死亡。而文学语言的“吓死我了”是夸张的表达，“死一边去”，也不是让你到一边去脑死亡或心脏死亡。文学语言真正说死的时候反而不说“死”，像“永远离开我们了”“当代最伟大的思想家停止思想了”“永远地睡着了”之类。

在我们的文化里，实际生活中也会有这种文学现象。中国人说话有点像“打太极”，或者说，每个人说出来的都是一团一团的迷雾，都需要解码。很多年轻人想着，我这人“表里如一”，心里有什么说什么，怎么想就怎么说。实际上，这样的人当然是不存在的，会处处碰壁。别的不说，谈恋爱都很麻烦，表白肯定会被拒绝，总不能像阿Q那样：“吴妈，我要和你困觉！”最后不是被打出去了吗？大家可以想象一下，没有文学的语言，爱情得寒碜到什么地步。

中国上下级的交往常常也是如此。举个例子，张经理办公室有一个王助理，上午十点多，张经理轻轻摸了一下肚子说：“真是年龄大了，早上我也没少吃呀。”大家想一下，你要是王助理，你会怎么说？很多同学的第一反应是：“张经理，你饿了？我下去给你买点吃的。”你这样说是对张经理的侮辱，张经理就会这样想：你什么意思？我这跟你聊聊天，难道是让你给我买东西吃吗？你听明白了这个意思，你不能那样说，你应该这么说：“张经理，我早上买了两块面包，草莓味的（想着张经理平时喜欢吃的口味），有一块没吃，放到中午可能都不新鲜了，浪费了。我正好下去拿上来，您先垫垫。”张经理说：“算了，太麻烦了。”注意我们要区分人嘴上说的和心里实际上想说的，张经理这句话实际的意思是：“快去吧。”如果王助理不明白这个道理，一听张经理这样说，那我就坐着不动了。张经理可能就生气了。当然，也不能“硬来”，比如，王助理说：“没事没事，我下去拿。”然后直接就下去了，这样，交际的场景不温馨。王助理应该怎么说呢，再找一个“理由”，他说：“我坐了一上午，肚子上都长肉了，我正好下楼活动活动。”大家看，这样就比较自然。下了楼，车上哪有面包，王助理跑到学校超市，买一个张经理最爱吃的草莓味的面包带上来。大家注意了，在这个过程中，张经理可没求王助理办任何事，甚至是张经理帮助王助理做了两件事：一个是让他的面包不浪费，二是让他肚子上不长肉。这才是和谐的交流。大家是不是感觉生存太不容易了？

当然，我们也希望，今天的“张经理们”能够有话直说，提高沟通效率。不过我们遇到这种情况，说话时也不能只会“直来直去”，只听字面意思，完全不考虑别人“内心的话”。张经理说：“早上也没少吃呀。”你就说：“你饿了？我怎么一点也不饿？”要是张经理没有胸怀的话，你被开除的时候，都不知道怎么被开除的。

实际上，今天的年轻人参加工作

以后，他们觉得自己最缺的就是说话的技巧，或者说和别人沟通的技巧。之前企鹅智库做的一项调查，询问就业5年的职场人，中学最重要的学科是哪一科。答案排名第一的是语文，占34.5%，超过了计算机和英语。

第五，立足作者。

我给学生上社团课，问了他们一个问题："中国古代的狐狸精为什么都喜欢书生？"大家七嘴八舌，说因为大家都喜欢有才的人，因为"万般皆下品，唯有读书高"……我说思考问题要从根子上想，这个问题很简单，因为这些故事都是书生写的。中国古代最没价值的小说，才子佳人类的算一种。动辄是书生进京赶考，住在破庙里，破庙隔壁竟然是宰相家，这也没有什么逻辑，宰相家怎么会在破庙旁边？宰相家有个非常漂亮的女儿，然后隔墙看书生一眼就要跟他私订终身，半夜翻墙头来和他约会，资助他钱让他进京赶考，一考就考中了状元。为什么会这样呢？因为写这些故事的书生在做梦呢。"宰相家的女儿"同时满足了他几个方面的幻想，名、利、美人三收。从作者的角度来考虑，就很容易理解了。

前面提到我们同事家的儿子，我给他补过几次课，可以说他一个人的案例就够我做一场讲座的了。当时，我还讲到史铁生的《我与地坛》，这是一篇长篇散文，我们高中必修上教材第七单元选的是前面两节，高考选的是最后一节——第七节。

在第七节里，有这样的话："我说不好我想不想回去。我说不好是想还是不想，还是无所谓。"

他读了就说，这个人"好啰唆，到底是想还是不想，一点都不痛快"。

我说，因为你不是史铁生，你没有从他的角度去想。一方面，他和我们所有人都一样，有对生的眷恋，有对死亡的恐惧。另一方面，他21岁被截了双腿，每周三次去医院透析，每天都生活在痛苦之中，他又想早点结束生命。这句话正是他内心纠结的表现，他在反复思考后说服自己，生命还是顺其自然。

最后面有这样的文字：

那一天，我也将沉静着走下山去，扶着我的拐杖。有一天，在某一处山洼里，势必会跑上来一个欢蹦的孩子，抱着他的玩具。

当然，那不是我。

但是，那不是我吗？

宇宙以其不息的欲望将一个歌舞炼为永恒。这欲望有怎样一个人间的姓名，大可忽略不计。

史铁生不断地思考生命的意义，在这篇散文的结尾，他写了这几段话，表现他对生命的理解。我就问这位同学这是什么意思。他捂着嘴笑了半天，说："老师，我不好意思说。"我说："天哪，这样一篇感人的散文，怎么能到让你感到不好意思说的地步，有什么不能说的？"他说："我感觉这是投胎。"然后又是很难为情地笑。我非常感慨，有时，我们老师只顾着讲，没有充分考虑学生思考的实际。同样，大家也别只顾着自己天马行空地"猜"，还要从作者创作的意图考虑。他在对生命的思考中认识到，个人生命虽然是短暂的，但人类历史的长河是永恒的，个体生命是人类历史长河的一部分，"自其不变者而观之，则物与我皆无尽也"。所以，我们不要因为个人的生命短暂而悲伤、而绝望，这样想我们才能活得坦然一些，坦荡一些。

要立足作者的创作意图。

比如《记念刘和珍君》中的一段：

但竟在执政府前中弹了，从背部入，斜穿心肺，已是致命的创伤，只是没有便死。同去的张静淑君想扶起她，中了四弹，其一是手枪，立仆；同去的杨德群君又想去扶起她，也被击，弹从左肩入，穿胸偏右出，也立仆。但她还能坐起来，一个兵在她头部及胸部猛击两棍，于是死掉了。

很多同学感觉鲁迅的文字很冷，对学生被杀被虐的场面，几乎没有有感情的词语，甚至没有修饰语。岂止是"冷静"，几乎是"冷酷"。

实际上这些词语都有作者写作的用意："从背部入，斜穿心肺""中了四弹，其一是手枪""弹从左肩入，穿胸偏右出""猛击两棍"等。

为什么这样写？

比如什么情况下子弹从"背部"入？据说战场上收尸，有个规则：凡是伤在前的，算是烈士、英雄；伤在后的，算是逃兵。女学生中的弹在背部，说明学生已经转身，手无寸铁的女学生，能有多大的胆子，听到往天上放的枪声，甚至看到执枪的"兵"也就吓跑了。说明她们不是和"兵"面对面对抗的，她们对"兵"是没有威胁的，她们不是"暴徒"，没有对抗，但她们还是被杀害了。

什么情况下"弹从左肩入，穿胸偏右出"？一定是在近距离，一定是从上往下斜射，学生已经坐在地上了，没有抵抗和逃跑能力了，在这种情况下，“兵”踢她、踹她，甚至恐吓她，都能控制她们，但还是不放过她们，就是要置她们于死地。

“四弹”，特意交代数字，来表现杀人者的丧心病狂，用数字作为他们的自我控诉材料。连“其一是手枪”也要交代一下，这件事发生在1926年，那时普通士兵用的是“汉阳造”，只有军官才能用“手枪”。这样的描写是为了表明，这次活动有军官参与，是一场有预谋的行为。“证词式”写法，让大家看清真相，明白到底谁是“暴徒”，也用事实反驳了反动文人的无耻言论，而作者在冷峻的细节描写中表达了无比强烈的感情，也就更容易激发读者的激愤之情。

第六，立足文本。

前面我们提到的《洗澡》中，车夫好不容易找到一家冷饮店，听到冰箱“轰隆隆”地响，是不是要写冰箱破呢？不是的，因为他太渴了，想找一家冷饮店找不到，这声音是一种亲切的告知和呼唤，表现他内心的喜悦。《老人与兵》中写日本兵“像狗一样把碗舔得干干净净”是不是要辱骂日本兵呢？不是的，是要写出日本兵的狼狈相，这些要立足文本才好理解。

只有立足文本，才能看懂作者表达的意思。我们来看一个例子，大家来选一下。

瑞士以清洁著名。日内瓦的电车，就像从油漆店开出来的。瑞士的三等火车，和头等一样整洁。瑞士的家主婆打扫盥洗很有名。店门前天天早晨要用水冲洗。北欧诸国是如此，而瑞士更甚。苏黎世城民楼上，早晨就可看见家家主妇的窗口上打小地毡，真是出力地打，打，打。琉森星期日下午全民全家出来散步，男人的汗衫，是那样洁白晶亮。日内瓦、洛桑等处，虽说法文，却受日耳曼民风熏染，所以也洁净，又没有苏黎世洁净得可怕。你住久了，还是羡慕法国火车的乌烟瘴气。就有住在洛桑的女人，是我的读者，曾对我表示抗议。人生何必自寻苦恼，整齐清洁到那样程度？还是自由自在，规矩中带点随便吧。

洛桑的女读者为什么对作者表示抗议？（　　）

A.因为她认为瑞士过于清洁，没有必要。

B.因为我认为洛桑没有苏黎世洁净。

C.因为我过于注重清洁，自寻苦恼。

D.因为我认为瑞士过于清洁，没

有必要。

E.因为她认为人生还是应该自由自在，规矩中带点随便。

如果不立足文本，可能就不好判断。这里提到的城市名，都是瑞士的城市，作者是说瑞士太干净了，各个城市都干净。作者觉得这么干净是没有必要的，这里最关键的是这句话，“你住久了，还是羡慕法国火车的乌烟瘴气”，这里的“你”是虚指，或者说是指自己，这就是作者的观点。他肯定是把这种观点写在文章里了，所以“洛桑的女人”读了之后对我表示“抗议”，而我为了回应她，说：“人生何必自寻苦恼，整齐清洁到那样程度？还是自由自在，规矩中带点随便吧。”最后这两句是作者的观点。我们要在文本中整体上来理解，就比较容易判断。

有一道高考题，很多同学觉得有难度，不知道怎么选。

把备选句子分别填入括号（只填序号），以使语意连贯，画面完整。

到了德胜桥。[　　]，两岸青石上几个赤足的小孩子，低着头，持着长细的竹竿钓那水里的小麦穗鱼。[　　]，几只白鹭，静静立在绿荷丛中，幽美而残忍地等候着劫夺来往的小鱼。北岸上一片绿瓦高阁，清摄政王的府邸，依旧存着天潢贵胄的尊严气象。[　　]，池中的绿盖，摇成一片无可分割的绿浪，香柔柔地震荡着诗意。就是盲人也可以用嗅觉感受那荷塘的甜美，有眼的由不得要停住脚瞻览一回。

①一阵阵的南风，吹着岸上的垂杨

②西边一湾绿水，缓缓从净业湖向东流来

③桥东一片荷塘，岸际围着青青的芦苇

乍一看，三个句子好像放哪个位置都行。但如果我们立足文本，仔细阅读，会发现：第一处的后面有“两岸”，那么前面就应该有水；第二处后面有“绿荷”，前面应该提到过；第三处后面有“摇”，那前面就应该有风。然后再仔细读供选择的三句话，第①句中有“南风”，对应第三处的“摇”；第②句中有“一湾绿水”，对应第一处后面的“两岸”；第③句中有“荷塘”，对应第二处后面的“绿荷”。

①一阵阵的**南风**，吹着岸上的垂杨　　　　（摇）

②西边一湾**绿水**，缓缓从净业湖

向东流来　　　（两岸）

③桥东一片荷塘，岸际围着青青的芦苇　　　（绿荷）

回到文本，就很容易选出来了。

三、阅读的原则

我们总是笼统地说“阅读”，其实我们还要区分“阅”和“读”。这不仅是概念问题，还是方法问题。

阅，即看内容，针对科学学科，我们应注重文章写了什么；读，即读语言，针对文学类的作品，我们应注重怎样写的。这可不是什么新提法，叶圣陶在20世纪30年代曾提出过这样的看法：“‘阅读’两个字不妨分开来用，一般科学的教科书应懂它的内容，不必从文字上去瞎费力，只要好好地阅就行，像国文、英语两门是语言文字的功课，应在形式上多用力，只阅不够，该好好地读。”

他说得很明白，现在我们提倡阅读，不能不在两个字上区分一下，因为我们倡导阅读各种“杂”书，而不要只读文学作品，那么我们就不能笼统地说什么“精读”“反复读”，因为不同学科的书，“精”和“反复”的方法应是不同的。

科学类的书，“精”在记住说了什么；文学类的书，“精”在体会怎么说的。

科学类也不只有语言这一种表达内容的方式，图表、数据，都可以的——现在高考考的实用类文本，也常出现图表和数据；文学类的只能是语言，否则就不是文学作品了。

以前读《红楼梦》，想到只有曹雪芹的残稿，总觉得太可惜了，在地里干活时都梦想过一锄头把曹雪芹写的原本给刨出来。从艺术作品的完整性考虑，这部作品的确有些遗憾，从语言和文学学习的角度来看，则不必痛惜。我们的教材增了哪篇、删了哪段，节选了《红楼梦》的哪一部分，对语言学习不会发生根本性的影响。一个语文老师读过哪首诗，没看过哪本书，都是没有太大影响的。很多人开出什么“必读书目”，那只是个噱头，只能说是善意“推荐”，哪有什么“必读”呢？

文学作品的根本和精髓，一定是隐藏在一堆不确定的、不完整的文学作品中的，而不是确定的、完整的一堆中，这不确定、不完整的一堆中一定是有“基因”性的共通的东西。那我们阅读的重点应当是隐藏在这一堆中的“根本和精髓”，而不是一篇小说中漂亮女孩到底嫁给了谁。

也就是说，读不同类型的书，用不同的招儿，想清楚了这个，阅读才能更“专业”。

关于阅读，很多人有一些误解：有人接受了古人的主张，认为读书可以“不求甚解”；有人接受了名人的主张，认为要多读“闲书”和“无用的书”；还有人接受了哲人的主张，认为阅读的“量变”也能带来“质变”，你就使劲读，读多了能力就提高了。很多时候，正是这些误解，影响了“有效阅读”的实现。

什么叫“有效阅读”？要遵循着哪些原则？以下三个方面供大家参考。

（一）读进去每个字

有人不喜“读书”，只喜“翻书”，他还觉得自己的读书方法很高端、很洋气，因为他被古人骗了，对“读书不求甚解”深信不疑。

其实，这方法并不适合我们大多数学生的阅读。

“浏览”“观其大略”的方法适用于两种阅读：一种是把一本书当作获取信息的对象时，就像上网查阅资料一样，而不是为了提高理解力（当然严格意义上来说，这不是“读书”，只相当于“百度”）；另一种是在阅读的这本书的领域，你是专业人士，和书的作者水平相当，有共同的语言体系，你一目十行，也能理解作者的意思，也能获取你想要获得的东西。

而我们读经典，当然不仅仅为了获取信息，我们也不是某一领域的专业人士。所以，只有保证每一个字都看到了、每个句子看完整了，才可能实现有效阅读。尤其是中小学阶段，正是培养阅读习惯的关键时期，我们的阅读积累还很有限，不仅不能“不求甚解”地读、跳着读，还应该反复读，反复读才能内化书中有价值的内容，对其进行深度加工。

另外，学生还不能只读短文章，要读长篇，读整本书，把整本书视为有机生命体，有一个全面、细致的理解，建立起完整、有厚度的信息层，沉淀成有价值的、成体系的知识，这样才有可能培养我们思维的整合能力，形成创新思维。

这几句说得太郑重了，如果你觉得有点费解，那就请记住三个字：认真读！

（二）带着问题读书

主张读“闲书”“无用的书”的人，大多是掌握了很多“有用”的知识和能力的人。他们是为了在“已知”以外，保留一个超越自己的机会，他们是为了“换一种思维”“找点灵感”。

普通人可不能盲目跟风，对于大多数人而言，阅读是“学习型”的，因为我们没有多少“已知”，我们希望在有限的时间更有效地学习，而一般的“闲书”，读过之后，难以形成持续性的思考。

大家都知道，上课前先预习听课效果会更好，因为明确了自己的问题，听课过程中重点就相对清晰，下课时就可以自我评价自己的疑问有没有解决，如果没有解决还可以有针对性地追问。

带着问题读书，有类于此。

我们要么是有困惑未解，要么对某问题好奇。即使我们读一本书之前没有问题，读的过程也应该不断地提出问题，不能被动。这样带着“任务”阅读，我们的“理解系统”“专注系统”就会全面启动，读的内容会更容易进入我们的意识当中，我们更容易自觉或不自觉地对它们进行分析、对比和思考，把当下的阅读和已有的知识联系起来，从而运用它们去解答问题，或是形成较高层次的共鸣。这样不仅阅读效率大幅提高，而且阅读效果也更容易体现。

当图书已经多到了无法统计的地步，读书必须要有所选择，带着问题去读，也是一种对阅读对象的筛选方式。

（三）读后愿意“践行”

很多人读了很多书，只求阅读的数量，认为阅读多了自然就会产生“质变”，就会有提高。这其实是惰性思维。

家长和我们语文老师聊天时，最喜欢说：“孩子读了很多书，作文为什么还是写不好”，学生也喜欢这么说。这话建立在一个逻辑前提下，那就是“读了很多书，作文应该写得好”。我有时候就跟他们开玩笑，我说：“你看了那么多场电影，你是不是就会演电影？就会当导演？你看别人游泳你就会游泳了吗？我们见过那么多聪明人，为什么没有变得更聪明？”

为什么会这样呢？因为你的阅读是休闲式阅读，不是学习型阅读。前者是在获取信息，后者是在探讨两种东西，一个是思考怎么写的，一个是读完以后去做，去写。阅读只是提高阅读和写作能力的前提，关键在于读后的“践行”。这一点在写作上体现得比较明显，写作本来就是实践活动，就像你欣赏体操表演并不能让你也会体操一样，只是阅读，没有阅读后的模仿、借鉴，没有付诸行动，没有训练，就不可能有提高。

对中学生来说，阅读后的“践行”最常用的形式就是分享：说出来或写出来。如果把阅读理解为“输入”，那分享就是一种“输出”。“输出才真正输入”。要“输出”，就要对所读内容的结构、逻辑等有透彻的理解，这个过程正是巩固阅读效果，使之成体系的过程；而且分享是要在新情境下讲给别人听，还需要调动自己的知识和智力来应对，也是提高理解力的过程。所有的学习都不是仓储过程，而是化合过程，是要产生新东西的。

其实，说白了，只有促进了变化的阅读、产生了影响的阅读，才是真正的有效阅读。

一本书读完，人的情感、行为、思考方式都没有任何变化，书本一扔，日子照旧，要么那本书不是什么好书，要么阅读是无效的。学习是“刻意”，没有改变，就是无效。有人总是幻想着通过看电影来学英语，结果怎么样呢，英语水平没有提高，提高的是看字幕的能力。

读完一本书，想做书中的人，想模仿那样的做法，改变了自己的思考方式，提升了自己的审美情感，想要“重新做人”，愿意“抛弃旧我”，才能算得上真正有效。

做到以上三点，阅读会更务实、更有针对性、更能提高人的理解和实践能力，有效阅读才有可能实现。

四、有效阅读的策略

第一，培养敏感意识。

我们来看一段高考阅读材料，这个材料后面有个题问每则材料的侧重点。

日前，中国科学院在京召开新闻发布会对外宣布，“墨子号”量子科学实验卫星提前并圆满实现全部既定科学目标，为我国在未来继续引领世界量子通信研究奠定了坚实的基础。（摘编自《人民日报》，原标题《“墨子号”，抢占量子科技创新制高点》）

大家一眼看来，如果我们关注到“提前”“圆满”“全部”“引领”“坚实”等词语，我们就会敏锐地感觉到，这则新闻侧重表达我们对自己科技发展的自信和骄傲。读书最忌“无感”，最忌“麻木”，要能从句子或词语中捕捉信号，甚至我们从标题“‘墨子号’，抢占量子科技创新制高点”中的“抢”“高”等字样就能感觉到，甚至我们“从摘编自《人民日报》”中,就能想得到由《人民日报》承担的功能。

第二，培养速读能力。

读书怎样才能读得又快又有效呢？我们也来举一个例子，摘自《说“木叶”》这一篇文章的第一段。

“袅袅兮秋风，洞庭波兮木叶下。”（《九歌》）自从屈原吟唱出这动人的诗句，它的鲜明的形象，影响了此后历代的诗人，许多为人传诵的诗篇正是从这里得到了启发。如谢庄《月赋》说：“洞庭始波，木叶微脱。”陆厥的《临江王节士歌》又说：“木叶下，江波连，秋月照浦云歇山。”至于王褒《渡河北》的名句：“秋风吹木叶，还似洞庭波。”则其所受的影响更是显然了。在这里我们乃看见“木叶”是那么突出地成为诗人们笔下钟爱的形象。

这里有大量的引用，引用自然是为了表达观点，那这段表达了什么样的观点呢？我们只要这样想，马上就能看出这段的“骨架”：

自从屈原吟唱出“木叶”的诗句，它的鲜明的形象，影响了此后历代的诗人，许多为人传诵的诗篇正是从这里得到了启发。我们乃看见“木叶”是那么突出地成为诗人们笔下钟爱的形象。

速读的本质是抓住关键，抓住重点，大家看，这一段作者要表达的主要观点就这么多，这样压缩一下，大家就看得清晰多了。

再看一篇高考论述类材料，选文共四段，每段开头如下：

（一）周代，尽管关于食品安全的记载不多，……

（二）汉唐时期，……

（三）宋代，饮食市场空前繁荣。……

（四）上述朝代，……

（《古代食品安全监管述略》）

第一步，我们先看节选自什么，就知道这篇文章的主要论题或观点，这里是节选自《古代食品安全监管述略》，核心论题当然是“古代食品安全监管”。第二步，我们关注每一段的段首，就看出来，这篇文章是先分后总，前面三段是按朝代的顺序来写的。这样，我们对全文就有了一个整体的把握。

具体到一个段中应该怎样读呢？要牢牢记住“古代食品安全监管”这个论题，每一句都应该为这个论题服务的，要注意哪一句是重点，这样我们才能实现速读。

宋代，饮食市场空前繁荣。孟元老在《东京梦华录》中，追述了北宋都城开封府的城市风貌，并且以大量笔墨写到饮食业的昌盛，书中共提到一百多家店铺以及相关行会。（套话、忽略）商品市场的繁荣，不可避免地带来一些问题，（论题、领起）一些商贩“以物市于人，敝恶之物，饰为新奇；假伪之物，饰为真实。如绢帛之用胶糊，米麦之增温润，肉食之灌以水，药材之易以他物”（《袁氏世范》）。有的不法分子甚至采用鸡塞沙、鹅羊吹气、卖盐杂以灰之类伎俩谋取利润。为了加强对食品掺假、以次充好现象（总括）的监督和管理，……（关键）

《古代食品安全监管述略》

第一句，“宋代，饮食市场空前繁荣”，如果你是一个阅读高手的话，你读到这一句就知道它不重要，可以直接跳过去，因为这不是直接谈监管的。即使不敢跳，至少要认识到前面是个概括句，“孟元老”后面这几句不用细看了，为什么？因为引用孟元老《东京梦华录》里的记述，无非是证明当时繁荣到何等程度，对不对？好，再往下看，“商品市场的繁荣，不可避免地带来一些问题”，同样，如果你是一位阅读高手，也不要细看了，这也是概括句，接下来要举的例子无非是证明繁荣带来了什么样的问题。后面，“为了加强对食品掺假、以次充好现象的监督和管理”，这才提出论题，才是食品安全监管的核心，才是这一段的关键。而且前面的内容，这一句也概括了，无非是“食品掺假、以次充好现象”。所以说，我们不能笼统地谈速度，我们必须掌握一些具体的技巧，通过看题目、看结构，并且通过论题做区分，哪里是重要信息，哪里是次要信息，哪里是概括，哪里是举例阐释。

第三，关注创作策略。

阅读时，我们容易“眼高手低”，觉得作者写得也不过如此。要经常站在“作者为什么要这样写”“他用了什么样的策略”等角度思考，阅读效果才更好。

甘肃省有一年的高考满分作文《蓝色蛹金色蝴蝶》，里面有一段：

“母亲临死前冰凉的手指，父亲的叹息，后母的面孔……在我眼前飞转，织成一张无形的网，我想逃，无奈跑不出去。”

我读给学生听，学生说，感觉很普通呀。我说，实际上这里体现了出色的技巧，主要是三个方面。

首先是剪辑技巧。运用蒙太奇的手法，三个镜头，时间向前推移，事情在向前发展。直接节省了大量的文字，要是一般的叙述，还要说：母亲因为什么原因去世了，我非常悲痛，父亲也很难过，后来父亲终于走出了生活的阴影，又为我找了一个后妈，我心里不能接受她，一看到她的面孔，我就怎么怎么样……可能要写几百字，这不只是费文字的事，而且完全没有了美感，就是流水账。的确，很多高三学生到高考了，叙述的水平依然停留在小学二年级阶段。

其次，是意象选择技巧。抓住细节、引发想象，让人印象深刻。比如，这里的手指、叹息、面孔的选择，非常有功力，为什么不写母亲的面孔，后母的手指？他要表达拉不住母亲呀，母亲弃我而去了，这符合大众体验里一般的情感表达方式，而且还加了个“冰凉”修饰，凸显出主人公的心境。

另外，还有语言驾驭技巧。三个句子，一长两短，结构都是偏正的，一起做后面这个长句子的主语。短，看着清晰，但单位句子的有效信息很大，也就是说句子的密度很大，什么叫小学生作文？就是密度小，有效信息少。好作文是松树，长得扎实、材质结实；差作文是泡桐，材质松软。

初中语文老师特别喜欢给学生读丁立梅的文章，想让学生学习她的语言。当然只是读还不行，我们还要明确丁立梅用了什么策略。有一招在丁立梅的文章里就常出现，叫“移接”，就是用形容甲事物的词语来形容乙事物。比如说，“今天的阳光，如果给它打分，我要给它打一百分。”这样的话，有什么高明的吗？一点也没有，看似小学生也会写，但我们写“一百分”是指考试成绩，这里的对象是“今天的阳光”，所以才巧妙。“这样好的天，坐在家里，实在是暴殄天物了。”“暴殄天物”我们也会用，但这里的意思是浪费了好时光，就更能突出心情。“出门前，收拾干净自己，拈点胭脂润了脸。只有明媚才配得上明媚。”“收拾干净”一般指房间，但这里的对象是自己，表明出门的喜悦。“明媚”一个指阳光，这是正常用法，另一个指自己，说人很“明媚”，特别符合女性视角，而且还有点小自恋在其中，给人以想象的空间，而且饶有情趣。

有一位妈妈的文章，是批量运用了修辞方式。

转眼间你已经16岁了，不再是那个像“附件”一样跟着我的小男孩儿，这就使得我们之间越来越无法“兼容”。记得以前对我给你下达的命令，你的运行速度不亚于当今的四核处理器，可现在哪怕是让你倒个垃圾这样的小事，你都得要我敲几次“回车”才执行，遇到你不高兴的时候就干脆“死机”。有时逼你吃饭，我是怕你“系统资源”不足，“主板”受损，尽管你已经瘦得像一根“内存条”，你却毫不领情。看着你漫不经心地吃着饭菜，我恨不得把碗里的“剪切”了，直接往你嘴里“粘贴”。

读书的时候要学会切片处理，把文章放在显微镜下研究，才能学到真东西。比如下面这一段：

日常生活中的“度”，几乎处处可见。例如喝酒，朋友们聚在一起喝点酒，聊聊天，交流信息，增进感情，本是人生的一件快事。但酒一过度就要出事了，轻者出洋相，重者伤和气，更有甚者伤身体，误正事。

看着写得很普通，但其实技巧很高。多用短句，且句式整齐中有变化，读来很有节奏感。

例如对善的理解。对人怀仁慈之心，做事行善良之举，是人的一大美德。但是，恰到好处才是善。娇惯子女不是真爱，救济贫困的人当然值得赞扬，但不如激人自立，教人自强，助人脱贫。行善有范围，岂能像唐僧那样对妖怪讲慈悲，岂能像东郭先生那样对狼讲善良，岂能像《伊索寓言》中那位农夫般对毒蛇讲怜悯。对恶人的善良就是对人民的犯罪。

我们就单说“岂能像唐僧那样对妖怪讲慈悲”这个句子，感觉所有同学都知道这个事，但大家写作文的时候却很难写成这样，大家会怎么写呢？在《西游记》中师徒四人去西天取经，路上遇到了妖怪，妖怪变成了美女，唐僧看不出来，孙悟空有火眼金睛，一下子就看出来了，一棒子把妖怪打死了，唐僧认为他滥杀无辜，非常生气，然后……可能一写就写几百字，在议论文中，这就是以叙代议。上面这段中，作者只用了十几个字，很会取舍和概括，“只取一瓢饮”，为议论服务。

所以说，我们不要把阅读想得很玄妙，什么靠灵性、靠感悟、靠体会、靠天分，大家不要相信这些，阅读能力提升和学习一样，要下苦功夫，要刻意学习，经常像刚才我们分析的这样，运用“切片式阅读”，关注作者是“如何办到”的。

第四，读写结合。

一提阅读策略，大家总容易想到读的技巧，其实，写是读的最重要的技巧。也可以说，写是读的必要组成部分。

我之前就尝试了一下，让学生把读和写结合起来。

比如，学《沁园春·长沙》，学生读完以后，就让他们模仿着写一篇《沁园春·××》，写完后，让学生比较下，和毛泽东的《沁园春·长沙》有什么不同。很多学生感觉缺少了毛词的那种豪气，于是我们就一起探讨毛词的豪气是怎么实现的。然后，让大家修改自己写的。在修改的过程当中，就更容易理解毛泽东词的写作技巧。学了《红烛》《致云雀》就建议大家用“托物言志”法写一首现代诗。读书要“精读”，没有比写读书笔记、仿写更好的精读。

比如，学文言文《寡人之于国也》，如果仿写一篇，就一定对文言现象、文言的运用有更深的理解，能力自然提升了，这个我们在网上见过。

“寡人之于学习也，尽心焉耳矣。物理差，则移其心于数学，移其力于英语；化学差亦然。察同桌之学习，无如寡人之用心者。同桌之分不加少，寡人之分不加多，何也？”同桌对曰：“君好睡，请以睡喻。周公召之，昏昏欲睡，弃笔而倒。或半节课而后醒，或整节而后醒。以半节笑整节，则何如？”曰：“不可，直不整节耳，是亦睡也。”同桌曰：“君如知此，则无望分之多于同桌也。”

好的，以上从四个方面和大家交流了阅读的话题，希望能给大家一点启发。最后，关于阅读，还有几个注意事项，供大家参考，一是要“读一不二”，不要在一个阶段同时读几本书，只读一本，这样思考会更专注，阅读效果会更好。另外，最好读成系列，某一作者的作品，或某一时代的作品，会有更全面的认识。还有，不要读节选，要读整本书；不要读青少年版，要读原著。

考场作文水平，怎样才能提高

各位家长好！今天由我来跟大家聊一聊。很多家长特别喜欢跟语文老师聊一聊，因为别的学科都不大能聊了。

当然实际上语文也不大能聊，任何一个学科都有其专业性的，只不过大家觉得语文说的是汉语，自己又认识汉字，所以胆子就大一些。其实家长说的大多是一些外行话。(笑)

有一年我到168中学送考，司机看我从合肥八中门口上的车，就问我："你是老师?"我说："是的。""你教什么学科的?"我说："语文。"然后司机就嘟囔一句："我感觉，今年高考这个作文出得不好。"（大笑）我当时都不知道这个话该怎么接才好。

今天，我们聊点专业的，大家回家就让孩子吃惊一次。很多家长到现在还说着十几年没有任何长进的话，难怪孩子不愿意听了。

先说清楚两个名词，今天我们聊的是"考场作文"，不是"文学作品"。

各位家长可能觉得，考场作文跟文学作品不是一回事嘛，举个例子说说，你们就能够比较容易地体会二者的区别。这个例子，在"从良老师"微信公众号里写过。

多年前江苏有位叫费滢滢的女生，上高中的时候，写的作文就已经被选入了语文读本。高二曾经获得世界华人征文大赛的一等奖。但她的高考作文得了25分（满分60分）。此事掀起轩然大波，大家就把矛头指向高考的阅卷老师：阅卷老师是怎么阅的？这么优秀、有文学才华的同学，为什么得了这么低的分数？报上登出了她根据回忆写出的考场作文，是不是好文章？是的，但写得很含蓄，需要认真看，反复看，才能看得出来还是合乎题意的。

考场作文要有考场作文写作的规则，不仅要写得好，还要让阅卷老师一眼就看出来好。

所以考场作文和普通的文学创作是不同的，考场作文从来都不会流传千古，从某个角度说，也不配流传千古。大家回想一下，有哪一篇考场作文是流传千古的，成为经典之作的？几乎没有。据说，韩愈担任了高官，看到自己当年参加科举考试时的文章，恶心得三天都吃不下去饭。

在场的学生有体会，有时我们老师想在班里读读某位同学的作文，学生像扭绳一样在屁股后面跟着，近乎哀求：“老师，能不能不读？”他怕自己听不下去。（笑）为了尊重学生意愿，现在我就让学生每次写完作文声明一下是否可以在班里阅读。

考场作文遵循着一个“T台原理”，模特在台上走秀，必须精神抖擞，因为只有几十秒时间，眼睛里必须有线，紧紧拽住观众，不能让人走神，因为观众是瞬间判断，所以无论如何不能像在家里卧室一样穿着大棉拖走来走去。考场作文也一样，必须马上展示出优势，而不是等着别人慢慢看出来。

这样说，大家就能够体会到考场作文和文学创作的不同。

另外，我们还要了解一个事实，虽然几个省用同一套试卷，作文的平均分还是有很大差异的。

这有各省学生水平的差异，但更多的是各省阅卷的差异。同一张试卷，同一个梦想，各省都想让自己省的高考分数更高一些，以显示自己省的基础教育并不差。如果清华北大在一个省录取分数是700分，另外一个省是650分，两个省试卷又完全一样，低分省是有压力的。而作文给分有一定的弹性，并不像理科或选择题那样对错分明，所以就有操作空间，就会产生毫无节操的军备竞赛式的放水活动，有的省作文平均分都接近50分了。自主命题的省份在作文分数上，就相对自由些。因为不需要和别的省比较，有的省作文平均分只有30

多分。

也就是说事实上，回归全国卷以后，各省在阅卷时，都有给高分的愿望。考场作文50分以上的比例在持续攀升，学生考场作文想得高分，并不太难。

好的，以上是我的开场白，也就是说今天我们聊的是孩子的“考场作文”。

下面对考场作文，我从十个方面来说。

一、写作的思维前提

今天在座的大多是高一同学的家长，我们要明白，决定孩子作文水平的，其实是思维水平。要有理性能力，也要有理性态度。这不仅关系到作文，而且关系到做人。就是单说作文，考场作文55分以上的，绝不是仅仅靠华丽的语言、工整的书写就能达成的——这固然也是一方面，但一定离不开严谨的论证，深刻的洞见。

我列了这样几组。

第一，要分清类比和论证的区别。我们的文化里，比喻、类比太多，但常常“不讲理”，注重感受和经验，而不注重说理和论证。比如说，流传很广的某些俗语，“苍蝇不叮无缝的蛋”“无风不起浪”“一个巴掌拍不响”，这里面都流露着不需要论证、自己已经掌握确切事实的自负。像先秦诸子的文章，大多都是如此，我们教材上学的《劝学》，通篇都是比喻，《孟子》《庄子》里大量寓言，主要是在作类比。后来的像韩愈的《师说》就有较鲜明有力的论证了。所谓论证，就是类似数学证明题那样的，要一步步推理，每一步都有依据，结论才能让人服气。

第二，要分清现象和原因。

请大家互动一下，请听题：

下列不属于张三同学刻苦学习的原因的一项是：

A.他每天晚上学到12点。

B.在学习上他爸爸对他有很高的期待。

C.他的同桌刻苦学习的精神对他产生了影响。

显然，应该选A，A是刻苦学习的现象，而不是原因。我们在生活中常常误把现象当作原因。中国人特别好管理，中国的学生也是特别好管理，到了什么样的地步呢？比如说不能和长辈，像父母或老师，去论证。(笑)

在办公室里我们也经常见到这样的情况。有老师喊孩子来，还不直接说，绕着弯：“你知道我为什么找你吗？”

其实，孩子一听就气得要死：有话快说，有那啥快那啥，少来这一套。（笑）但孩子还是老老实实地说：“知道，这次考试考得不好。”“对喽，那你知道你为什么考得不好吗？”

“最近状态不好。”

“对喽，就是因为状态不好，所以才考得差。”（笑）

其实老师这一套完全没有逻辑，“最近状态不好”是考得不好的原因吗？它只是另外一个现象，还应该追问状态不好的原因是什么？这才是真正的原因。

第三，理解相关和因果的不同。

我们经常会把相关当成因果。比如，出于对孩子成绩的焦虑，家长现在都封建迷信了，孩子成绩提不了，急得要死。有的陪读家长，天天问“学霸”喝什么样的牛奶，枕什么样的枕头。（笑）

有一个有趣的例子，有人通过研究发现，每当超短裙的销量上涨，啤酒的销量就上涨。他以为发现了惊人的商业秘密。其实，这不是废话吗？就是因为夏天来了。（笑）这是相关，不是因果。

类似的还有因果倒置，最典型的就是“游泳能使人身材变好”，证明的方式是，不信你到游泳池看一下，大家身材都很好。实际上是因为身材好的人才有勇气去游泳，平时衣服都包着呢，一到游泳池，穿得挺“节约”的，就不愿意去了。（笑）所以才有游泳能使人身材变好的误解。实际上身材好是因，游泳才是果。

第四，还有我们对一件事情的抽象态度和这件事情具体的运用，也是如此。

人人都有演讲的权利吗？

当然。

那搞传销的呢？

呃，他们不行。

人人都可以参加“强基计划”吗？

那当然，人人公平！

没有任何特长、学习也不突出，这样的同学是不是也可以参加“强基计划”？

那，这样的同学就算了。

于是我们就会发现，我们对一件事情的抽象态度和这种态度在一个具体场景中的运用，常常是矛盾的。作文审题时，我们要想清楚，我们的观点是一个抽象态度，还是考虑到了适用场景。

第五，学生初学写议论文，喜欢列个观点，然后举个事例，其实常常是没说服力的。

比如列个观点“勤奋学习就能进步”，然后就举某人勤奋后来进步的例子，这实际上并不能证明这个观点。再多的白天鹅都不能证明天鹅都是白的，只要有一只黑天鹅，就可以攻破这个论断。

三个人坐火车到苏格兰，看到窗外有一只黑色的羊。

第一个人说：“快看，苏格兰的羊都是黑色的！”

第二个人说：“你说得不对，你就看这一只羊，你怎么知道苏格兰的羊都是黑的呢？你应该说，苏格兰至少有一只羊是黑的。”

第三个人说：“你说得也不对，我们是在火车上看的，你只能说，苏格兰至少有一只羊的一面是黑的，那另一面我们没看到。”（笑）

论证就要像第三个人这样严谨。

以上从几个方面让大家略微感知一下思维的重要性，后面我们聊到的例子，都是在这些思维前提下展开的，大家明白了这几点，才比较好懂。

二、高考作文的趋势

现在高考作文正在经历由“表达作文”向“交际作文”的转变。

什么叫表达作文呢？简单说，就是我要说。

什么叫交际作文呢？简单说，就是向谁说。

在座的家长参加高考的时候，大多写的都是表达作文，希望写得内容丰富，有文采，展示自己的语言驾驭能力，不管谁看，也不清楚谁看，是泛众的，几乎是面向宇宙说话，是“目中无人”的。

而交际作文，要明确对谁说，在什么情境下说，要达成什么样的目的，要“目中有人”。一旦关注到了对象，就必然要考虑用最合适的方式，就像我们老师讲课，对学生讲和对老师讲，肯定是不一样的，对三个人讲和对三百人讲，肯定也是不一样的。很有意思，有的人特别擅长一对一讲话，一到很多人的场合说话，就很不自然。有的领导擅长开大会，但不擅长私聊。如果用对三百人讲话的方式对一个人说话，肯定是让人厌恶的。这个很好理解，如果一个人和你聊天，张嘴是“金秋十月，丹桂飘香”，

你肯定浑身不自在。(笑)

大家看这几年高考作文，给老陈、小陈写封信，给外国青年介绍你所了解的中国，给2035年18岁的一代写封信，关于“劳动”的演讲稿，读书会分享，等等，都是有明确的对象的。对象有什么想法，他们是什么样的水平，他们可能在哪些方面不理解，他们有可能怎样反驳你，写作的时候自然就不得不考虑。

有对象，还要考虑自己的身份。有一篇作文，让学生给几位感动中国人物写封信，谈谈自己对“中国精神”的理解，结果有的同学的作文就像开班会一样，听着像是在训人。

另外，还要有一个明确的任务。写文章干什么，不是无病呻吟，不是炫耀文采，而是达成特定目的。这样的作文写完以后，是有一把尺子可以检验写得成功不成功的，这把尺子就是“有没有达成目的”。

题目形式上，常常要设置一个情境，有的还是真实的情境，让作文立足现实，让学生有话可说，说话有针对性。

有明确的对象、任务、情境，学生写作文时就有话说，有目的，尤其是要“说人话”。

更重要的是这样的作文能够防宿构、防套作，带来高考的公平，如果有人提前背一篇优秀作文，高考时写出来得了高分，这显然是不公平的。而这样的作文，学生提前背范文、背模板，到时都不见效。你得想你这个对象赞成不赞成，他是什么样的观点。

好，这样说大家就略微懂一点了，知道高考作文命题的变化了。

从命题上来说，往往给一个明确的任务，有明确的对象，防止提前准备，希望促进考试公平。希望考学生真实的作文水平，尤其注重思维水平。

从阅卷上来说，本意是拉开差距，但在实际操作上，还存在难处，作文分数的差距还是不大，各地也在想办法。

现在，在高考作文题目中，话题作文几乎没有了，命题作文也不常见了。

记得2006年，安徽省高考语文第一年自主命题，当时考的就是一个话题，一个字“读”，而且还给了材料，对“读”的理解进行提示，可写的范围非常广。记得当年网友把这个作文题目评为全国倒数第一，准确地说是和四川省的作文题目并列倒数第一，四川省高考作文也是话题，也是一个

字——“问”。（大笑）

第二年，我们安徽就来了个“高深”的，似乎是一种回应：你们以为我们没文化，出不出来上档次的作文？给你弄出来一个看看，那个更著名的网红作文题，就应运而生了——“提篮春光看妈妈”。我当年在一所县城中学当老师，班上的学生大多准备通过“艺体考”来考本科，一位体育生语文考试后出了考场，我就问他今年作文题目是什么，他挠了挠头：“说，很奇怪，叫‘提篮春，光看妈妈’”。（大笑）在北方，“光”作为副词，相当于“只”，在口语中是非常普遍的，“光吃菜，不吃饭”“光干活，不要钱”，这个字是特别常用的。我当时听了也是一头雾水，等学生走了，我才明白过来，这孩子读破句了，可以想象他那年作文该有多惨。

传统作文题，审题具有“一票否决权”，写跑题了，别的方面的优秀几乎可以忽略不计，是35分和36分的区别。现在的交际作文这方面就大有改观，当然并不是说不需要审题，审题依然非常重要。比如下面这道高考作文题：

当代风采人物评选活动已产生最后三名候选人。小李，笃学敏思，矢志创新，为破解生命科学之谜作出重大贡献，率领团队一举跻身国际学术最前沿。老王，爱岗敬业，练就一手绝活，变普通技术为完美艺术，走出一条从职高生到焊接大师的“大国工匠”之路。小刘，酷爱摄影，跋山涉水捕捉世间美景，他的博客赢得网友一片赞叹：“你带我们品味大千世界”“你帮我们留住美丽乡愁”。

这三个人中，你认为谁更具风采？请综合材料内容及含义作文，体现你的思考权衡与选择。

这里问的是“谁更具有风采”，选择任何一位来写都可以。但这里边有个逻辑——“最”。写作中，在赞扬一个人的时候，千万不能去批评另外两个人，或者写你认为另外两个人没有风采。因为题目其实有一个前提：这三个人都各有风采，只不过你选的这位最具风采。你要写的逻辑点在于“最”而不仅仅是“风采”，有风采的程度不同，要有比较。只写某人如何体现了风采，就没有比较，就是不完全合乎题意。甚至有一些同学只是抒情，什么“风采是一泓清泉”“风采是一缕春风”，那就离这个题目更远了。

怎么样才能写出这个作文题目中的“最”，做比较时要注意，不能变成“我就觉得××最具风采”，这就变成任性表达了，一定要纳入一个参照系。

我举一个通俗的例子，班里边要选班长，张三、李四、王二，谁最适合当这个班的班长？张三这个人品质好，特别善良；李四成绩比较好，特别勤奋；王二在班里比较有威信，大家都听他的。所谓纳入参照系，就是我们首先要考虑这个班是怎样的班，这个班最需要什么样的班长。如果大家都比较自私，那么就需要一个善良的人来引导大家，就应该选张三当班长；如果大家都不学习，我们就应该选李四当班长；如果班级集体意识不强，乱成一片，班级里面需要一个有威信的人，那我们就选择王二。

这样说，大家就进一步了解了交际作文，是不能无病呻吟的，是要理性表达，绝不能有“我就觉得张三最适合”这样的类似于“网络喷子”式的表达。尤其是在互联网时代，这一代人更具自我，更有个性，有时容易耍个性。一位女生，说她找老公：“我第一次见的时候，他笑起来牙齿特别好看，我一下就喜欢上他了。”（笑）

人追星的时候常常是没有理性的。有一个歌手各位家长应该也熟悉，就是超女李宇春，那时候她太火了，2005年还是2006年，我还在县城里面当老师。我上课的时候比较随意，读了一篇文章，我顺便说了几句废话，我说各位再也不用担心自己的长相了，多元化的时代已经到来了，多元化的审美是必然，不管你长成什么样，总会在某个人心目当中是最美的或者是最帅的。本来这样说都是很正常的，但千不该万不该，我又嘟囔一句：“你看，李宇春长那样，性别那么模糊，人家不是照样赢得那么多粉丝。”（笑）结果现场一个学生——大家想县城学生多老实啊，而且像我这种性格，跟学生的关系实际上是非常好的——那孩子按着桌子一下就站起来了，然后带着嗔怪：“老师，你怎么能这样说春春？！”（大笑）我都被孩子吓到了，那表情让我印象深刻，那意思要不是我说的，简直就不可原谅，要冲上来打我了。我以后再说到明星，都特别紧张。现在上课不管说到易烊千玺、张凌赫，还是李现、王凯等，我都非常谨慎，不能说他们任何坏话。要不然明明你教学很认真，对孩子很好，但是孩子就觉得你既然不喜欢我的偶像，我就不跟你玩了，不喜欢你这个老师了，孩子们都很有个性的。（笑）

说回来，这个作文就是不能只

写感动，不写“最”，也就是说对他的感动要超越另外两个人，你选的这个人，他的品性、他的特点、他的贡献，最符合我们这个时代的需求，这样才行。

交际作文还容易出现其他方面的问题，比如对象。

向外国青年介绍你所了解的中国，就有学生写给特朗普，特朗普是青年吗？当然不是，是标准的老年。还有写给2035年18岁的一代人，有学生称呼就是“亲爱的儿子”（大笑）。这孩子也没算清账，没看清题目要求，作文的意思是有身份代入感，你现在18岁，写给未来的18岁，怎么能变成写给你的儿子呢。

这种失误是非常严重的，这样就等于招着手对阅卷老师喊：“快看呀，我上来就出现了一个大失误。”

心理学有个“晕轮效应”，就是观一斑而知全豹，就是人会做瞬间判断，比如认为长得好看的人心眼往往也好一点。参加面试的人，为什么要穿得整齐一点？因为穿得整齐就显得你这个人干练，穿得很随意，就会显得你对这件事不够重视，所以就容易认为这个人是不可靠的。作文出现这样的失误，会被认为整个作文写得层次不高，在瞬间做判断的阅卷场景下，自然很难得高分。

三、怎样审题

关于审题，我这里讲五个方面。

一是故事结局，二是感情倾向，三是核心事件，四是抽象化，五是上位概念。

先说故事结局和感情倾向，这里谈的是叙述类的或故事类的材料作文。

要想审题合乎要求，要切合两个方面：一是切合材料主旨，二是切合命题人意图。两点的交集即为最佳立意。

什么叫“切合材料主旨”？其中最常用的一种办法就是看故事的结局。

有一个例子我举了很多遍，是几年前我自己编的，觉得很能形象地说明问题。

“一只蚂蚁要翻过一块玻璃挡板，爬上去掉下来，爬上去掉下来……”

大家看，如果故事就到这里，我们就不太明白材料的主旨。

只要有一个结局就比较好判断了。“在失败了无数次之后，蚂蚁终于翻过了这块玻璃挡板。”好啦，这样就明确了，因为这个故事有结局了。故事的结局往往反映了材料要表达的中心思想。这个材料的立意角度就是“坚持终会胜利”，可以写在失败面前不气馁，继续努力，终会成功。

如果结局不是这样，是相反的，我们来改一下结局，“蚂蚁一辈子都没有翻过去，最终死在了玻璃挡板下。”这也明确了，主旨是学会变通，不要在一棵树上吊死，学会寻找另外一条路，人生要学会“另起一行”等。

什么叫有感情倾向的话呢，再看一个作文材料：

有一只鸟，一生只唱一次歌。它一直都在寻找着荆棘树，把自己的身体扎进最尖的棘刺上，在那荒蛮的枝条之间放开歌喉。那歌声使云雀和夜莺都黯然失色，整个世界都为之倾倒。在歌声中，它超脱了自身的痛苦，最后曲终而命竭。

最美好的东西只能用深痛巨创来换取。正如完美，只是一种传说。

这个作文材料不仅有鲜明的感情色彩，而且最后还有倾向明确的议论。

从生活逻辑上来说，可能会有人认为荆棘鸟是个傻鸟，为了歌唱一次的虚荣付出了生命的代价。

但文中的“那歌声使云雀和夜莺都黯然失色，整个世界都为之倾倒。在歌声中，它超脱了自身的痛苦”明确表达了命题人意图，让我们赞扬这只鸟，而不是批评。材料中的议论语句，是有感情倾向的，也正是立意所在。

这个作文材料家长会体会得更深一些，“痛快”这两个字，先痛后快，你要想获得最大的快乐，其实你要付出最大的痛苦，痛和快之间其实就是一纸之隔。

第三个方面，说说核心事件的确定。

也举个例子，高考题：

因父亲总是在高速路上开车时接电话，家人屡劝不改，女大学生小陈迫于无奈，更出于生命安全的考虑，通过微博私信向警方举报了自己的父亲。警方核实后，依法对老陈进行了教育和处罚，并将这起举报发在官方微博上，此事赢得众多网友点赞，也引发一些质疑，经媒体报道后，激起了更大范围、更多角度的讨论。

对于以上事情，你怎么看？请给小陈、老陈或其他相关方写一封信，表明你的态度，阐述你的看法。

这个作文，当年高考大多数学生都审偏题了，比如给老陈写信，告诉他，你要注意交通安全，你这样做太危险了。

这时候就已经跑题了，为什么跑题了？因为这个材料的核心事件不是“老陈开车接打电话”，而是“女儿举报父亲”。所以题目说“对以上事情，你怎么看”，这里说的“以上事情”，是不包括老陈在高速上接打电话的。

要告诉老陈，女儿举报你，是出于对你生命的关爱，看似不近人情，其实是特别注重亲情的，因为你是她最爱的人，所以她采取了这种极端的办法。

这就牵扯到一个核心事件的界定。

所以这个材料有三层含义：第一层是女儿举报父亲这件事，第二层是警方对他进行处罚，第三层是处罚之后该不该把这件事发到官方微博上。这些问题都是值得讨论的。比如，警方把一个女儿举报父亲本来是一个小范围里的事，变成一个公共事件，还有媒体的加入，就使这件事情引发了更大范围的讨论。

学生的审题有三种：第一种，“注意交通安全”，肯定是错的；第二种，“用特殊的方式表达关爱”是比较准确的；但是学生也容易过头，第三种是“法高于情”，这又错了，过犹不及。第三种是说不管你是亲爹老子，只要你违反了国家交通安全，我就举报你，这样就把女儿的动机弄错了。

第四，是抽象化的问题。

比如“给野生动物喂食，会使它们丧失觅食能力”这个作文材料。要追问动机，“喂食”是因为“喜爱”，“丧失觅食能力”是实际上造成了“伤害”，这样就把一个具体的材料抽象化了，本质上是“因爱生害”。

没有这个抽象过程，孩子就容易就事论事地去写，说喂的那个东西里边有果壳，容易刮伤动物胃黏膜，你这个作文往哪儿写呢？这不就跟你一个连驾照都没有的学生，在那里劝老陈开车要注意分清油门和离合一样可笑了吗？就是外行指导内行。

第五个方面，有些作文材料，一定要注意，要找到上位概念。

有一篇作文，是谈黄晓明的奢华婚礼的，花了两个亿，请了很多明星，使交通堵塞。这个作文材料就要找上位概念。“黄晓明”的上位概念就是“明星”，或者是“公众人物”。奢华婚礼的上位概念，就是“私生活”。也就是说了你不能在作文中大谈黄晓明的婚礼，而应该是思考公众人物该不该在私生活上有所节制，给大家做好典范。

于是作文就出现两个方向写作，一个是明星也是人，他合法收入，过点普通生活，婚礼奢侈，可以理解，大家不必说三道四。另外一种想法是，你既然是公众人物，你就应该承担一定的社会责任，给青少年做一个好的示范，办节俭低调的婚礼。

这样就产生了不同的看法，这个作文才有的聊。

从某种程度说，作文题目有争议才是正常的，如果一个作文题目是得到所有人一致认可的，如“人都是要死的”，这恐怕就没必要写八九百字了。

四、怎样拟题

为了说得清楚些，我举一个我在微课里讲过的例子。是合肥市以前的一道模考题。

材料很简短：

圆规为什么可以画圆？因为脚在走，心不变。

我们先用前面说的抽象法来审一下这个作文题。

这是一个因果式的材料：因为脚在走、心不变，所以圆规可以画圆。

脚在走，就代表踏实、努力、前行等；心不变，就是坚持、信念等；画圆，就是取得成功、人生圆满等。

审题之后，大家要记得，现在关键是用最土但最准确的一句话把这个标题打个草稿。

很多同学总是希望题目写得洋气，错了。

实际上作文拟题第一件事要干什么？正确。如果没有正确这个前提，洋气是让人生厌的。就好像穿衣服一样，你首先是得体，然后才是漂亮，不能本末倒置。

拟写出来，不管多长，先求准确：

1. 成功来自踏实的行动和坚定的信念

2. 努力向前、拥有恒心，才能取得成功

这两句话，当然不能直接作为作文的题目。但我们这样写出来，贴着材料写，这是个基础。然后考虑在这个基础上修改。

修改有两种办法：

1. 压缩：坚定前行，方得圆满

坚定代表心不变，前行代表脚在

走，圆满代表画圆。大家看，是不是就通了？

2. 删果：心定下来，脚走起来

题目既是观点，同时也说明了原因。

这样题目就拟好了。无论如何，作文题目都不能写得等于招着手向阅卷老师喊：我跑题了，快给我扣分。建议大家在正确的基础上，可以多训练以下五类，更容易得高分。

（1）双短语式：谨记其行，勿仿其形；胸中有丘壑，立马振山河

（2）比兴式：百川入海，人心向善；鸟应随鸾凤，人当伴贤良

（3）化用式：己所欲之，亦勿施人；宽人以善人，一争一让总相宜

（4）比喻式：点燃心中的向善之火；让竞争枝头开满谦让之花

（5）文言式：仿其形未若习其德；束之以绳不如恕之以仁

作文标题实在太重要了，因为有“晕轮效应”，很多语文老师在阅作文时，是根据标题来判断你的层次、你的思维水平，从而快速给分的。

双短语式的排在第一位，比较容易占据优势。其实很多同学已经掌握了这一点，一次次的作文练习后大家会发现同等作文水平情况下，这种题目形式容易得分。但是有一点要注意，两个短语要是一个观点，如果是两个观点那就错了。要想清楚两个短语之间的关系，比如是因果、转折等，中间都要有个联系，或者是互文修辞，两句话是一句话。

比兴式的比较容易一些。明明你的观点就是“人心向善”，单说出来就比较单薄，你在前面加一个“百川入海”，就显得比较有文化气息。

我们的语言变换表现方式并不难。网友说了，那么多生活用语，如果用文言文说也是可以的。“你能，你咋不上天呢”，要是用文言文说，就是“君若天骄，何不上云霄”，“有钱任性”就是“君家千金，行止由心”。（笑）

不要轻易引用，引用容易出现失误，要学会化用。看见一个材料，立即想起一句名言概括，我们要谨慎。

还有比喻式的、书面语式的，都是为了增强表达效果，引发正向的瞬间联想。

当然，拟写标题的第一原则，也就是我们聊这些的前提是：题目是正确的，是合乎材料的。

我们来看一则材料作文拟题的例子。

最适合作为下面材料作文的题目

是（　　）

“你的外公，以前偷东西。”母亲说，“有一天，他去别人菜园偷菜，被菜园主人看见了。可是，那主人看见了，转身就走。”母亲说，外公以为那人要去告官，连忙追去。不料那人进了自家的门，还把门关上。外公想想，上去敲门。门开了，外公说：“我被你看见了。”那人说：“看见什么？我今天连门都没出。”外公说：“是被你看见了，偷你的菜。”外公还说：“我现在没法做人了。”那人笑道：“你说什么话。咱们是邻居，你想知道我的菜为啥长得漂亮，尽管问。我那菜，好看，也好吃。信不？你先尝尝。”说着，真去天井边的悬篮里抱出两棵菜，硬是塞到外公手里。后来，外公成为邻里众口赞誉的人。

A.宽容

B.海纳百川，有容乃大

C.宽人以善人

D.小帮助大影响

大家觉得哪一个标题最恰当？

从考场作文角度来说，A项是名词性短语，没有明确表达作者的观点，而且，“宽容”这个词语过于宽泛，没有贴近材料，没有表现材料中体现的因果。B项是直接引用，我上面提醒拟题尽量不要引用，大家看，这就是个实例，引用容易出问题，“有容乃大”中的“容”并不是材料里的“宽容”之意，导致偏题。C项是恰当的，有因有果，表达简洁、典雅。D项虽然也是有因有果，但概括笼统，并未说清楚什么样的“帮助”，什么样的“影响”，题目不够精准。

再看一个例子：

作为下面材料作文的题目最恰当的一项是（　　）。

宋朝人彭几看到范仲淹的画像，惊喜下拜，拜罢，仔细地看了看说：“有奇异品德的人一定有奇异的形貌。”于是引镜自照说：“大致像他，只是少了几根耳毛。年龄大一些就应该足够像了。”到了庐山太平观，见到狄仁杰的雕像眉毛斜飞入鬓，下拜，自我介绍说：“宋朝进士彭几恭谨地前来拜见。”又仔细看了很久，便喊人拿刀剪和镊子把他的眉毛修成斜飞入鬓之状。家人见他这个样子笑了，彭几生气地说：“笑什么，我从前见了范文正公的画像只遗憾自己没有耳毛，如今见了狄梁公怎敢不修眉呢？”

A.盲目模仿

B.勿盲目模仿

C.模仿人的外貌，不如学习人的品行

D.仿其形未若习其德

大家觉得这四个标题哪一个最恰当?

A项概括了材料中的现象，没有表明观点。B项是个明确的观点句，但不够具体。C项比较具体，但语言不够简洁。D项是观点句，贴近材料，又非常简洁，是书面语，最为恰当。

大家看，作文拟题准确、恰当，不是一件容易的事，需要经常训练。

五、结构怎样安排

作文开头不能太长，太长了就是“大头儿子”；当然也不能太短，太短了就是“小头爸爸”。要明确开头的功能，无非就是抠材料、亮观点，表明对象和自己的身份，至于展示文采，要在实现以上功能的同时办到。

第一段，要过渡一下，比如由材料中的寓言过渡到人类或社会，或者把自己的观点阐释一下。这一段相当于一个脖子，一个人要有脖子，没有脖子，脑袋直接长在肩膀上，不仅突兀，从形象上来说，也不美观。

另外身材要匀称，肥瘦相间，当然，主体段落要突出。有的同学的作文每段都很短，有点类似现在的“公众号体”，在瞬间判断的考场作文阅卷场景下，有投机取巧之嫌。另外，主体段落最好采用倒金字塔的形式，先说分论点，然后阐释观点，再举例论证，然后整合分析评价，最后总结。

倒数第二段，要做一下总结论证，相当于模特要露出脚踝，联系现实，使观点更有现实意义或说服力，或者升华一下。

脚要小巧，就是结尾要精致。

主体部分不要以叙代议，要分析、评价、总结。最讨厌的就是上来就讲故事，“我曾经看过一个故事”，一写六七百字，什么论证都没有，“由此可见”，就给总结了。老师都受不了了，结果到下一段，他又来了，“我还看过另外一个故事”，(笑）那时候老师就已经崩溃了。

顺便说一下，展示文采也不要单独展示，做前两件事，顺便展示，不能为文采而文采，写一大串无关的排比句，特别让人糟心。

主体部分论证完，要对论证做一下总结，联系一下现实，说明讨论这个问题的当下意义，使论证更有针对性。也可以在这一阶段升华一下，让人看到你的观点的普遍意义，增强说服力。

联系现实，表明你今天探讨的这个问题是有现实意义的，生活中有许多这样的事。

升华有多种办法，这里介绍一种比较好的操作，就是拓展到别的领域，比如自然界。2010年全国I卷考的那个“猫捉老鼠”的漫画，立意是“恪守义务，不忘本职”。有一个学生作文得了58分，他在倒数第二段就成功进行了一个升华：飒飒晨风吹走天边黑暗时，太阳尽职尽责地从东方升起，花园里的花次第开放，没有一朵花会犹豫，没有一朵花会迟疑。世界正是在人们对义务职责的恪守中，才健康有序地运行。

大家看，这就是升华，论证完以后，突然间告诉大家，自然界的万物也都遵守着这个道理，都坚守着自己的义务，恪守着自己的职责，于是你就感觉到非常有说服力。

六、怎样积累素材

然后我们再讲一下这个素材问题。很多家长都在问怎样积累素材。其实，中学生并不缺少素材，而是缺少对素材的联想能力。

我们经常讲“记忆”，其实这两个字还是有区别的，“记”侧重于搜集、输入，“忆”侧重于提取、输出。有的同学是“记”的能力不强，但也有很多同学是“忆”的能力不强，就是提取不出来。

有一次上公开课，讲到上面我们讲的“女儿举报父亲高速路上开车接打手机”作文，自己讲得很得意，有位学生站起来问：“听着有道理，关键我写什么素材呢？”

我说其实“女儿举报父亲”这个作文材料和韩国某些电视剧情节有相似之处。

非常相爱、幸福的一对恋人，女主突然发现自己得了绝症，为了不连累男朋友，就找来表哥进行表演，自己挎着表哥的胳膊故意走在男朋友面前，告诉他自己已经不爱他了。

这两个材料有什么联系？都是用特殊方式表达爱。

本质上女儿为什么举报父亲？当然首先是因为对父亲生命的关怀，对父亲的爱，韩国电视剧里女孩子为什么这样做，是因为对男朋友的爱呀，只不过他们都是采取非常规的表达方式。

思考到了这个点，素材就不成问题啦。

周末爸妈送你到兴趣班也可以作为这篇作文的素材啦。在学校上了一个星期课，那么辛苦，好不容易到周末，还不让多睡会，被早早地喊起来，送到小区或地下室、厂房车库，在那昏暗的小房间里上几个小时的课，父母能不知道你辛苦吗？只不过是用特殊方式表达对你的爱，父母对子女的爱，是为了放心地分离呀。

思路一打开，素材就不成问题了。

另外，还有一个跨领域的问题。比如说，有人反对现代化，认为人类要回到乡村文明。可以举哪些例子呢？

今天有家长反对孩子使用手机，说手机毁眼睛。我家在皖北农村，15岁村里才通电，之前写作业都是点煤油灯，煤油灯不毁眼睛吗？都是一代人的命啊。

说手机有辐射，但你也没有因此拒绝手机，高铁也有辐射，飞机也有辐射，你说有什么办法？你已经离不开它，就好像人类最早住在洞穴里边，纯天然的吧？（笑）

当年美国的码头工人，抵制集装箱，又能怎样？

中国的毛笔换成钢笔的时候，有人抵制钢笔，今天谁还用毛笔签名？

计算器出来的时候，打算盘的人也抵制，现在还有多少人在用算盘？

卓别林这么伟大的艺术家，他当年抵制有声电影，他认为默片才能体现艺术。

意大利的那些唱美声唱法的人，最早他们抵制话筒。

……

又能怎样呢？青山遮不住，毕竟东流去。

时代在不断地变化，有些事情我们必须得接受，我们在享受它的便利的时候，必须得接受它带来的遗憾。

大家看，刚才我们聊这个话题，素材的跨度很大吧，这就叫素材的驾驭能力。（笑）

孩子在历史书上、在政治书上、在看的课外书上，他学的素材少吗？根本不缺素材，而是需要锻炼整合素材的能力。

使用是最长情的告白，尝试着写到作文里，是最好的整理。

不然孩子整理那么多素材，会发现整理的都是不考的，考的都是没整理的。

另外，很多“鸡汤文”，是不能作为素材的，因为里面常有大量细节铺垫。

有一个例子，这篇文章叫《生命的旅程》：

创世第一天，上帝创造了牛。他对牛说："今天我创造了你！作为一头牛，你必须跟农夫下地，终日在日头下劳作！我给你50年的寿命。"

牛不同意："什么？这种苦日子你要我活50年？让我活20年吧，30年还给你。"上帝同意了。

第二天，上帝创造了狗。上帝对狗说："你应该终日坐在自家门前，有人进来就叫！我给你20年的寿命。"

狗反对："什么？整天坐在门口？绝对不行！我退给你10年寿命！"于是上帝同意了。

第三天，上帝创造了猴子。他对猴子说："猴子必须带给人娱乐。你必须让他们开怀大笑，扮鬼脸，耍把戏，让人拿你当猴耍。（笑）我给你20年寿命。"

猴子不干："什么？让他们开怀大笑？做鬼脸耍把戏？10年就够了，另外10年还给你。"上帝同意了。

第四天，上帝创造了人，并对他说："你的工作就是吃喝玩乐睡大觉，尽情享受人生。只管享受，什么都不干。这种生活，我给你20年寿命。"

人反对："什么？这样的好日子！除了吃喝玩乐，什么都不用干。尽情享受，而你让我只活20年？不行，老兄！……我们何不做个交易？既然牛退给你30年，狗还你10年，猴子退回10年，你把这些统统给我！这样我的寿命就有70年了。行吗？"上帝同意了。

这就是为什么在生命的头20年，我们吃喝玩乐，尽情享受，无所事事。接下来30年，我们终日辛苦受难，养家糊口。之后10年，我们扮鬼脸耍把戏让孙辈开心。最后10年，我们倒在家里，坐在门口，见人就大呼小叫！

有意思吧？有深意吧？但是不能写到作文里。

要把我刚才说的这一套弄下来，你得写600字，有大量的铺垫，而议论文，要求必须很短，很简洁，原文太长了，而且是讲故事，不是论证。这么长的素材，阅卷老师也没有耐心看。

还有的是场景式的，有一些语句是因为配了画面或者有情境才感人，也是不能作为素材写到作文里的。我们安徽有个怀远县，怀远县当年有一个圣泉啤酒厂，冬天是啤酒的淡季，他们策划出圣泉黑啤，口号是"冬天喝啤酒"。他们在电视上做了一个广告，让我印象深刻。我那时候在农村干活，累得不行了，夏天钻到闷热的玉米地里打玉米叶，一捆一捆往外背，那时光着膀子，汗流浃背，那个玉米叶刺得我浑身难受。那时候我只有一个愿望就是要努力学习，离开农村。今天的孩子学习缺少动机，感觉是替父母学的。

圣泉黑啤的广告，画面上是一个人在南方给人家打工，背麻袋，汗流浃背，一麻袋一麻袋往上扛。过一会儿镜头切换，他变成一个白领，说明挣了钱了，从台上走下来，底下掌声一片。旁边就配了这样一段旁白："那一年，我去了南方，到了异乡才知道异乡的夜是那么漫长。还有南方毒辣的太阳，晒得我很黑，很黑。但直到今天，我还是认为黑比白好，圣泉黑啤，给不怕黑的男人。"（笑，鼓掌）那个画面好感动呀，这么多年过去了，我不仅记着广告，而且现在想起来还是非常感动。

但这个语言素材是不能写到作文里边的。因为有我个人的经历，有生活场景，电视播放的时候有电视的场景，我才会觉得感动，而今天的孩子听了，只会觉得好玩。

下面给素材支几招。

有一招叫名人虚事、虚人虚事、非人虚事，我略微讲一下是什么意思。

虚事，当然不是编造。举个例子，就是北大校长念错字的那个作文材料。教育工作者一念错字，社会上往往就比较苛刻，其实我自己作为语文老师，念错字也是常有的，偶尔也会闹尴尬，比如说，现在孩子起的名字，有一些生僻字，你接一个新班，拿过来就念，是很容易出问题的。当然我们老师也很圆滑，有办法，给张名单，马上就要点名，张三李四，遇到不认识的字就直接跳过去，然后问谁没点到？孩子举手了，再问，你叫什么名字？（大笑，鼓掌）非常自然，都得有生存之道。北大校长读错了字这篇作文，意思是说不要求全责备。其中有一段就是这么写的：

金无足赤，人无完人。每个人都有自己的长短优劣。我们应该允许刘翔唱歌跑调，我们应该宽容袁隆平不善言辞，我们不能"以一眚掩大德"，一味地攻击别人的缺点，全不顾别人其他方面的优点和贡献。

大家看，这里的刘翔和袁隆平是真人，但这件事情不是一个具体的事情，而是依据他们某一方面的特点，写在这里，服务这篇文章。

虚人虚事，就是概括生活中典型的事件，或典型的人，写有的人怎样怎样，生活中有些事如何如何。

甚至可以写非人虚事，刚才我们举的那个作文的升华段落就是采用这一招。再举个例子，你要写“挫折能创造奇迹”，就写：一条小溪缓缓流淌，突遇一处悬崖，纵身一跃，变成了精彩的瀑布。

所以再说一遍，素材不是问题，各位家长以后不要认为作文写不好是素材的问题，实际是孩子写得太少，而且还总相信写作文有什么秘诀。我经常打这个比方，再优秀的游泳教练，也不能让一个人在草坪上学会游泳，必须得跳到水里去；再优秀的驾校教练，也不能靠讲解，让人马上上高速公路，必须得练车。

如果孩子非要准备素材，那就再推荐下，准备汉字素材，一方面这个可以有意识地开发一下，数量极其庞大，另一方面所有的语文老师对这类素材都会有好感的。

下面举几个例子：

愚和蠢是不同的，生活中有的人是“愚”，有的人偏“蠢”。愚，心向墙隅，执迷不悟；蠢，春天很多虫子乱动，轻举妄动。

服和装有区分。服者，舒服，满足基本功能；装者，以衣壮之，为了虚荣。人类为了“装”付出了太多的代价，不管是豪华的车，还是奢侈的包，还是让人痛苦一生的“面子”。

还有“痛快”，人生要先“痛”而后“快”，另外“痛”并“快”着，“痛”与“快”是相依的。

还有“能耐”，这世界有“能”的人不少，有“耐”的人不多，所以有能耐的人不多。

“课”者，左为“言”，右为“果”，昨天布置了作业，今天来检查，意为督促，没有督促，就不叫“上课”。

“习”者，上面为“羽”，下面为“日”（一说“白”），每天在窝里练习挥动翅膀，没有足够的训练，就不叫“学习”。

再比如，“扫除”，这个我在“从良老师”公众号里写过。我来读一下，大家看看，供参考。其实，就这两个字，都能写一篇让阅卷老师眼前一亮的作文，所以写不好作文根本不是素材的问题。

人生关键在于“除”

细想来，“扫”和“除”还不一样，扫是打扫，除呢，就是扔掉。

想让房间彻底干净，只是打扫还不

行，扫而不除，屋子里还是一个垃圾堆。

为什么有些东西“除”不掉呢，因为我们认为还有价值，实际上很多东西已经没有价值，甚至是负价值，占据生活空间，甚至给我们带来了巨大的负担。

比如很多人家里堆满了书，其实人的一生能读的书是非常有限的，哪怕你能用心读一千册，都是很了不起的。大量的书常常满足的是虚幻的“画饼充饥”式的踏实感。月亮上有座金山，目前来说，对我们是没有价值的。

真正智慧的人，应该更关注自己需要什么。

大厦千间，独眠八尺；良田万顷，日食一升。“鹪鹩巢于深林，不过一枝；偃鼠饮河，不过满腹。”想清楚了这一点，才能有扫除力，而不是这也不想扔，那也舍不得。

心灵也一样，我们不仅是扫，还要除，贪嗔痴慢疑，怨恨恼怒烦，不能堆积在那里，要及时清理。

忘记一些东西，才能轻松上阵，忘记一些事，才能活得坦荡。不要让那些过去的情绪成为你的负资产，让自己像蜗牛一样背着重重的壳，努力往上爬，生命不堪其重。

人生也是如此，很多人过得一地鸡毛，因为没有扫除力。什么都想做，什么都做不成，还是应该换个思路，我应该做什么，其他的，不是“扫”，而是“除”。

大家想想千斤顶，不就是将力量集中于一点，所以才产生那么大的杠杆效应吗?

据说，人平均每天有6万个念头，若能“截断众流”，只留一个念头，全世界都不能阻挡你成为卓越的人。

幸福很简单，今日事，今日毕。但真正能做到今日毕，还是要有扫除力。

七、怎样提升语言水平

语言的锤炼是很慢的，非下苦功夫不可，大量阅读，经常模仿，尝试使用，久久为功。

比如，多用短句，要简洁。大家可以尝试着，每次写作文力争至少有80处标点。把那些多余的字可有可无的字，一律去掉。另外有些句子断开，会更清晰。

还有句式，“记得我9岁的时候”，小学生都会写，你只要倒一下句式，“那一年，我9岁”，(笑) 是不是就感觉特别适合考场的瞬间审美。

再比如举屈原的例子。很多学生总是喜欢写：战国时期楚国大夫屈原为了坚守自己的爱国理想跳入汨罗江自杀了。句子太长，又很笼统，句式也需要调整。

应该这样写：汨罗江边，瘦骨嶙峋的老者，怀揣大石，纵身一跃，那高高溅起的浪花，是屈大夫对爱国信念的坚守。大家看，意思是一样的，效果就差别很大。

还有引用，可以更灵活一些，不一定是引用名言，人生路上的凄苦，可以叫人生路上的“凄凄惨惨戚戚”。

还有刻意对称的语言训练，高一学生，现在练还来得及。比如，对人怀仁慈之心，做事行善良之举。一个普通的意思，这样说来，文化气息就很浓厚了。

当然，非常重要的是常阅读，积累更多的词语，词语越多，越能精确表达自己的意思。

八、为什么要重视阅卷老师的“第一眼”

实际上，阅卷老师虽然改得很快，但一定是看两遍的，第一遍是先大体分类，看这个作文是什么层次，有点类似于分重点班和普通班。一般先看题目、开头、每段第一句、结尾等，然后瞬间给分了班；第二遍再看时，就不容易改变自己的想法。也就是说第一印象好的，在他心里已经分到重点班了，即使看出来一点问题，分数也不会太低。反过来，如果第一遍在他心里已经分到普通班了，即使看出来一些亮点，也很难打很高的分。这里有一个重点班和普通班的分数鸿沟，比如是45分，他自己常常是不会逾越的。

所以要想办法在作文里给阅卷老师留下专业痕迹，让他一眼看过去，就觉得你是个高手。

我找了很多得高分的作文和得低分的作文测试过，请别人每篇作文浏览20秒，判断能给多少分，大多数时候是和阅卷老师实际给分差不多的。

另外，因为是考场作文，所以反复建议大家要保守，不要用创新的方式，比如写文言文、写诗、写小说。考场作文要防风险，材料作文，除非有特别要求，否则就写议论文。打个比方，我们要穿西装，不要穿休闲装。西装为什么大家都喜欢穿？单位里面制服也常常是西装，因为不管你身材怎么样，你穿上西装以后，能保持身材的底线；休闲服对人身材的要求非常高，要不然你就穿得特别漂亮迷人，要不然你就是把它穿成买家秀。（笑）

九、分数告诉我们什么

其实，分数就是密码，孩子考完就想问老师自己为什么得这个分数。我们来列个表，方便大家对照一下。

40分及以下，跑题了，而且是标题都在招着手大喊“快看，我跑题了”的那种；

42分，有点偏或有点问题，让人一眼就看出了瑕疵的那种；

43~45分，不痛不痒，基本合规，虽然“土”得要命，但阅卷老师也不能要你作文命的那种；

46~48分，有亮点，不耀眼；

49~52分，一眼看去，颜值上乘，仔细瞅瞅，颇有内涵；

55分以上，孩子，受教了！

以后看到自己分数，就基本知道是怎么回事了。

十、提高孩子作文水平，家长能做点什么

最后，总结下，家长想帮助孩子提高作文水平，可以从这几个方面着手。

1.自己多学习，多鼓励，少点评。学习型家长对孩子的帮助最大，共同学习，比讲道理要有效得多。还有一个，要多鼓励，少点评，不要批评孩子作文，不要说他写得差，你要控制住自己的那种冲动，“你写的什么东西”，不要这样。要多鼓励。作文是创造性劳动，你老批评，哪天孩子忍不住了撑你，“你来写一篇”。(笑)

2.学习型阅读，多思考，多模仿。提醒孩子，阅读常从作者是怎样写的角度考虑，另外，还要尝试着写，多模仿。

3.关键在坚持，多积累，多运用。我们的文化里有一种“武林秘籍思维”，总觉得有“高人指点”，一下就会有“绝世武功”，希望各位家长告诉孩子，写作能力的形成，需要坚持积累和训练，非一日之功，万不可寄希望于秘诀。现在，因为家长和孩子的急功近利，有时骗子都忙不过来了。(笑）没有足够的训练，谈技巧是可笑的，一个人达到“以神遇而不以目视，官知止而神欲行”的境界，一定是不仅“学”过，还反复“习”过，在实践中总结出了规律，从而得心应手、游刃有余。

4.注重文言文，重语感，多督促。文言文对打好语文的底子，对书面语

感的培养，对改善孩子的语言结构，提高语言表达能力非常重要。现在好多成语里都有文言文现象，可以说，文言文是“浓缩的语文”，高一应该重视，多背多记，多督促。

5.记日记有奇效。坚持写日记，不一定是记今天发生了什么事，也可以评论，也可以仿写，干什么都行。只有写才会写，在练习中不断尝试，不断突破，有了足够的训练，才会有所谓的“文思泉涌”。另外，要利用好“超链接效应”。很多同学喜欢先写“提纲”，先设计好框架再写作，这固然是个好习惯，但千万不能固守提纲，因为写作过程不是一个线性思维过程，而是一个超链接思维过程，或者说不是一个静态的图纸，而是一个动态生成的思维导图。写作中，要允许自己不断“微出轨”，越写越有的写，越写越有思路，越写越写得好。写作过程，是两个“自我”参与的过程，一个负责想，一个负责写，要让他们配合好，互相积极地暗示，互相信任，互相促进，才会“下笔如有神”。不要相信写作的发挥，丘吉尔有句名言：“稍等，我还在看我的即兴演讲稿。”（笑）可见，发挥是刻意练习后的回报，而非“撞大运”式的巧合。

古诗词，怎样才能读懂

今天不是一个抒情的时代，是一个叙事的时代，这个时代离诗很远，受此连累，中学生的诗歌鉴赏能力也很不乐观。怎样提高古诗词鉴赏能力呢？很多同学喜欢刷题，但鉴赏能力显然不是通过刷题来提高的。还有同学喜欢背一些术语，把精力用在琢磨借景抒情、寓情于景、触景生情、以景结情的区别上。我常和这样的同学开玩笑，我说，脚崴需要拄拐，但拄拐的目的，是为了把拐扔掉，而不是为了达到“人拐合一”。这些术语可以帮助我们理解诗歌，但固守着术语，就本末倒置了。其实诗歌鉴赏的关键还是在于读懂。至于答题技巧，诗读懂了，也就不难了。如果诗没读懂，对着一堆“乱码”，有什么答题技巧可言呢？

很喜欢一个比方，说古诗词像茶叶，打卷的，压缩的，颜色很暗，我们需要用一杯开水泡开它，才能让茶叶舒展，展示它绿色的原貌。怎样才能拥有这杯开水呢？有五个方面的关键因素：文言实词、词句语序、意象约定、联想想象、诗中有人。

一、文言实词

中国古诗词本质上是文言文，

不是现代汉语，所以，掌握一定量的文言实词，是读懂诗的前提。比如说“问渠那得清如许”，“渠”是什么意思？我拿这个问题问高中的学生，有很多同学不知道，其实“渠”是一个代词，就是“它”的意思，代指前面的“半亩方塘”。“黄莺久住浑相识，欲别频啼四五声”中“浑”，是“都”的意思。在这里住久了，好像黄莺跟诗人都认识了，诗人要搬走了，黄莺“频啼四五声”，像是表达不舍和道别。“曾为流离惯别家，等闲挥袂客天涯”中的“等闲”什么意思？就是“寻常、平常”，把离家远行看得很平常。毛泽东《七律·长征》中的“红军不怕远征难，万水千山只等闲”中的“等闲”，白居易《琵琶行》中的“今年欢笑复明年，秋月春风等闲度”中的“等闲”，都是这个意思。

有时，如果没有文言文意识，还容易受到现代汉语的影响。比如“睡觉心空思想尽，近来乡梦不多成”中的“睡觉”，应该理解成睡醒了，不然这句诗就不好理解了。“荒郊一望欲销魂，泾水萦纡傍远村”中“销魂”是指极度悲伤，要是按现代汉语意思理解，就和诗的感情不符了。

高考题考诗歌鉴赏，很多题就是在考对诗中词语的理解。比如下面这首诗。

野　歌

李　贺

鸦翎羽箭山桑弓，
仰天射落衔芦鸿。
麻衣黑肥冲北风，
带酒日晚歌田中。
男儿屈穷心不穷，
枯荣不等嗔天公。
寒风又变为春柳，
条条看即烟蒙蒙。

高考题让选出“对这首诗的赏析，不正确的一项”，答案是“诗人虽不得不接受生活贫穷的命运，但意志并未消沉，气概仍然豪迈”这一项。这一项错在什么地方呢？就是对原诗中“男儿屈穷心不穷”中“穷”字的理解错误。在文言文中，“贫”和“穷”是不一样。“贫”指物质匮乏，是与“富”相对的。“穷”指处于困境中，常用来指不得志，是与“达”相对的，“穷则独善其身，达则兼济天下”“穷且益坚”中的“穷”都是这个意思。“男儿屈穷心不穷”意思是：大丈夫虽然不得志，遭遇困顿，但进取向上的心不可沉沦。

文言词语是读懂诗词要过的第一关。平常学习中遇到相关诗句，抄下来，把自己不会的词语标注出来，查资料，做解释，点滴积累，慢慢地读诗的文字层面的障碍就少了。

二、词句语序问题

因为古诗词的语言是非常凝练的，又要讲究韵律，所以词语的顺序常常不是正常词序或句序，有时要根据情况做出一些调整。“柳色青山映，梨花夕鸟藏”，正常的语序应该是“柳色映青山，梨花藏夕鸟”，“青山”和“夕鸟”都应该是宾语，把它们调整到前面去了，这样一方面更有画面感，另外一方面把“映”和“藏”放在后面，“映”是仄声，“藏”是平声，符合古诗的韵律规则，上仄下平。“竹怜新雨后，山爱夕阳时”正常语序应该是“怜新雨后竹，爱夕阳时山”。有了这个意识，好多看似奇怪的句子才能够解释得通。

三、意象约定常识

比如读到“忽见陌头杨柳色，悔教夫婿觅封侯”，这里的“杨柳”，我们就应该想到它是指夫妇之间的离别，是指妻子对丈夫的思念，而不仅仅想到了柳树。实际上，因为有这种约定，诗人在写作时，往往是一种刻意选择，诗中的主人公没看到别的树，偏偏看到杨柳。再比如读到“雨中黄叶树，灯下白头人”，我们不能老想着诗人一头白发，其实“白头”也表示内心的愁苦，与凄雨中的黄叶树映衬，充满着辛酸与悲哀。像“羌笛何须怨杨柳，春风不度玉门关”中“羌笛”这样的乐器，“玉门关”这样的地名，都是表示边塞的，读到“此生谁料，心在天山，身老沧洲”中的“沧洲”就不需要考虑具体哪个地方，它是有约定的，用来指隐居之地。只有读懂了这些约定，才能真正读懂诗词要表达的感情。

还有手法上的约定。有一次学校考试，一个学生参加完语文考试后给我打电话，说诗歌鉴赏题完全没看懂，题目是问主要运用了什么手法，他写不出来。我就问什么诗，他说题目叫《秋莺》。我也没有读过，说应该是托物言志的诗。晚上学生对了答案后又给我打电话，说就是托物言志的，追问我是怎么知道的。我说黄莺往往和春天有关，而这个题目叫“秋莺”，秋天的黄莺可不就是不合时宜、不识时务吗？大家看托物言志类的诗选择的植物，梅、兰、竹、菊、松、桂等，要么是四季常青，要么是开花时间不在春天，如兰花开在夏天，菊花和桂花开在秋天，梅花开在冬天，或“政缘在野有幽色，肯为无人减妙香”，或“零落成泥碾作尘，只有香如故”。其他以动物为物象的也是，孤鸿“拣尽寒枝不肯栖”，凤凰“日夕栖山冈”。这就是不合时宜，诗人借此表现自己的高洁孤傲，不随流俗，品格独立，志向不改，给我们一种明知不可为而为之的感动。

看懂这类诗的前提，就是要懂得这些约定俗成。诗人和我们约定的东西，是不能动的，也可说这叫“交流暗号”。所谓读懂诗，简单说，就是要和诗人在同一个频道上。

四、联想和想象能力

没有联想和想象，既没有诗歌的创作，也没有诗歌的阅读。读到“只恐双溪舴艋舟，载不动许多愁”，就不要从生活逻辑去想其合理性，要想词人这样写，只是为了突出自己内心的愁绪之浓之重。“当年万里觅封侯，匹马戍梁州”，我们不能只想着怎么是一个人去的，应该去想象主人公年轻时的形象，英姿飒爽，斗志昂扬，这样和如今被弃置不用形成鲜明的对比。“永丰西角荒园里，尽日无人属阿谁”，就应该加以想象，这不仅写柳树独处荒园无人关心，更表现了诗人对人才被埋没的感慨。读到“何当共剪西窗烛，却话巴山夜雨时”，我们要能够想象到诗人夜深不眠，独点残烛，听巴山夜雨，读妻子问他什么时候回家的信。他想象着共剪西窗红烛、共话巴山夜雨的情景，这种虚实结合、情景交融的手法，非常含蓄地表达了对妻子的思念之情。通过联想和想象，体会诗中之境，品味诗中之情，才能更好地鉴赏诗歌。

五、诗中有人的意识

读一首诗只局限于对诗句的理解，没有看到有位诗人或主人公在诗里的，这就很难叫读懂了诗。比如说陆游写的《十一月四日风雨大作》：“僵卧孤村不自哀，尚思为国戍轮台。夜阑卧听风吹雨，铁马冰河入梦来。”每一句都有诗人的形象。“僵卧孤村不自哀”，一个“僵”字形象地写出了他的年老之态，“不自哀”则写出他壮志犹存。“尚思为国戍轮台”，一个老年人还想着为国守边，驰骋疆场，何等可敬。“夜阑卧听风吹雨”，“夜阑”的“阑”是什么意思呢？就是“将尽”，夜将尽了还想着为国杀敌的事，一夜都睡不着，听着窗外风雨大作。天快亮了，好不容易睡一会儿，还做了一个梦，却是“铁马冰河入梦来”，是战场上的梦。每一句诗的背后都有人，都有一位深沉悲壮的爱国诗人。

有的写景诗，表面上看没有人，比如说王维写的《鹿柴》：“空山不见人，但闻人语响。返景入深林，复照青苔上。”首先说“空山不见人”，“不见人”也有个人，因为得有个观察者，这个人就是诗人。不见人，才见得幽静，“但闻人语响”自然是有人的，人在看不见的远处，因为幽静，所以能听得到“人语”，更能让我们想象诗人所处位置的幽静，以声写静。“返景入深林，复照青苔上”，又通过光与影，让我们看到景物背后有一个心境悠然的人，以光写幽。

而且，大家还要注意，这里的人，应该是个独特的人，而不是一个“共性的人”。

钱穆先生就曾从有没有独特的人这个角度，来比较陆游诗“重帘不卷留香久，古砚微凹聚墨多”和王维诗“雨中山果落，灯下草虫鸣”的高下。陆游这两句诗，对仗很工整，但只是字面上的堆砌，背后没有一个独特的人，这里的人可以是任何一个人，没有特殊的意境，没有特殊的情趣，就是一俗人。而王维这两句诗呢，是有一个独特的人的，他就在屋里灯下，听着外面的雨声，还有山果落、草虫鸣的声音，“落”和“鸣”两字透露出天地自然界的生命气息。这声音和景物都跑到这屋里人的视听感觉中，使屋里人顿然感到生命存在，而同时又感到凄凉。生命表现在山果、草虫身上，凄凉则是在夜静的雨声中。读这两句诗，作者没说他有什么感受，但我们读者就可以想象到他的内心世界，他的情绪感受。诗句会调动我们的情感体验去参与，不管读者有什么样的“前理解”，都不会觉得这里的人是个俗人，而是觉得他是个雅士，与这个场景相符。

所以，读懂诗歌，要“目中有人”。

以上五点，是应该关注的。除此之外，我们当然不是一个识别诗的机器，我们是人，所以也应该关注自己理解的过程。

为了说得形象点，我以生活中的

一件事来打比方。

有一天，我在小区内遇到四个人，和他们打招呼：“掼蛋去？”四人很惊奇：“这你都看出来了？”

是怎么看出来的呢？我想了一下，原因有四：第一，我有一个基本的生活经验，即掼蛋规则是四个人参与；第二，我对他们这几个人有一定了解，有三个人都是喜欢掼蛋的；第三，我知道一个背景，小区近日将举行迎新业主掼蛋比赛；第四，我有一定的联想能力，能理解他们踪迹的特定意思，他们从东边来，东边有个酒馆，他们喜欢酒后掼蛋，他们向西走，西边有个棋牌室，他们常在那里掼蛋。

这个思考过程，有点类似诗歌的理解。

第一，我们有基本的生活经验或体验，以及古诗的基本知识。“黄河之水天上来”是夸张，但我们有站低处往高处看的经验，就会觉得这样写能写出水的气势。“七八个星天外，两三点雨山前”，我们知道古诗语序常有倒装现象，这句应该是“天外七八个星，山前两三点雨”。

第二，我们要对诗人有所了解，这就是“知人”。陆游是力主抗金、希望北伐的，却无奈地归隐老家山阴，所以“此生谁料，心在天山，身老沧州”表达的是一种想要为国立功却不被重用的悲愤。

第三，我们要了解诗人所处的时代背景，这叫“论世”。鲍照生活在门阀制度严重的南朝，李白生活在昂扬大气、写诗“既笔力雄壮，又气象浑厚”的盛唐时期，陆游生活在金灭北宋后“遗民泪尽胡尘里，南望王师又一年”的背景下。知道了这些背景，就更能理解当时诗人所作诗歌的特点。

第四，我们要有“连缀”想象的能力。有一个很经典的说法，说“什么叫诗，就是翻译后失去的东西”。如果没有想象“连缀”，就完全没有诗境和诗意了。看到“南浦”和“杨柳”，能想到离别；看到“枯藤老树昏鸦”，能联想成画面，枯藤缠绕在老树上，乌鸦在黄昏中站在老树光秃秃的枝丫上；看到“人道寄奴曾住”和“廉颇老矣”，我们能想到是想建功报国而不得的悲愤。

关注这五个方面的因素，并关注自己的理解过程，可能对我们读懂诗歌有一定帮助。

诗歌鉴赏题，怎样利用题目限制准确作答

假如房间的门被锁上了，这把锁就是限制我们的东西，但同时也给我们重要的暗示：只要集中力量砸开这把锁就可以了，不要去砸墙或者挖地板。事实上很多学生做阅读题，往往在做“砸墙、挖地板”的工作。我们审题时要努力找到那把“锁”，从限制中读出暗示，从问法入手分析答法。只想着要背“通用版”的答题模板，只会“隔靴搔痒”，不能真正提升做阅读题的能力。

下面以高考比较类诗歌鉴赏题为例，从关注题目中的比较对象、比较点及问题中的关键信息三个方面，做一些分析，希望能给大家一些启发。

一、关注比较对象带来的暗示

请大家先看这三组问句：

A.刘从良有什么特点？

B.刘从良和王胖子相比有什么特点？

C.刘从良和王胖墩相比有什么特点？

通过比较，我们发现：问题A没有比较对象，也就没有限制，答案就有不确定性，就不知道“从何答起”；问题B引入了比较对象“王胖子”，有了这个限制，就有了明确的暗示，答

案是“瘦”；问题C的比较对象是“王胖墩”，这里就有了两个限制“胖”和“墩”，答案就有了两个——“瘦”和“高”。

同样道理，高考诗歌鉴赏题，在题目的设问中引入另外一首诗（词）作为比较对象，也会有暗示效果，复习中要注重对比较对象的分析。我们来看一下下面这道高考诗歌鉴赏题。

发临洮将赴北庭留别[1]

岑 参

闻说轮台路[2]，连年见雪飞。
春风曾不到，汉使亦应稀。
白草通疏勒，青山过武威。
勤王敢道远，私向梦中归。

【注】①临洮：在今甘肃临潭西。北庭：唐六都护府之一，治所为庭州（今新疆吉木萨尔北）。②轮台：庭州属县。在今新疆乌鲁木齐。

题目：与《白雪歌送武判官归京》相比，本诗描写塞外景物的角度有何不同？请简要分析。(5分)

如果题目没有引入教材中学过的《白雪歌送武判官归京》这首诗作为比较对象，只是问“本诗描写塞外景物的角度有何特点”，答案指向就相对模糊，题目难度就会增加。有了这个比较对象，就有了思考的“对标”，同一位诗人的作品，同样写塞外景物，要找的是它们写景角度的不同，《白雪歌送武判官归京》既是限制，也是暗示。《白雪歌送武判官归京》诗开头即进行了直接描写“北风卷地白草折，胡天八月即飞雪。忽如一夜春风来，千树万树梨花开”，这就是送客之地的景物；而《发临洮将赴北庭留别》题目中的“将赴”，诗中的“闻说”“应”都表明所写之景不是送别之地的景色，诗人尚未到北庭，诗中之景是诗人想象之景，是虚景。分析比较对象，对这道题的思考就会“聚焦”，答题的角度就会清晰。

再来看一下另外一道高考诗歌鉴赏题：

送王昌龄

李 颀

漕水东去远，送君多暮情。
淹留野寺出，向背孤山明。
前望数千里，中无蒲稗生。
夕阳满舟楫，但爱微波清。
举酒林月上，解衣沙鸟鸣。
夜来莲花界[1]，梦里金陵城。
叹息此离别，悠悠江海行。

【注】①莲花界：佛寺，诗中指洛阳白马寺。

题目：这首诗与柳永《雨霖铃》词都运用了点染手法，试赏析本诗的点染手法。

这道题大家会感觉到有难度，因为对题目中的“点染手法”不熟悉，不过对柳永《雨霖铃》词是非常熟悉的，可以借助这个比较对象来审题，来搭一个思考的支架。学生做题时想不清楚“点”，但能感觉到“染”应该是“渲染”，这时引导学生首先关注《雨霖铃》里的“渲染”，“更那堪，冷落清秋节！今宵酒醒何处？杨柳岸，晓风残月”是“染”，渲染什么呢？渲染离别之悲、冷落之苦，这时就容易想到这首词的“点”，即“多情自古伤离别”，就是点出主旨或者点明主要的情感。这样就借助比较对象理解了“点染手法”这个概念，然后来分析《送王昌龄》就很容易了，很容易判断“送君多暮情”就是直接“点”出了伤别之情，而“淹留野寺出”至“梦里金陵城”十句则是“染”，层层铺写暮景，渲染烘托了离情。而最后“叹息此离别”也是“点”，直接点明别离之情，“悠悠江海行”再次“染”，表达对朋友孤身远去的不舍。

由此我们可以认识到，关注比较对象的暗示，可以明确相关概念、答题“轨道”，提高答题的针对性。

二、关注“比较点”带来的暗示

所谓“比较点”就是比较的角度，近几年高考题常见的有内容、意象、语言、表达技巧、思想感情等方面。比较角度在确定答题范围的同时，本身也有重要的暗示作用。

再来看一组句子：

A.刘从良和张三有什么不同？

B.刘从良和张三在个头上有什么不同？

C.刘从良和张三在相貌上有什么不同？

A句的问法就比较笼统，答案不够明确。而B句和C句确定了“比较点”，“个头”有高矮，“相貌”有美丑，这样就能够设定答题的“一般性”方向和范围。在此基础上思考，就会更周到，更深入。比如说上面所举的高考题，“描写塞外景物的角度”就是一个比较点，“景物描写有哪些角度”就是思考方向和范围，进而结合两首诗具体的写景角度差异确定答案。有教师觉得那道题答案过简，添加“工笔细描与写意勾勒”，那就偏离了“角度”

的方向，超出了“角度”的范围，因为工笔和写意是写景的手法，不是角度。

我们来以一道高考诗歌鉴赏题为例做分析。

西　村

陆　游

乱山深处小桃源，
往岁求浆忆叩门。
高柳簇桥初转马，
数家临水自成村。
茂林风送幽禽语，
坏壁苔侵醉墨痕。
一首清诗记今夕，
细云新月耿①黄昏。

【注】①耿：微明的样子。

题目：“莫笑农家腊酒浑，丰年留客足鸡豚。山重水复疑无路，柳暗花明又一村。箫鼓追随春社近，衣冠简朴古风存。从今若许闲乘月，拄杖无时夜叩门。”这是陆游的另一首记游诗《游山西村》。结合具体诗句，比较这首诗和《西村》在内容上的相同点与不同点。

这道题的比较点是“内容”，题目中有明确要求，即比较两首诗“在内容上的相同点与不同点”。既然是“内容上”，对于诗歌来说，无非就是写了什么和表达了什么样的感情两个方面。具体来说，内容往往依据诗歌题目和相关诗句来判断。先看诗歌题目，“西村”“游山西村”，都是记游诗，就很容易判断二者的相同点：都写乡村风光和对乡村的热爱之情。再结合具体诗句，也很容易看出内容上的不同，《游山西村》四联分别写农村丰收之年的待客情形、山间水畔的明媚风光、古老的乡土民俗以及作者乘月拄杖夜游的情景，其中颔联“山重水复疑无路，柳暗花明又一村”是千古流传的哲理名句。而《西村》围绕诗中的“小桃源”，侧重写自然景物、乡村风景。一个侧重写自然风光，一个侧重写民俗风情，《游山西村》还有哲理的表述。

2019年全国Ⅲ卷的题目：与《酬乐天扬州初逢席上见赠》相比，《插田歌》（节选）这几句诗的语言风格有什么不同？比较点是“语言风格”。

三、关注题目关键信息带来的暗示

再来看一组句子：

A.刘从良的性格有什么特点？

B.与温和的张三相比，刘从良的性格有什么特点？

C.刘从良有什么爱好？

D.和其他男生相比，刘从良爱好上有什么独特之处？

A句和C句，回答起来就不好把握或者可能会答很多方面，而比较类的题目，其表述中的关键信息常暗含解题密码。如上面B句，知道了张三是温和的，就大体上知道刘从良性格与之相反；D句既然是说“独特处”，自然不可能是打游戏或打篮球，应该是其他男生不爱的，或者倾向于女生所爱的。学校月考卷上有一道诗歌鉴赏题是这样表述的：“李清照的词一向以婉约著称，这首诗却很特别，请分析它的风格。”这里的“一向以婉约著称”“特别”等信息，自然暗示这首诗应该是不婉约的，是豪放的或直抒胸臆的。上面所举的2016年北京卷的题目表述里有“这是陆游的另一首记游诗”的信息，这就说明选取的《西村》也是记游诗，而记游诗的内容上又有共同的特点，就可以通过这个暗示来确定答题范围。

我们来看一下2019年全国Ⅱ卷的题目表述。

投长沙裴侍郎

杜荀鹤

此身虽贱道长存，非谒朱门谒孔门。
只望至公将卷读[①]，不求朝士致书论。
垂纶雨结渔乡思，吹木风传雁夜魂。
男子受恩须有地，平生不受等闲恩。

【注】①至公：科举时代对主考官的敬称。

诗歌的颈联描写了两个具体场景，与其他各联直抒胸臆的写法不同，这样写在情感表达和结构安排方面有什么作用？

这是一首诗内各联不同写法的比较，这个题目里的关键信息值得关注，“具体场景”暗示了这一联的具体写法，那肯定就是形象化的；“与其他各联直抒胸臆的写法不同”，则交代了这一联并非直抒胸臆，暗示其在情感的表达方面是含蓄的。同时，既然“其他各联直抒胸臆”，这一联“非直抒胸臆”，在结构安排上自然有“舒缓节奏”的作用。

再来看一下2016年高考全国Ⅲ卷的诗歌鉴赏题目。

内宴奉诏作

曹翰[1]

三十年前学六韬[2]，英名常得预时髦[3]。
曾因国难披金甲，不为家贫卖宝刀。
臂健尚嫌弓力软，眼明犹识阵云[4]高。
庭前昨夜秋风起，羞睹盘花旧战袍。

【注】①曹翰（924—992），宋初名将。②六韬：古代兵书。③时髦：指当代俊杰。④阵云：战争中的云气，这里有战阵之意。

这首诗与辛弃疾的《破阵子·醉里挑灯看剑》题材相似，但情感基调却有所不同，请指出二者的不同之处。

大家思考一下，这道题如果表述为“请指出这首诗与辛弃疾的《破阵子·醉里挑灯看剑》在情感基调上的不同之处”，行不行？

大家马上就会发现，原题设问中的“题材相似”是个关键信息，有重要的暗示性。二者题材都是建功报国类的，都表达了想要为国杀敌之意，只不过曹诗表达的是老当益壮的豪情，而辛词表达的是英雄迟暮、功业未成的悲慨。

以上从三个方面分析了诗歌比较类鉴赏题题目里“限制成分”的“暗示功能”，此种方法也可以推广到其他类型阅读题的复习。我们多站在命题人的角度思考，从问法中看出答法，会事半功倍。

议论文写作技巧，——怎样从教材文章里学习

很多同学感觉语文教材学习和考试似乎是两条平行线，并不相交。其实只要我们换个角度，很容易看到它们之间的联系，比如学写议论文，教材上很多经典文章，就是很好的范例。

一、《陈情表》

目前，高考作文在由传统的“表达作文”向“交际作文”转变。表达作文关注“我要说”，交际作文关注“对谁说”“什么情境下说”“为什么而说”。也就是说，文章要有明确的对象、明确的情境、明确的任务。《陈情表》恰好就具备“交际作文”的这些要素。

《陈情表》是有明确的对象的，就是晋武帝司马炎。当然也有明确的情境，司马炎篡夺帝位，篡了曹家曹奂的帝位，做了皇帝，就希望更多的故老，就是原来做官的这些名士，出来做官，以表示对他的政权的支持。在这种背景下，司马炎征召李密。李密是曾经在蜀国做郎中的，而且名气很大，还曾出使吴国，很有辩才。但是李密不想去，一方面他是蜀国的旧臣，蜀国灭亡了，不想出来做官，中国古代女人的道德就是不侍二夫，男

人的道德就是不事二主。另一方面他的祖母生病。两个理由中的前一个，当然是不能说出来的，于是后一个理由就成为李密写作的重点，也就是因为祖母生病非常严重，他不能出来做官。他的这篇文章的明确任务，就是把这个理由说充分，使晋武帝答应他的请求。任务是很艰巨的，既要突出后一个理由，又要间接回应第一个方面的猜疑，不说清楚而坚决不出仕，在那种政治环境下，可是有杀头之虞的。

李密这篇“作文”交上去，晋武帝看了之后，大为感动，不但答应了他的请求，而且命郡县供其祖母奉膳。也就是说，事实证明，“任务”完成得非常好。那么，作者是如何达到这样的写作效果的呢？

为了完成写作任务（让皇帝答应自己不出仕），作者充分考虑当时情境（新朝的政治环境），尤其关注到“对象”（刚篡了权上台的皇帝），这篇《陈情表》在写作上可谓是煞费苦心。

首先，结构安排精巧。全文实际上“陈”了三种“情”：先陈苦情，再陈孝情，最后陈忠情。苦情主要是两个方面：一个是身世之苦，少时而孤，自幼多病，家丁不旺；另一个是被逼之苦，皇帝征召，进退两难，非常狼狈。然后写孝情，祖母刘抚养了自己，现在她“日薄西山，气息奄奄”，自己日夜照顾，不能离开。最后再谈忠情，提出解决办法，毕竟祖母年龄大了，自己还有机会效忠于晋武帝。全文三个部分安排精心，环环相扣，层次清晰。

其次，有非常强烈的“对象意识”。李密这篇文章处处考虑晋武帝这位“读者”的感受，所以非常有说服力。比如在介绍自己孤苦身世的时候，充分考虑了晋武帝可能产生的疑问。我们来看下，李密不出仕的理由是“有祖母需要照料、需要尽孝”，那么晋武帝脑子里边自然有很多的问号。你要照顾的不是母亲而是祖母，你父亲呢？“生孩六月，慈父见背”，爹早死了。你妈妈呢？“行年四岁，舅夺母志”。你叔叔伯伯呢？“既无伯叔”，没有伯叔。你哥哥、弟弟呢？“终鲜兄弟”，也没有兄弟。那你儿子呢？“门衰祚薄，晚有儿息”，孩子太小。那你难道没有亲戚、邻居、家里仆人吗？“外无期功强近之亲，内无应门五尺之僮”，全没有。李密把晋武帝可能想到的全部考虑到，交代清楚，结论是：只有我一人，家里没我不行。

写祖母刘的病也是如此，病到什么样的程度呢？一个是“夙婴疾病”，很早就生病；第二是“常在床褥”，病倒在床上；第三是“人命危浅”，非常严重。可见“我”是不能离开的。还有写自己被逼迫之苦，“诏书切峻，责臣逋慢；郡县逼迫，催臣上道；州司临门，急于星火”侧面表现自己被逼的窘迫。想要“奉诏奔驰”，但是祖母刘的病一天天严重；想要“苟顺私情”，但是申诉又不被允许：“臣之进退，实为狼狈”。晋武帝呀，晋武帝，“我”都被你逼成什么样了？站在“读者”角度，这两个方面写得既有形象的画面感，很有感染力，又非常有说服力。

再次是有严密的逻辑。一个是不能明说的逻辑，一个是可以明说的逻辑。不能说的是关键：你为什么偏偏要征召“我”呢？不就是担心“我”有怀念旧朝、不事二主之心，希望“我”表明政治态度、支持新朝吗？李密首先承认“圣朝”“沐浴清化”，直接消除武帝的疑虑。但光这样说还不够，还要让逻辑严谨，毕竟曾在蜀国“历职郎署”，于是再说自己以前任职的是“伪朝”，而且当年做官的目的也只是“本图宦达”。诸葛亮说自己“不求闻达”，他这里在特殊情况下，说自己“不矜名节”。而且说自己现在是“亡国贱俘，至微至陋”，把自己的地位说得非常低；而把晋武帝征召自己抬得特别高，“过蒙拔擢，宠命优渥”：两相比较，表明自己没有“盘桓”“有所希冀”的道理。这样就委婉地回应了武帝的疑虑，逻辑非常严谨。

对于能说的，李密则采取了“以子之矛攻子之盾”的方法。“忠孝”二字，是古人的最高道德标准，司马炎上台以后，因为皇位是抢来的，已经不忠了。所以他就努力地在打“孝”的旗号。而李密就抓住这一点，而且几乎“毫不客气”地表达“嗔怪”，“凡在故老，犹蒙矜育”，大家都受到了照顾，为什么唯独不照顾“我”呢？而且“我”更需要照顾，“况臣孤苦，特为尤甚”。李密知道在这一点上无论说得多么“放肆”，都是没有问题的，因为越“放肆”，越表明和武帝是“站在一起”的。您让“我”出仕，现在祖母刘是一个什么样的状况？是“日薄西山，气息奄奄，人命危浅，朝不虑夕”，说白了“我”一离开，家里就要死人。您不是“以孝治天下”吗，但您逼着让“我”去做官，这就是“我”最大的不孝啊，和您的这个宗旨是相违背的呀。“臣无祖母，无以至今日，祖母无臣，无以终余年”，无论从现实情况上，还是从道义上，“我”现在都“不能废远”。这完全是让晋武帝“哑口无言”的说法，论证有力。

李密行文逻辑的严密还体现在提出了解决办法：先尽孝，再尽忠。“臣密今年四十有四，祖母刘今年九十有六”不能赴任，只是暂时的，“臣尽节于陛下之日长”。并且表明自己所言，当地官员都非常清楚，绝非虚言，并表明决心，以后“生当陨首，死当结草”，效忠皇帝，感念恩情。

从交际作文角度来看，《陈情表》完全是一篇优秀的任务驱动型作文，“任务”完成得漂亮，在写作层次的安排、写作对象的关照、论证的逻辑等方面都可以给我们的考场作文一些启发。大家学习语文教材上其他课文时，尝试着从写作角度看一看，相信也会有新的发现。

二、《师说》

从考场作文角度来看，这篇文章有几大特点，值得我们写作时借鉴。第一有明确的对象。第二结构非常清晰。第三论证非常有力，事实充分，说理透彻，有极强的说服力和感染力。第四多种句式运用，气势磅礴，非常有表现力。

而这四点正是目前考场作文中普遍缺少的。

先说第一点，有明确的对象。就是写作一定要想着你的文章是写给谁看的，他是怎样的，你想向他传达什么观点，他有什么具体表现。这样作文才会更有针对性，论证也才有可能更有逻辑。本文表面上是写给李氏子蟠，实际上就是写给那帮以拜师为耻的士大夫。了解他们的所作所为、他们持有的观点、他们的心理状态，知己知彼，才能有的放矢，才能打中靶心，才能百发百中。他们的所作所为是，“耻学于师”“爱其子，择师而教之，于其身也，则耻师焉”，自己耻学于师，别人“曰师曰弟子云者，则群聚而笑之”。他们的观点和心理状态也是明确的，“位卑则足羞，官盛则近谀”。有时我们作文无话可说，常常是因为我们没有想清楚我们的写作对象，或者没有想清楚写作对象的所作所为及观点态度。想清楚了这一点，论证有针对性，也会更有说服力。

第二，这篇文章思路清晰，逻辑严密。文章先从历史事实（“古之学者必有师”）、教师功能（“传道受业解惑”）、学习的人一定会遇到疑难（“人非生而知之者，孰能无惑”）三个方面证明了从师学习的必要性和重要性。并明确了择师的标准，“无贵无贱，无长无少，道之所存，师之所存也”。接着从三个方面进行对比，批评“耻学于师”的人。首先，是“古之圣人”与“今之众人”对比，指出从师与不从师的两种结果；其次，用士大夫之族对自己与对儿子的要求完全不同来对比，指出“士大夫之族”行为的自相矛盾；最后，用“士大夫之族”与“巫医乐师百工之人”对比，表明士大夫之族行为和想法的可笑。这样，文章以其鲜明的中心、清晰的层次、充分的说理体现了逻辑思维的严密。而且，这三组对比中，都形成了强烈的反差：“古之圣人”那么出众尚且“从师”，“今之众人”如此普通反而“耻学于师”；自己“惑之不解”，孩子只是“句读之不知”，忙着给孩子找师，自己反而不找；“巫医乐师百工之人”是地位极低的人，却“不耻相师”，“士大夫之族”却对从师的人“群聚而笑之”。这种强烈的反差，使得论证不仅严密，而且非常有说服力。

第三，这篇文章运用了多种论证手法。道理论证、事实论证、引用论证、对比论证等，这与先秦散文多用寓言、比喻来说理有很大不同，论证时层层推进，也更有说服力。

第四，在语言方面，这篇文章的气势特别值得我们学习。多用排比、对偶、顶针等句式。如“生乎吾前……生乎吾后……”“古之圣人……今之众人……”，形式整齐，增强了表现力。比如第一段，“古之学者必有师。师者，所以传道受业解惑也。人非生而知之者，孰能无惑？惑而不从师……”运用顶针句式，就是用上一句的结尾字，作下一句的开头，首尾相连，环环相扣，使句子衔接紧凑。还有丰富的语气词的使用，如用“嗟乎”“呜呼”这样的表示感叹的语气词，增强文章的生动性，用“乎”“也”“欤”等词表示疑问、判断等语气，非常形象。

三、《六国论》

《六国论》在论证方式、论点的提出、语言的叙述以及写作目的这些方面都有值得我们学习的地方。

《六国论》这篇文章可以分为五个部分。第一部分提出论点，上来就说“六国破灭，非兵不利，战不善，弊在赂秦”，这是中心论点，接着说出了两个分论点：“赂秦而力亏，破灭之道也”和“不赂者以赂者丧，盖失强援，不能独完。”为什么从两个角度分析？因为六国并不是全都送土地给秦国，只有韩、魏、楚三个国家送了土地，齐、燕、赵国未曾贿赂秦国，所以中心论点怎么能成立呢？因此要补充第二个分论点：“不赂者以赂者丧”，不贿赂土地的国家因为贿赂土地的国家而灭亡。我们平常建议大家写考场作文一定要在第一段里亮出观点，让人迅速地知道你要写什么，你要表达什么样的观点。很多同学写考场作文的时候喜欢在第一段里面只叙述不列观点，或者用问句，不明确表达观点，这是不妥当的。接着第二部分侧重于论证第一个分论点，“赂秦而力亏”，第三部分论证第二个分论点“不赂者以赂者丧”，第四部分总结教训，第五部分交代写作目的，所以整篇的结构非常严谨。

我们来看一下这篇文章是怎样论证的。其实这篇文章的论证方法非常简洁，也非常清晰，用三个字概括就是叙、析、结。叙，就是叙述，引材料；析，就是分析；结，就是总结。“秦以攻取之外，小则获邑，大则得城”，这是叙述部分，交代事实。“较秦之所得，与战胜而得者，其实百倍；诸侯之所亡，与战败而亡者，其实亦百倍”，秦国因为诸侯贿赂而得到的土地和秦国因为战胜而得到的土地相比，前者是后者的百倍；同样，诸侯因为贿赂而丢失的土地和因为战败而丢失的土地相比，前者也是后者的百倍，这是做分析。然后就可以得出结论“则秦之所大欲，诸侯之所大患，固不在战矣”，那么秦国最想要的，诸侯最担心的，当然就不是战争了。很多同学在写考场作文时不知该如何论证，可以学习一下这种办法，先引材料或者举事例，然后对材料或事例加以分析，最后做一个总结。而且这个办法可以反复运用，比如说苏洵在《六国论》的同一段当中就运用了两次这种方法，“思厥先祖父，暴霜露，斩荆棘，以有尺寸之地。子孙视之不甚惜，举以予人，如弃草芥。今日割五城，明日割十城，然后得一夕安寝。起视四境，而秦兵又至矣。然则诸侯之地有限，暴秦之欲无厌，奉之弥繁，侵之愈急。故不战而强弱胜负已判矣。至于颠覆，理固宜然。古人云：‘以地事秦，犹抱薪救火，薪不尽，火不灭。’此言得之。”这段也是按照上述办法，只不过为了增强论证的效果，在后面又加了一个引用——“以地事秦，犹抱薪救火，薪不尽，火不灭”，意思说你拿土地去侍奉秦国，就好像抱着柴火去救火。不过苏洵在这篇政论文中的叙述部分，不是普通的叙述，他也有技巧。这段话的意思是，想想他们的祖先，就是这些贿赂秦国土地的国家的祖先，“暴霜露，斩荆棘，以有尺寸之地”，费了很大的劲才得到一丁点的土地，“子孙视之不甚惜，举以予人，如弃草芥”非常形象，“今日割五城，明日割十城，然后得一夕安寝”，结局呢，“起视四境，而秦兵又至矣”。这完全像一个妈妈在教导上学的孩子：我和你爸爸起早贪黑辛苦挣钱供你上学，每天接送你，周末送你到补习班；而你呢，今天要看电视，明天要打游戏，动不动要出去和同学过生日，一到考试，成绩单上的数字不能看。其实也就是说，苏洵不是用一种冷静的叙述，他在叙述当中加入了感情，而且通过这种感情来使后面的分析和结论显得水到渠成，前面的叙述已经暗示了后面的结论，他实际上用这种形象化的叙述替代了部分分析。

当然好的议论文讲究有破有立，前面三部分主要是“破”，到第四部分开始“立”。应该怎么办呢？“以赂秦之地，封天下之谋臣，以事秦之心，礼天下之奇才，并力西向，则吾恐秦人食之不得下咽也。”这个句式也很有意思，前面写六国具体策略的时候，连用了三个方面，“封天下之谋臣”“礼天下之奇才”“并力西向”，而后面写秦国的时候只有一句“则吾恐秦人食之不得下咽也”，形成一种不对称性，前面形成的气势对后面产生冲击，这是语言形式上增强论证的效果；下一句则反过来，“有如此之势，而为秦人积威之所劫，日削月割，以趋于亡”。后面是三个句子，而前面只有“有如此之势”一句，也形成一种不对称，后面形成的气势表明惋惜，六国完全有能力完全可以做得到，却选择不正确的方法，最后落到这样的下场，这是多么不正确啊，然后得出教训“为国者无使为积威之所劫哉”！

从道理上来说，这篇文章写到这里应该算写完了，论证完毕，而且总结了教训。但是，苏洵最后还是交代了写作目的，把话说得更直接。“夫六国与秦皆诸侯，其势弱于秦，而犹有可以不赂而胜之之势。苟以天下之大，下而从六国破亡之故事，是又在六国下矣”，如果凭借这么大的天下却去学六国的那种做法，那就连六国都不如了，很显然他话里有话，交代了写作目的，是一种借古讽今。其实苏洵写这篇文章的社会背景，就是北宋的现实。北宋吸取了唐代藩镇割据的教训，实行了中央集权制，解除了节度使的权力，而派遣文臣做地方官，但这种政策也导致“兵不识将，将不识兵”，军队没有战斗力。所以北宋在建国后一百年间，与契丹、西夏大小发生过六十多次战争，败多胜少，于是转而向契丹和西夏求和，每年上供大量银两以及物品，而这样的贿赂助长了契丹和西夏的气焰，加重了人们的负担，极大地损伤了国力，带来了无穷的祸患。也就是说，苏洵的这篇文章是有所指的，借古讽今来针对这样的社会现实。很多同学写作文，想不到在结尾部分联系现实，就会削弱作文的现实意义，也会削弱说服力。

我们认真地研究教材上的经典文章，对我们写好作文会有很大启发。以上所讲，大家可以在写作时尝试一下。

现代文阅读题，怎样才能读懂题目在问什么

乍一看，这不是问题。题目在问什么，不就在那里吗？但我们在做题时，常常会错了意。有以下几种情况。

一、没有完整读题，想当然地作答

举例：作者交替使用“你”和“我”两个不同的人称，其中蕴含着怎样的态度？请结合全文进行分析。（高考题《窗子以外》）

很多同学看到这个题目，读到“交替使用‘你’和‘我’两个不同的人称”，高兴得鼻涕泡都出来了。因为这类题的“套路”大家在初中就背过，共三点：①第一人称增强真实感，②第二人称拉近与读者的距离，③两种人称交替使用，丰富了文章的表现手段。但如果这样答，用学生常开玩笑的话，那正是“巧妙地避开所有的得分点”，一分都得不到。为什么？因为题目问的是“蕴含着怎样的态度”，不是两种人称交替使用的作用。题目没有读完整，就仓促作答，就想用背的“套路”来解决问题，就很容易“被套路”，实际上，高考命题肯定是要“反套路”的。如果细读文

章，会发现文中的“你”实际上也是“我”，根本不是两个人。大家在生活中，会有这样的体会，“你”有时就是指自己。比如，妻子埋怨丈夫：“你是一片好心，可人家把你的好心当驴肝肺。”这里的“你”就是指她自己。再比如，“你在北京住久了，会特别思念江南”，说的就是自己的感受，这里的“你”就是“我”。这篇文章本来可以只用“我”的，交替使用“你”和“我”，是精心设计的，从创作意图上来看，本身就蕴含着某种态度，这道道题目正是从这个点来问的。这道题的参考答案是：①“我”转为“你”，“你”成为自我观察与描写的对象，蕴含着作者冷静、审视的态度。②使用“你”的同时又使用“我”，蕴含着作者的自嘲与反思。

立足文本，完整读题，不臆想，不然会错得“义无反顾”。

二、没有区分不同的问法，答题混淆

举例：路遥《平凡的世界》对孙少安这个改革先行者的形象塑造得非常成功。作者是怎样塑造孙少安这一形象的？请结合节选部分的内容简要分析。

题目中问的是“怎样塑造”，是在问塑造的方式方法，答的方向应该是通过外貌、语言、动作、心理等描写手法，其他人物的对比，典型环境衬托等角度。而不是孙少安的形象特点，大家可以比较一下，这个问题和“作者塑造了孙少安怎样的形象”的不同。

有时出题人也会混淆，最近有一个学校的考试题问的是“一场蝗灾成为肯尼亚70年来最严重的灾害，有哪些方面的原因”，给的答案却是“肯尼亚发生严重蝗灾的原因”。前者问，蝗灾何以成为最严重的灾害，答案可以是此次蝗灾之严重、肯尼亚经济之脆弱；而后者问，为什么发生这么严重的灾害，答案应该指向导致蝗灾的原因，如气候、单一农业生态等。

我们来比较一下以下问法的区别：

（1）这篇小说的结尾有怎样的特点？

（2）这篇小说的结尾有怎样的意蕴？

（3）这篇小说的结尾有怎样的作用？

（4）这篇小说的结尾有怎样的艺术效果？

仔细比较会发现，（1）问“特点”，多指向这篇小说结尾异于常规小说的特别之处，如“出乎意料”“留白”等；（2）问“意蕴”，侧重于小说结尾语句内容上的含义，指向小说的主旨或作者的创作意图；（3）问“作用”，指向结尾的功能；（4）问“艺术效果”，指向结尾超出常规的功能——“结束全文”就不可能是艺术效果。

界定不同问法的区别，是准确答题的前提。

三、未看清题目的逻辑指向，答题“打不到靶心”

比如下面两个问题：

（1）小说主要刻画了毛猴这一人物形象，却以“毛猴的大树”为题，这在文章中有怎样的作用？请结合文本分析。

（2）散文明明在写燕子，题目却叫“庄周的燕子”，这样的标题有什么妙处？

第（1）个问题，先说了刻画的人物形象为“毛猴”，那就有一个隐含预设，题目也应当为“毛猴”，但题目却是“毛猴的大树”，问题的逻辑指向就在“大树”上。回答作用时，应侧重讲明白“大树”的作用，而不是“毛猴”的作用。

第（2）个问题，已说散文是在写“燕子”，那就也有一个隐含预设，题目也应当为“燕子”，但题目却是“庄周的燕子”，那么，问题的逻辑指向就在“庄周”上，而不是“燕子”上，要回答题目中“庄周”的妙处。

再比如，高考小说《赵一曼女士》的题目：小说中历史与现实交织穿插，这种叙述方式有哪些好处？请结合作品简要分析。

大家常喜欢先谈“历史”的好处，再谈“现实”的好处，但这个题目问的是“这种叙述方式”的好处，“这种叙述方式”应该是“历史与现实交织穿插”，简化一下，题目的侧重是问“交织穿插”的好处，应紧扣“交织穿插”来答，如果分别来谈其作用，就不符合这个题目设问的逻辑指向。

限制也是暗示，从限制中读出题目的逻辑指向，答题才能抓住关键。《庄子》中那位粘知了的老人，“虽天地之大，万物之多”，他眼里只看到知了的翅膀，所以粘知了这么难的事，他像拾知了一样。

四、未找全题目中的要素，答题不完整

如高考非连续性文本阅读题，共三则材料。

材料一：摘编自《“鸟巢一代”奥运志愿服务集体记忆与奥运遗产》

材料二：摘编自《论冬奥背景下体育志愿服务与青少年社会参与》

材料三：摘编自《卷入的消费者——以摩族猎人为例》

题目问：单车猎人可以看作“新型”的志愿者，请结合材料分析这一说法的根据。

前两个材料都谈到了志愿者的特点，第三个材料谈到“单车猎人”的特点，题目设计精巧，是让结合三个材料来说“单车猎人可以看作‘新型’的志愿者”的依据。但答题时，学生犯了一个失误，就是只考虑了单车猎人可以看作志愿者的依据，如利他行为、彰显了“推动人类发展和促进社会进步”的价值，均属于社会参与，体现了一种公民意识等，却忽视了题目中的另一个要素“新型”。也就是只关注了“单车猎人”和志愿者的相同之处，却忽视了二者的不同之处。之所以称为“新型”，就是因为有不同，有自身独特之处，所以答案还要考虑到“单车猎人”属于单车的消费者，他们的“打猎”行为实际上是帮助公司进行运营维护等。

再如，高考散文阅读题《在春天里观察两只鸟》里的题目：根据文意，请简析两只鸟把巢筑在第五棵树梢顶的原因。

这里也有两个因素，一个是“第五棵树”，一个是“梢顶”。而且“第五棵树”还要切分，就是为什么不是更近和为什么不是更远两个方面。

答题如开门，先看清有几把锁，不能有遗漏，不然还是开不了门。

五、未看懂题目关键词中隐含的信息，答题不精准

如：本文语言典雅，请以第②段为例，从词语运用、句式选择、修辞方法三个方面加以简要赏析。

表面上看，这道题范围清楚、要求明确，“典雅”说的是语言效果，要答的是达成这一效果的策略，也就是运用了什么招，而且给了三个方面的提示。但这里有一个审题关键，就是要在审题时想明白使用什么样的词

语、句式、修辞，会达到“典雅”的效果，要想这个词隐含的预设信息。让学生做这道题，有不少同学写“运用了词义相反的词语”“运用了比喻和拟人的修辞”，实际上“词义相反”并不指向语言的典雅，比喻和拟人的效果有形象生动，大多和典雅无关。这样写就是没有想到“典雅”的隐含信息，那就没有装上“意识雷达”，就不能进行精准的“搜索”。如果考虑到，一般来说，词语运用书面语、句式整齐、运用对仗、引用古诗词等，常会有典雅的效果，思考会更集中，答题会更准确。

审题看懂隐含信息，答题才会有“下意识”的自如。

大家看，读懂题目在问什么，不是小事，不能不重视。

句子含意类题应该怎样做

需要我们解释含意的句子，肯定都是非正常表达，也可换种通俗的说法，就是没好好说话。

所谓“解释”或“理解”，无非把非正常表达转换为正常表达。

常见的类型是四种：

第一种，把含蓄的转换为直白的。文学的表达，常常是委婉含蓄的，解释就是还原作者直白的意思。比如迟子建的《时间的脚印》中写：“它在清晨的曙光中像一道明丽的雪线一样刺痛了我的眼睛。”这里的“雪线”“刺痛了我的眼睛”都是含蓄的说法，把它们变为直白的说法，代入原句重新表述即是解释，“雪线”即白头发，“刺痛了我的眼睛”，实际上是刺痛了自己的心，觉得时光易逝，人生易老。所以，这句话的含意就是“早晨梳头时的一根白头发，让我感慨时光易逝，人生易老”。

第二种，把单一的转换为丰富的。字面意思往往是表层的，单一的，还要考虑深层意思，言外之意，解释这类句子含意就要把意思找全。比如，章月珍的散文《那个春天，很暖》里有一句“那个冬天，很冷”，字面意思是单一的，就是指天冷，但实际上这里一方面指天气冷，另一方面是指家庭的困境让我压抑、无助，内心像寒冬一样冷。

第三种，把省略的内容做出补充。有时作者写作时会刻意“留白”，让读者去体会，解释就是把省略部分补充完整。比如，鲁迅的《祝福》中四叔听说祥林嫂被她婆家人抢了去，说的“可恶，然而……”，“可恶”当然是因为祥林嫂在自家做仆人，让他觉得很没面子。这句话没有说完，“然而”什么呢？文中就省略了，理解时就需要补充，结合上下文，四叔的意思应该是，她本应该回去，既然是她婆家人把她带回去，自己也没什么好说的，表现他对封建制度和礼教的维护立场。

第四种，给结果（或现象）写出原因。生活中说“请你解释一下”，是让说出原因。文章里很多句子只呈现现象，原因由读者来体会，解释就是分析原因。比如汪曾祺的《侯银匠》中，女儿找了个好人家，就要出嫁了，侯银匠给女儿打点首饰，“心里有点甜，也有点苦”。对这句话的解释，当然就是说“甜”和“苦”的原因。结合原文知道，“甜”是因为女儿长大成人了，又嫁了个好人家，自己能亲手为女儿打点首饰；“苦”是因为有对女儿的不舍，女儿出嫁后自己会很孤独。写明原因，就是解释。

当然，上面的分类是为了方便理解，在实际题目中，常常不是一种情况，是交叉的。打个比方，周末你妈妈在家批评你，到吃饭时喊你吃饭，你说了两个字：不饿。这“不饿”就是非正常表达，是含蓄的，也不是单一的，要解释一下，可能至少有四种意思：①不吃；②不高兴；③表达对妈妈批评自己的不满；④用这种方式惩戒妈妈并提醒她以后不要批评自己。这里有含蓄变为直白，也有单一变为丰富，有省略补充，也有原因解释。

再来看两个考试题的例子：

冰心在《一日的春光》里写“我要尽量吞咽今年北平的春天”，考试让解释这句话的含意。我们先找到这里非正常表达的词语——“吞咽”，把它转换成正常表达，再“代入”原文。“吞咽”，有的人想到的是美食，狼吞虎咽，也有人想到的是吃药，难以下咽，结合原文，可以看出应该是前者，而这里的对象是“春光”，所以应该是“欣赏、品味”之意，所以这句话的意思是“我要尽情欣赏、玩味北平的春天”。原文有“去年冬末，我给一位远方朋友写信”这样的语境，所以，还要补充解释，表现了作者对北平春天的喜爱和渴盼之情。

熊召政的散文《烟花三月下扬州》，是写现在再到扬州看不到曾经的人文气息、传统的文化精神和文人的雅趣遗迹了，只是空有繁华、高楼、马路等。结尾有一句话：扬州的繁华还在，但唐代的风流不再。显然这里的“风流”是非正常表达，替换之后，这句话的意思就是：现在的扬州依然是个繁华的都市，有着高度的物质文明，但曾经的人文气息、文化精神、唐代遗韵都不在了，表现了作者对此的惋惜和惆怅之情。

为了使我们的理解更准确，做这一类的题目时，我们还要关注以下几个问题：

（1）句子所处的位置。不同位置的句子往往承担着不同的功能。比如说总领句，要结合后面几段来分析句子的意思，才能考虑周全。如果是过渡句，就要结合上段和下段的内容来理解。

（2）句子的修辞手法。不同的修辞，其作用不同，从这个角度考虑，也能帮助我们理解句子。比如比喻，常常会突出事物某一方面的特点，我们就关注本体的特征。如果是排比，追求语言形式方面的气势，常常表现了作者的某方面强烈的感情。

（3）作品的主旨或作者的写作意图。有这个意识，我们更容易由表及里，理解句子的言外之意。散文《司马祠》作者表达的是对司马迁的崇敬之情，开头部分说自己“开始了仰望中的攀登”，这里的“仰望”，一方面指地势由低到高，另一方面则是暗含了对司马迁的景仰之情。

口语交际类语表题，怎样才能得满分

口语交际类语表题得满分，是完全可以办到的。

实际考试中的失分，常和规则意识不强有关。

比如下面这道经典的考试题。

暑假里，几名高中学生相约去拜访班主任李老师，宛风给老师打电话预约，请你补写出以下电话内容的空缺部分。要求：符合语境，简明得体。

宛风：①____________________

李老师：噢，宛风啊。

宛风：②____________________

李老师：好啊！欢迎欢迎！

宛风：③____________________

李老师：那就今天下午3点到我办公室吧。

宛风：④____________________

李老师：好的，再见。

看起来题目一点都不难，打电话谁还不会？但实际做题的时候，学生的平均分还不到3分，那大家的分数都是怎么丢的呢？多因为没有关注题目中的“符合语境，简明得体”八个字的要求。

第①空，一个是要向李老师问好，一个是要做自我介绍，“李老师好，我是宛风”就可以了。实际测试中，很多同学要么不问好，只做自我介绍，要么只问好，不做自我介绍，不符合语境；要么称呼用“你”而不用“您”，甚至有不少同学写“李老师，你猜猜我是谁”，不符合“得体”要求。

第②空，是概括介绍来电意图，将题目中的事情交代清楚，核心是“拜访”“预约”，说“李老师，我和几位同学想去拜访您”即可。容易出现的问题是，在此大叙师生情谊，那就不符合题目中“简明”的要求。

第③空，后面李老师的回答是“那就今天下午3点到我办公室吧”，包含时间和地点两个方面的因素，需要说明“李老师，您看我们什么时间到哪里去找您呢”，容易遗漏。这一题，共四个空，给了5分，细心的同学审题时会关注这一点。

第④空，既然李老师说了时间和地点，就应该是回应李老师所说，然后“再见”，写“好的，我们准时到。李老师再见”即可，但有不少同学会忘记回应，直接说“再见”。

大家看，题目难度不大，却很容易失分，如果看清题目中的要求，结合语境，是完全可以得满分的。

再看直接转换类型的题目，也是如此。

假如你是广播电台少儿栏目的主持人，请根据少儿听众的特点，重新表述下面一段文字的画线部分。不得少于两种手法，不得改变原意。不超过80个字。(5分)

蔚蓝的天空，万里无云。碧绿的草地上，一条小溪潺潺流过，水中的卵石清晰可见。溪边坐着一位长髯老者，面容清癯，双目炯炯有神。

这个题目要求很明确，要“根据少儿听众的特点”，那我们就要考虑用“少儿”的语言，而且因为是“听众”，要用口语。基于这两个方面，我们要先找到材料中需要更换的内容，即不符合少儿对象的和不符合口语特点的，从而确定“潺潺”“清晰可见”“长髯老者”“面容清瘦”“双目炯炯有神”五个部分。同时要关注题目中有“不得改变原意”的要求，“长髯老者”容易替换成“白胡子老爷爷”，那就“改变”了“原意”，这个应替换成“长胡子老爷爷”。所以答案为：一条小溪哗啦啦地流过，水里有圆溜溜的小石头，看得可清楚了。溪边坐着一位长胡子老爷爷，脸瘦瘦的，一双眼睛可有精神啦。看清楚了要求，答题时就有原则，就不容易失误了。

和这个题类似的，再举一例：

根据语言环境，用口语方式转述下面书面材料的内容。

材料：①徐凡，男，江苏南京人，东方大学文学院教授。②系我国红学界后起之秀，③尤以考证作者身世见长。④专著《曹雪芹家世考》《大观园人物论》《〈红楼梦〉导读》（获优秀教育图书奖），他在海内外享有盛誉。

要求：①内容适当。②表达得体。③符合口语特点。④将转述的话写在相应的横线上。

学校邀请徐凡与同学座谈时，你以文学社成员的身份向同学们介绍说：

①______________________________

②______________________________

③______________________________

④______________________________

这个题目要求是“口语方式转述”书面材料。要先找出非口语表述的词句，如“系”要换成“是”，“尤以……见长”换成“尤其在……方面有专长”等，还要“拆括号”，把原文用括号介绍的内容，单独表述出来。还要考虑“语言环境”，即“学校邀请徐凡与同学座谈时，你以文学社成员的身份向同学们介绍说”。既然本人在现场，性别就不需要说了；人名后面应加称谓语“老师”或“先生”；“后起之秀”之类的说法不得体，应换成“专家”。所以，答案应为：①徐凡老师是江苏南京人，东方大学文学院教授。②是我国红学界的研究专家。③尤其在考证《红楼梦》作者曹雪芹的身世方面有专长。④专著有《曹雪芹家世考》《大观园人物论》和获优秀教育图书奖的《〈红楼梦〉导读》等，他在海内外享有盛誉。

看了这三个例子，大家就明白，做这类题，审清要求，按要求找全“得分点”，其实并不难。

压缩概括类题，有哪些常见类型

压缩概括类题是高考语言文字运用题中的常考考点，我们有必要了解这类题的常考类型、各种类型题的特点及答题方法，并在此基础上适当训练，从而提高做这类题的能力。

这类题最常见的是以下四类：

一、新闻概括压缩类

这种类型一般是给一段新闻材料，要求为其拟写新闻标题，或概括新闻主要内容。做这类题关键是找准新闻“点”，也就是新闻最有价值的部分。一般来说是新闻的导语部分，导语部分多为新闻的第一句或第一段。如果导语部分概括了两个或两个以上方面的事实，怎么判断哪一个是最重要的呢？首先我们要判断“新闻点”是哪一方面，也就是哪一方面的事实是最重要的，不同的新闻，“新闻点”不同，有的事件是时间重要，有的事件是地点重要，有的事件是人物或人物的行为重要……如果这样不能判断，我们就要看新闻的主体部分主要介绍哪一方面。一般来说，主体详细介绍的内容是最重要的内容，是“新闻点”，概括时就要抓住这一方面。我们来看一道经典考题：

给下面这则新闻拟写一个标题（不超过12个字）。

卫生部4月30日发出公告，决定撤销全国牙病防治指导组，同时将在疾病预防控制局成立口腔卫生处，负责全国牙病防治管理工作。

据介绍，全国牙防组是1988年经卫生部批准成立的牙病防治组织。牙防组自成立以来，在改善大众口腔健康状况、提高群众自我口腔保健水平、监测口腔疾病发展等方面都发挥了积极作用。

这则新闻的导语部分就包含两件事：一个是卫生部撤销全国牙病防治指导组，另一个是卫生部在疾病预防控制局成立口腔卫生处。哪一个更重要呢？我们不好判断。不过我们看后面主体部分，主要在介绍全国牙防组，介绍其成立的时间，成立以来发挥的积极作用，由此我们可以判断，这一事件更重要，所以新闻的主要事实是“卫生部撤销全国牙病防治指导组”。这个题目有字数要求，新闻主体部分又给了我们一个简称“全国牙防组”，所以答案为：“卫生部撤销全国牙防组。”

另外，做这类题时，语言一定要严谨，不然会闹笑话。比如，下面这个题：

把下面这则新闻报道改写成一句话新闻。

近日，美国科学家宣布，他们在撒哈拉沙漠中发掘到一个有着约5米翼展的能够飞翔的爬行类动物化石，并将其确定为翼龙的一个新物种。科学家是在尼日尔一条远古河流沉积物中的白垩纪岩石中发现了这个奇怪的化石。到目前为止，已发掘出一个翅膀主体和一个长满细小牙齿的剪刀式的利喙。科学家尚未对这个新物种进行命名。他们表示，这只非洲恐龙属于翼龙的一个物种，生活于1.1亿年前的白垩纪中期，白垩纪是恐龙生活的最后一个纪。翼龙大约在2.15亿年前的三叠纪开始出现，1.5亿年前处于繁荣时期，直到白垩纪末期走向灭绝。翼龙化石，最早在1700年被发现，当时被误认为是海生物，以至于在化石的妥善保存问题上存在严重问题。

有同学做这个题时就改写为：美国科学家在非洲发现翼龙新物种。少了“化石”两个字，这个新闻可就出大问题了。另外，“美国科学家宣布”他们发现了翼龙新物种化石，万一随着研究深入，发现他们的研究有问题呢，所以应该加一个“称”字，他们说他们发现了，这样更严谨：美国科学家称在非洲发现翼龙新物种化石。

近几年高考新闻压缩题常考的是下面这种形式：

请对下面这段新闻报道的文字进行压缩。要求保留关键信息，句子简洁流畅，不超过70个字。

2020年“中国航天日”启动仪式于4月24日在国家航天局网站举行。备受关注的中国首次火星探测任务名称、任务标识在启动仪式上公布。中国行星探测任务被命名为“天问系列”，首次火星探测任务被命名为“天问一号”，后续行星任务将依次编号。据介绍，该名称源于屈原长诗《天问》，体现了探索自然和宇宙空间的文化传承，寓意追求科技创新永无止境。而象征“揽星九天”的任务标识，展现出中国航天开放合作的理念与态度。

这类题，给出一段新闻报道，让我们保留关键信息，并压缩到规定字数。回答时，我们要做两方面的工作：一个是提取关键信息，就是抓住“新闻点”，一般是时间、地点、人物、事件等；另一个是要“简洁流畅”，注意准确表达，符合字数要求。

上面我们说到，新闻的主要信息往往集中在导语部分，这则新闻的导语是“2020年‘中国航天日’启动仪式于4月24日在国家航天局网站举行”，所以核心事件是：2020年“中国航天日”于4月24日启动。紧接着介绍了这次启动仪式的主要内容“中国首次火星探测任务名称、任务标识”；然后分别具体介绍任务名称、任务标识的意义，这部分不是关键信息，不必提取出来。

据此整理出答案：2020年4月24日“中国航天日”启动仪式在国家航天局网站举行。仪式上公布中国首次火星探测任务名称是“天问一号”，任务标识是“揽星九天”。

二、提取关键词类

提取关键词本质上也是压缩概括语段，只不过要求更高。需要先概括语段的主要信息，然后在此基础上“过滤”出关键信息，以词语形式体现。

高考第一次考的是下面这道题。

提取下面一段话的主要信息，在方框内写出四个关键词。

据报道，我国国家图书馆浩瀚的馆藏古籍中，仅1.6万卷“敦煌遗书”就有5000余米长卷需要修复，而国图从事古籍修复的专业人员不过10人；各地图书馆、博物馆收藏的古籍文献共计3000万册，残损情况也相当严重，亟待抢救性修复，但全国的古籍修复人才总共还不足百人。以这样少的人数去完成如此浩大的修复工程，即使夜以继日地工作也需要近千年。

做这道题时，要先概括。我们可以采取分层的办法。上面这个语段共有两个句末符号。前者是叙述，后者是评价。叙述部分中间是个分号，前面谈国家图书馆，后面谈各地图书馆，它们的共性有两点：一个是需要修复的古籍比较多，一个是修复的人才比较少。其实评价部分“这样少的人数去完成如此浩大的修复工程”，也给了我们重要暗示，前面谈的就是修复工程大，修复人才少。概括一下就是：我国古籍修复的人才不足。

这个概括是关键，这个工作完成了，才能提取关键词。这时我们要看题目的要求，有的是“提取”（或“找出”），那就只能用原语段中的词，有的是“概括”（或“写出”），那就可以自己加以概括。据此，我们概括出：古籍、修复、人才、不足。

有的题目，还会有具体要求，比如提取出表现某事物特征的关键词，或表现某过程的关键词，概括时要注意紧扣要求。

另外，这类的题目还会设置一些情境。这是双刃剑，情境会给我们一些暗示，但也可能给我们带来干扰，我们要利用好情境。

比如，下面这道题：

请从下面论文简介中提取三个反映其主要信息的关键词语。

这篇文章对中国文明进程中具有重要意义的“士”在先秦时期的演进做了全景式的追寻，有助于人们对“士”的源起及早期衍变形成一个完整而清晰的印象。

这道题就有一个情境，“论文简介”，关注到这一点，我们可以有针对性地思考：这篇论文的题目是什么？

然后我们看给的材料，共两层意思，前一半是说研究内容和方法，后一半是评价这个研究的意义，应关注前一半，题目应该是研究内容，大概是“论‘士’在先秦时期的演进”。再看题目要求是“提取”，由此得出答案是：士、先秦、演进。

三、材料主要内容类

这一类题有两种常见形式：一种是问材料从哪几个方面介绍某事物的，这是让谈角度。另外一种是结合材料概括事物特征。举个通俗的例子，前者是“下面材料是从哪几个方面介绍张三的”，答案可能是“相貌”“爱好”“品质”等，后者是“结合材料概括张三的特征”，答案可能是“相貌英俊”“爱好广泛”“品质善良”等。

做这类题要注意两个方面：一是看清题目要求，看是哪一类的题目，有什么具体要求；二是要先做好分层工作，看语段分为哪几层，可以参考句末符号来判断，通过分层来看清材料是从哪几个方面介绍的。

比如，下面这两道题：

1.下面这段文字的结论是从哪些方面推导出来的？请简要概括，不超过15个字。

我国大陆海区处于宽广的大陆架上，海底地形平缓，近海水深大都在200米以内，相对较浅。从地质构造上看，只有营口—郯城—庐江大断裂纵贯渤海，其余沿海地区很少有大断裂层和断裂带，也很少有岛弧和海沟。专家查阅相关资料发现，两千年来，我国仅发生过10次地震海啸。因此，即使我国大陆海区发生较强的地震，一般也不会引起海底地壳大面积的垂直升降变化，发生地震海啸的可能性极小。

2.下面是一段介绍菊花的材料。请概括其主要内容，以“菊花”开头写一段文字，不超过50字。

菊花，是经过长期的人工选择培育出来的一种观赏花卉，在我国有三千多年的栽培历史。根据花序大小和形状的不同，菊花可分为单瓣、重瓣，扁形、球形等；根据花期的迟早，可分为早菊花、秋菊花、晚菊花等；根据花径的大小，可分为大菊、中菊、小菊；根据瓣形不同，又可分为平瓣、管瓣、匙瓣三类十多个类型。千姿百态的花朵、姹紫嫣红的色彩使菊花具有了独特的观赏价值。不仅如此，有些菊花还可食用，可冲饮，可入药，有良好的保健功能。在百花凋零的秋冬季节，菊花傲霜怒放，被视为高雅不屈的象征，成为历代文人艺术创作的重要题材。

第1道题就是角度类的，我们可以根据材料中的“因此”先判断，后面是结论，前面是依据。再根据句号，看出前面是三个层次，从而概括出答案，是从以下三个方面推导出来的：海区特点、地质构造、资料记载。

第2道题是概括主要特征的，根据句号分层，然后概括“菊花”的特征：菊花是一种栽培历史悠久，种类繁多，具有观赏价值、实用价值的花卉，是高雅不屈的象征，深得文人喜爱。

四、下定义类

下定义类题难度相对较大，我们要先了解一下一般答题格式：被定义对象+是+种差+属。比如，给“人”下定义：人是能直立行走、会使用语言、会制造和使用劳动工具的高级动物。这里的“人”就是“被定义对象”，“能直立行走、会使用语言、会制造和使用劳动工具”就是种差，也就是人区别于别的动物的本质特征，“动物”就是“属”。一般来说，我们要先找到“属”，然后再找“种差”，“种差”要找得准确，就是要能够有效地区分这个事物和相似事物的本质区别。一般来说，事物的命名要关注，比如给“风扇”下定义，种差里一定要包含“风”和“扇”，给“黄梅戏”下定义，“种差”里一定要有“黄梅”，这是黄梅戏区别于别的戏的本质特征。

我们来看一道经典考题：

请筛选、整合下面文字中的主要信息，拟写一条“年画”的定义。要求：语言简明，不超过40字。（5分）

年画是民间很常见的一种图画，大多于农历新年到来时张贴。年画画面线条单纯，色彩鲜明。传统年画多为木版水印制作，主要产地有天津杨柳青、苏州桃花坞和山东潍坊等；现代年画则多为机器印制。年画的常见题材有合家欢、看花灯、胖娃娃、五谷丰登等，也有以神话传说和历史故事为题材的，多含有吉祥喜庆的意义。年画历史悠久，早在宋代就有相关记载；清代中期，年画尤为盛行；至今还深受人民群众喜爱。

这个题要求给“年画”下定义，我们先找到“年画”的“属”，材料第一句说“年画是民间很常见的一种图画”，可见是“图画”。然后找“种差”，也就是“年画”区别于别的“图画”的要素。我们根据句号对段落分层，筛选出来每层的重要信息：农历新年时张贴；线条单纯，色彩鲜明；制作方式与主要产地；常见题材多含吉祥喜庆意义；历史悠久，清代尤为兴盛，深受喜爱。然后，我们要判断，有些因素不能作为“种差”。如制作方式、主要产地，以前的其他图画也多为“木版水印”，主要产地也不具有独特性；如“历史悠久”，这个范围太大，糖葫芦历史也很悠久，“清代尤为兴盛”的范围也太大，“深受人民群众喜爱”，更是宽泛，这些不能有效区分年画和别的图画的区别，也没有概括出年画的本质特征。

大家看一下考试阅卷制定的评分原则，就知道这个题有难度：

1. 主要信息4分，格式1分。

2. 筛选、整合出的信息为四点，“春节时张贴”“画面线条单纯、色彩鲜明”“含有吉祥喜庆意义”“图画”各1分。

3. “春节”写成“新年”“农历新年”亦可。“线条单纯”和“色彩鲜明”只写出一点或写成“单纯鲜明”不给分。“吉祥喜庆”只写“吉祥”或“喜庆”给分。写成“题材多样”不给分。

4. 符合“种+是+种差+属”的格式。阐释特点式的表述不给格式分。

5. 超过40字，扣1分。

6. 主要信息的顺序颠倒不扣分。

7. 有多余信息，如“制作”“历史悠久”等不扣分。

答案是：年画是春节时张贴的，画面线条单纯、色彩鲜明，题材多含有吉祥喜庆意义的图画。

高考语文复习，这三个问题关注了吗

大家都想通过高考复习有一个较大的提升，或保持优势，或实现超越，或咸鱼翻身。怎样才能使复习有效呢，不管是学生，还是老师或家长，都不能忽视三个方面的问题：

多做高考题，还是模拟题？

侧重专题练习，还是综合练习？

技巧重要，还是练习更重要？

一、高考题与模考题

建议：多做高考题，少做模拟题！

说句不夸张的话，学生做了大量的模拟题，最后可能导致特别擅长模考，而不擅长高考。不能说所有的模拟题质量都差，但题目命制不是一件容易的事。高质量模拟题毕竟是少数，尤其是语文学科，市场上的很多题，片面地求量、求快、求所谓的新，有的模拟题，模仿拙劣，画虎不成，装模作样，甚至本末倒置，求形似而不得其神，求新颖而不得要领，大有缘木求鱼、南辕北辙、滥竽充数之势。烂题培养烂思维，做了没有提高能力，或者提高的是假能力，考得的是假分数，做了还不如不做。

高三学生的时间实在太有限了，复习的过程主要是抢时间，所以要做典型的题、高质量的题，最典型的、质量最高的，当然是高考真题。

有人说高考题，考过了，就不会再考了；要知道，模考的题目也不会再考了。高考命题的第一要务就是避开大家的猜测，保证考试的公平。

无论商家怎么宣传自己猜中了多少题，大家还是要保持冷静，复习的过程是弄懂考核的点，看清学科考试的真面目，这样才能拨云见日，透过现象看本质，什么材料的新、题目形式的变化，都是皮，要看到骨，不要受迷惑，万变不离其宗，要得其意忘其形。

像语文学科，其实没有什么新题型，很多今天觉得很新的东西，要么是改装，要么是走回头路。比如，所谓的任务驱动型作文，20世纪80年代就考过，逻辑推断、文化常识、漫画、对联，都是很多年前就考过的。

所以，做最经典的题，做最有代表性的题，高考题更经得起考验，更有价值。

二、专题和综合

建议：专题训练为主，综合练习为辅！

先打个比方，打篮球，一个人的水平要想达到很高，一定是要练专项——练投篮、练传球、练带球等，如果这些专项不反复练，不扎实，不达到一定的水平，后面打篮球的水平一定会受到限制的。而有的人呢，就喜欢直接找几个人，上来就打一场，再打一场，找手感，短时间内感觉水平提高很快，但这一定是短期效应。后来上升的空间就有限，因为在专题上做得不精，很多浅层次的习惯形成了，就再难提高了。

有的同学，包括学校都喜欢上来就练综合，全真模拟，急着拿分数和高考对接，分出一本、二本线，这就难免存在以上的问题。

伤其十指，不如断其一指。在每一个专题上都做深、做精，发现问题，掌握精髓，这样才具备核心竞争力。

三、技巧与练习

建议：不迷信技巧，要相信练习！

很多人觉得，练习不在于多，而在于精，所以更要注重技巧的总结。

包括很多名师，喜欢说：学生不用写作业，听我讲，听懂了，掌握了方法就能学会。这句话，更多的是老师的显摆，但不是实情，很容易误导大家。不要相信武林秘籍，武功需要不断练习。

注重方法的总结，从某个角度看，是对的。但有一个前提，就是在有足够训练的基础上，没有足够的练习量，空谈什么技巧、秘诀，是非常可笑的。

有的学生因为学习压力大，特别依赖技巧，希望找到万能法宝、灵丹妙药，迅速提高成绩，这只能是幻想。我最常举的例子，就是再优秀的游泳教练也不能在草坪上教会人游泳，必须先进到水里，必须有足够的练习。打个比方，你从没学过背过一个西班牙语的单词，现在一个全世界最优秀的西班牙语教师讲的技巧，对你来说，是毫无意义的。

在关键节点上，有经验的人可以分享一些技巧，就像高速路口的指示牌，在岔路口、紧要处指导，但如果连车都不会开，这些技巧，就是荒唐的。

不要相信有什么武林秘籍、独门绝技，不要幻想着一招制胜、独步天下；还是要相信点滴的积累，等待时间的回报。高手告诉我们：这个世界最可怕的不是会一万招的人，而是把一招练了一万遍的人。

更重要的是，很多技巧是要靠个人在练习中领会的，甚至是可意会不可言传的，很多时候说出来就是错的。

有人骑自行车不扶把手，听着音乐，一只手上还转着篮球，你问他有什么技巧，他告诉你三条，你拿小本子记下来了，回家背会了，第二天试图表演，结果摔得鼻青脸肿到医院了。你太相信技巧啦。

总结一下，对于高三复习，提三个建议：

（1）多做高考题，少做模拟题；

（2）专题训练为主，综合练习为辅；

（3）不迷信技巧，要相信练习。

第三编

语文课堂

烘云托月——《鸿门宴》课堂实录及课评员点评

主题：山东卫视《超级语文课》初赛
时间：2023年1月8日晚
学生：初中生、小学生

一、导入

师：大家好，我叫刘从良，这是真名，是我小学的第一位老师给我起的。以前农村孩子上学之前只有小名，上学以后才有学名。你们知道吗？我的学名还没有起的时候，三个字有两个字已经确定了，我爸姓刘，我必须姓刘，我爸是“学”字辈儿，我就是“从”字辈儿，只留下一个字给我的老师发挥，他给我起的是“刘从良”。上了初中，我才知道“从良”是什么意思，难过了好几天。不过后来想，名字就是一个代号，不必在意。现在学生都喜欢叫我“从良老师”，他们觉得这样叫比较亲切。

二、检查预习、梳理故事

师：我们今天学习《鸿门宴》，就从名字和称呼谈起，先考一考大家，看大家预习的怎么样。下列这些加点词在文中分别指谁？你们来说，我来写在黑板上。请大家传一下话筒。

PPT展示

不然，籍何以至此

闻沛公已破咸阳

亚父南向坐

素善留侯

项羽季父也

今者有小人之言

若入前为寿

客何为者

师：来第一个，“籍”，谁知道“籍”是谁呀？

生：籍，是项羽。

师：很好。他不是叫“项羽”吗？“籍”是什么？

生：“籍”是自称。

师：这叫“名”，你说得对，“名”是用来自称的。“字”呢，是“羽”，是别人称呼的，表示尊重。

师：其他的还有哪一个是你知道的？

生：沛公，是刘邦。

师：他为什么叫“沛公”？

生：因为他是沛县人。

师：对，他是沛县人，从沛县起兵，杀了沛县县令，追随他的人都叫他沛公。其实还有一点，他自己以前是没名字，他立汉以后，别人重新给他起了个大气的名字叫“刘邦”。以前他出身低微，就按排行叫“刘季”，就是刘三。司马迁写《高祖本纪》时，说他“姓刘氏，字季”，带有调侃的意思，包括介绍父母，“其父太公，其母刘媪”，翻译过来就是，他的父亲叫刘大爷，他的母亲叫刘大妈，司马迁写史书对刘邦是一本正经调侃。

师：再请同学说说其他几个。

生：亚父，是项羽对范增的爱称。

师：是对范增的什么称？

生：尊称。

师：对，尊称，这样说很准确。从字面看，亚父，就是仅次于父亲。要用今天的话说这叫什么？

生：干爹。（生笑）

师：继续来，留侯是谁呀，你们读原文了吗？好，后面那位同学。请帮我传一下话筒，谢谢。

生：留侯，应该是张良。

师：是指张良，他汉朝的时候被封为留侯。很好，其他的你还有知道的吗？

生：季父，就是排行最小的叔叔，就是小叔，这里指项伯。

生：“小人”是指曹无伤吧？

生：“若”是指项庄。

师：项庄，是项羽的堂弟。范增

让他在宴会上舞剑。还有最后一个，“客何为者”，这个“客”是指谁？

生：樊哙。

师：好，请坐。大家很厉害，很快就把这场鸿门宴出场的主要人物说全了。

板书

项　羽	刘　邦
范　增	张　良
项　伯	曹无伤
项　庄	樊　哙

师：大家再看下面几组称呼。

PPT展示

臣与将军戮力而攻秦

君王为人不忍/君王与沛公饮

大王来何操/沛公不胜杯杓

师：第一组中的“臣”和“将军”分别指谁呀？

生： 刘邦和项羽。

师：刘邦为什么称项羽为“将军”，称自己为“臣”呢？其实他们本来是约为兄弟的，同为反秦大军领袖，名义上受楚怀王节制，楚怀王和两人约定，谁先攻入函谷关，谁做关中王。关中是秦国多年经营的基地，物产丰富，易守难攻，谁做了关中王，就有了统一天下的坚实基业。结果正当项羽拼死和秦国主力在巨鹿决战时，刘邦从南面乘虚没费劲就进入咸阳，秦王投降了——有同学举手了，想替我说一说，来。

生：刘邦就把守函谷关，项羽来了以后，发现有人不让他进去，很生气，就派兵攻入。这时，刘邦手下曹无伤就派人告诉项羽，刘邦要称王啦，珍宝都归他啦。项羽气坏了，就号令明天吃顿好的，给我准备打刘邦！

师：打了吗？

生：没有，因为项伯去告诉了刘邦。刘邦第二天就来解释了。

师：这时项羽的实力和士气，都是刘邦不能比的，巨鹿一战项羽取得胜利的时候，诸侯军领导全都跪在地上，头都不敢抬的。所以刘邦来了以后，又是自称“臣”，又是称项羽是“将军”。这个称呼极大满足了项羽的虚荣心、自尊心、自大心，结果项羽觉得错怪了刘邦，太难为情啦，大家能看出来，项羽难为情了吗？因为他找了个挡箭牌呀，他说“就怪你那边曹无伤，要不是他说的，我怎么会这样。”于是留下刘邦一行喝酒。第二组中的两个“君王”都是指谁？是谁说的，在什么情境下说的？再找一位同学介绍一下。

生：这里的“君王”都是指项羽，前一句是范增说的，后一句是项庄说的。宴会上范增还是想干掉刘邦，想尽各种办法项羽都默然不应，于是，他就出去找到项庄，对他说“君王为人不忍”，让项庄去敬酒，然后舞剑，趁机杀了刘邦。项庄就照办了，结果呢，他就进去，说“君王与沛公饮，军中无以为乐”，自己要来舞剑助兴。项羽同意了。

师：很好。最后杀了刘邦没？哪位同学补充一下。

生：没有，项伯也起来舞剑，保护刘邦。然后樊哙闯账，樊哙和刘邦说的话一样，这使项羽更相信刘邦的话。结果刘邦借机上厕所，跑了。留下张良送礼物。

师：最后一组两句话是谁说的，加点词分别指谁？

生：这两句话都是张良说的，都是指刘邦。

师：大家要注意一个细节，项羽这边的人，私下场合和公开场合，都是称“君王”的。对比一下，刘邦这边的称呼，“大王来何操”“沛公不胜杯杓”，大家发现了什么？

生：就是对内称大王，对外称沛公。这是为了蒙蔽项羽，在项羽、范增面前时，就称“沛公”，意思是我们老大他很乖的，你看我们就叫他“沛公”，就是很普通的称呼。其实，是精心设计的。在私下场合，就是对内的时候，那就是我们的老大，是我们的“大王”。

师：好的，谢谢几位同学。我们从刚才这个环节找出了本文所写的人物，并了解了故事的背景、概括了主要情节。

三、人物分析

师：现在有件事需要大家帮忙。这几天，学校话剧社排演话剧《鸿门宴》，现在在剧本修改和演员表演上有一些争议，导演组想请大家帮帮忙，提提建议。

（一）关于范增的三处

①范增说项羽曰：“沛公居山东时，贪于财货，好美姬。今入关，财物无所取，妇女无所幸，此其志不在小。吾令人望其气，皆为龙虎，成五采，此天子气也。急击勿失。”

师：这一段，大家先说一下，这

"说"字是什么意思?

生：劝说。

师：编剧认为这部分要删掉，理由是项羽已经决定要"击破沛公军"了，没有必要还"说"，至少不应该这么啰唆。大家看，范增先通过对比，刘邦入关前有两个庸俗的爱好，进入关中以后却克制了这两个爱好，得出刘邦"志不在小"的结论。然后又说看天上的云彩成天子气。最后提出"急击勿失"的建议。大家怎么看?

生：项羽已经决意要打了，这里范增还要劝，说明范增是了解项羽的，怕他改变主意，所以要再说说，这样坚定他除掉刘邦的决心。

师：你刚才说范增是了解项羽的，那项羽是什么样的人?

生：缺少主见，容易改变主意。

师：所以给他再吹吹风，加点油，添把火。你的意思是这个内容表面上写范增，实际却能突出项羽的优柔寡断的性格特点，所以不能删?

生：是的。

师：好的，请坐。

②范增数目项王，举所佩玉玦以示之者三，项王默然不应。范增起，出，召项庄，谓曰："君王为人不忍。若入前为寿，寿毕，请以剑舞，因击沛公于坐，杀之。不者，若属皆且为所虏！"

师：这里的"目"是什么意思?

生：使眼色。

师：是个动词。那应该是什么样的眼神？话剧演员不知道怎么演，我们找位同学给演员示范一下。

生表演。(学生鼓掌。)

师：你的表演太到位了，眼睛会说话。但写历史一般不会写人的心理，只能写人外在的动作和语言。假如你就是范增，你这时的眼光要是翻译成语言，你想对我这个项羽说什么？我来扮演项王，你"目"我，我"默然不应"。

生：项羽呀，你赶快杀了刘邦吧，不要再犹豫了，不要因为刘邦说了一点好话就心软呀，就动摇决心了呀。你要不听我的，会后悔的。你还是太年轻呀，被刘邦骗啦，这可是千载难逢的机会呀。(学生鼓掌)

师：太精彩了，我都被你说得心动了。这位同学刚才说了句特别有意思的——"太年轻了"——有同学知道鸿门宴上三个人的年龄吗?

生：我记得是范增70岁，刘邦50岁，项羽26岁。

师：真是应了那句话"姜还是老

的辣”，鸿门宴上，50岁的刘邦骗过了26岁的项羽，却没有骗过70岁的范增，范增真的是好着急呀，所以“数目项王”。这样看，这个情节能表现项羽什么样的特点？

生：幼稚，容易被骗。

生：缺少决断，缺少远见，看不清楚形势。

师：很好，这几个词很准确。

③亚父受玉斗，置之地，拔剑撞而破之，曰：“唉！竖子不足与谋！夺项王天下者必沛公也。吾属今为之虏矣！”

师：等到刘邦逃走了，留下张良送礼物。这个礼物送得可是很讲究的。一个“白璧一双”，这是什么意思，这是表示自己“清白”，我对你项羽可是忠心一片如白璧的呀。送给范增的是什么？玉斗，是酒器，晚辈送给长辈的，表示尊敬，暗含“手下留情”的求饶之意。但范增不领情，“置之地”，这里的“置”应该怎样演？

生：放置。

师：你想想范增当时的心情，应该是怎样地放？你来指导，我来表演。

生：用力地放。

生：摔，扔。

师：（表演）是这样吧？

生点头。

师：为什么要这样表演？

生：要表现出范增的愤怒。

师：直接骂“竖子”，可见愤怒到极点。范增为什么这么愤怒？

生：刘邦跑了，计划落空。

生：自己没脑子，还不愿听从有脑子人的建议。（生笑）

师：看来还是能表现项羽缺少谋略的特点。

师：范增在这里不仅是“置”，还有台词呢？说“夺项王天下者必沛公也”，我们发现这和他第一次说的时候发生了变化。第一次说的时候，说的是“此其志不在小”。

PPT展示：

此其志不在小

夺项王天下者必沛公也

请大家想一下，这两句话，演员应该分别用什么语气说。

学生思考。

师：语文学科的特点是，最关键的不是说了什么，而是怎样说的，基于什么样的心理说的，用什么样的方式、语气说的。那位同学来给示范一下这两句话应该怎样读。

生：前一句因为想劝说项羽嘛，

他又是长者，所以他应该会稍微放缓语气，但又想引起项羽的重视——“此其志不在小”。

师：真好，推断语气，语重心长。

生：后一句他是愤怒的，恨铁不成钢，这里明摆着有一个机会可以除掉他的，你却不去做，一个机会白白地被你浪费了。

师：所以，应该怎么读？

生：带着愤怒和痛心——“夺项王天下者必沛公也”。

师：太棒了！确定、绝对。是什么让范增更加相信自己的判断呢？是鸿门宴上发生的一切，通过这一宴，范增更加确信，项羽不是刘邦的对手，来，大家读一下，其实，这种台词并不适合齐读，不过我们可以通过朗读体会一下范增当时的心理。

生齐读：夺项王天下者必沛公也。

师：好，大家都是好编剧，好演员，好导演。但是，有位编剧提出一个疑问，他发现司马迁有一处写的有问题，改编成剧本的时候需要改一改。范增找项庄舞剑的时候，说的是“若属皆且为所虏”，但这一次却说“吾属今为之虏矣”，“若属”是你们，“吾属”是我们，这位编剧认为，都是一个集团的，没有道理呀，应该全改成“我们”。你是班长，你在班里说，你们都好好学，不然你们都考不上好大学，你班长就不考好大学吗？

生：班长非常自信。（生笑）

师：哈哈，对啦，班长他保送（生笑）——我是作个类比。范增为什么这么说呢？

生：刚才老师不是说“姜还是老的辣”吗，范增有手段可以让自己逃脱，他是个谋士，他觉得出了问题我自有后路；你们这些人，不听我的，就完啦，你们智商不够。（生笑）

师：精彩。范增是谋士，他特别自信，准确地说是自负。其实还有，我想请大家看一下我的板书，刚才我写的左边的都是？

生：项羽阵营的。

师：大家看，项羽阵营里这四个人，有三个都姓项。项伯是项羽的叔叔，项庄是项羽的堂弟。

核心成员是家族式的，而且对刘邦从杀到不杀，主要是项伯意见被采纳。范增对项庄用“你们”，表现一种疏离，一种切割——我是在帮你们做事。看来，虽然他被项羽尊为“亚父”，但内心并不完全相容，这个称呼，主要还是在表达对项羽缺少远见的不满。这个“我们”不能改，说得很准确。

师：有同学就会问了，那后面

刘邦逃走后，为什么用“我们”——“吾属”呢？应该全部改为“若属”“你们”呀！

生：不可以，后面说的时候，项羽在场。

师：你的意思是毕竟项羽这个最高领导在场，有道理。另外，我们注意到这时刘邦虎入山林，范增计划落空，无可挽回，范增用词这种变化写出了他由自负到自叹，由失望到绝望，由激愤到悲哀的心理变化过程。站在范增的角度想，七十多岁了，想要有所成就，辅佐一个二十多岁的人，这个人没眼光，没有决断力，但又容易被忽悠，不听从有价值的建议，现在晚了，一切都晚了，完了，一切都完了，自己也不会好了。所以，这个“我们”也不能改。

（二）关于项伯的两处

师：刚才主要说的是范增形象，现在几位编剧还纠结一个问题，项伯应不应该塑造成内奸形象，请大家给出出主意。

PPT展示：

项伯乃夜驰之沛公军，私见张良，具告以事，欲呼张良与俱去，曰：“毋从俱死也。”

项伯即入见沛公。沛公奉卮酒为寿，约为婚姻。

项伯许诺，谓沛公曰：“旦日不可不蚤自来谢项王。”

师：为了方便讨论，我们先把写项伯的相关部分放在PPT上，请大家关注加点词语，要理解是什么意思，我们来质问一下项伯。我先来做示范。

师：项伯呀，大战前夕，你怎么能夜晚去刘邦军中呢？

生：项伯呀，你怎么能私自会见张良呢？

师：很好，私，是私自的意思。

生：项伯呀，你怎么能把项羽的计划全都详细地告诉张良呢？

师：具，是详细的意思。

生：项伯呀，你怎么能轻易地去见项羽的对手刘邦呢？

生：项伯呀，你怎么能和刘邦结为儿女亲家呢？

师：很准确，是“儿女亲家”，“婚”，女方的父亲，“姻”，男方的父亲，这是刘邦把自己的女儿许配给项伯的儿子。

生：项伯呀，你怎么能满口答应为刘邦说情、解释、出主意呢？

师：项伯呀，你可长点心吧。

师：我们这样一质问，马上就发

现，加点字主要是充分表现项伯智商的档次。我们生活中评价一个人“人是个好人”，这话的潜台词是什么？就是缺心眼。(生笑)

师：我们再看一下项伯回来和项羽说的内容，表演时应该用什么样的语气？谁来试一下。

PPT展示：

于是项伯复夜去，至军中，具以沛公言报项王。因言曰：“沛公不先破关中，公岂敢入乎？今人有大功而击之，不义也。不如因善遇之。”

生：要读出“这可都是为你好呀”的感觉——“沛公不先破关中，公岂敢入乎？今人有大功而击之，不义也。不如因善遇之。”

师：推心置腹，好心好意，一个长辈操碎了心的感觉。大家看他的身份，“季父”，叔父，他肯定是支持项羽大业的。卢梭说：“有人和整体部队的行走正好相反，那可能是因为他听了另一种鼓点。”今天的读者看来，他泄露了军情，保护了刘邦，坏了项羽的大事。但从他的角度看，他是在帮助项羽的大业，在成就侄子的美名。看来，他和曹无伤是不同的。曹无伤是有意为之。项伯是无意为之，初衷并非泄密，甚至是一片“为了自己侄子好”的好意。所以不能塑造成“内奸”形象。

四、写法分析

师：现在更大的问题来了，剧本都要编成了，有同学发现一个更大的问题，他提出要给项羽加戏，要给刘邦阵营人物删戏，为什么呢？他认为《鸿门宴》节选自《项羽本纪》，这一部分共1835字，而直接写项羽的171字，戏份太少了，不到十分之一。给项羽写的传记，大量的篇幅竟然不在写项羽？所以一定要改。大家怎么看？

生：写范增，也是在写项羽，优柔寡断，缺少远见，不善纳言。

师：写项伯呢？

生：写项伯，也是在写项羽。写他没有心机，没有谋略，听信别人的话。

师：不过，我还有一个疑问。以上两位是属于项羽阵营的，写他怎样和项羽相处，能衬托项羽的形象。但刘邦的部下的所作所为写得那么细致，这些内容并不直接和项羽相关，主要是衬托刘邦的，写到《高祖本纪》里不是更好吗？

生：通过写刘邦集团的团结和周

到，侧面衬托刘邦的形象，从而反面衬托项羽。

师：大家举例来说一下。

生：比如张良，对刘邦非常忠心，危急时刻，不愿意自己逃命。而且积极出谋划策，宴会上关心刘邦的安危，还勇敢，让刘邦先跑，自己留下善后，给项羽送礼物。

生：比如樊哙，闯帐是非常危险的，不顾个人安危。而且表现得很有骨气，给一大杯酒，喝了，给一大块生肉，直接就吃。

师：你特别细心，这里的细节说得准确，大家注意到了吗，项羽说的是“赐之卮酒”，下面的人给的是“斗卮酒”，项羽说的是“赐之彘肩”，下面的人给的是“生彘肩”，能感觉到项羽的下属在故意刁难樊哙。但他不卑不亢、慷慨陈词，而且说的和刘邦说的完全一样。使项羽更加相信自己错怪了刘邦，很不好意思，只说了一个字“坐”。

师：大家看我刚才板书这个排列，看出来为什么要这样排了吗？

生：竖着看，左边是项羽阵营，右边是刘邦阵营，横着看，项羽和刘邦是各自阵营的领导，范增和张良都是谋士，项伯和曹无伤都是泄了密的人，项庄和樊哙都是武士。两个阵营中的人物一一对应，形成鲜明的对比。

师：怎么对比的？

生：张良的建议被听取，范增的不被采纳；刘邦果断斩杀曹无伤，项羽还在听信项伯的话。樊哙有勇有谋，能力大大超出项庄，项庄在这里表现很一般。

师：你说到项庄表现一般，我想分享个有意思的事，排演话剧，有位同学不愿意演项庄，说这个人物毫无特色，是木偶人，让敬酒就敬酒，让舞剑就舞剑，让刺杀就刺杀，有人挡了就刺杀不着。而樊哙是有勇有谋、有声有色、有血有肉。大家明白作者这样写的意思了吗？

生：就是对比。

师：通过这一组对比，衬托刘邦老谋深算、领导有力、明辨形势、虚心纳言、行事果敢。然后再通过刘邦和项羽的对比，突出项羽的形象。

其实，还有一个角度，我觉得一点都不牵强，刘邦阵营的人和项羽打交道，也能表现项羽的形象，比如说，张良把项羽看得很清楚的，曹无伤抓住项羽的软肋，樊哙用假话把项羽说得哑口无言。

所以，对刚才这位编剧提出的建议大家怎么看？

生：不能删，表面上不是写项羽，实际上是换了一种方式在写项羽。

师：而且让项羽的形象更鲜明。中国画中有个说法叫烘云托月，用在写作手法上也是非常贴切的，写这么多人，使项羽形象栩栩如生，可谓是“烘云托月月更明”。

我们在这个名单上用箭头来表示一下。

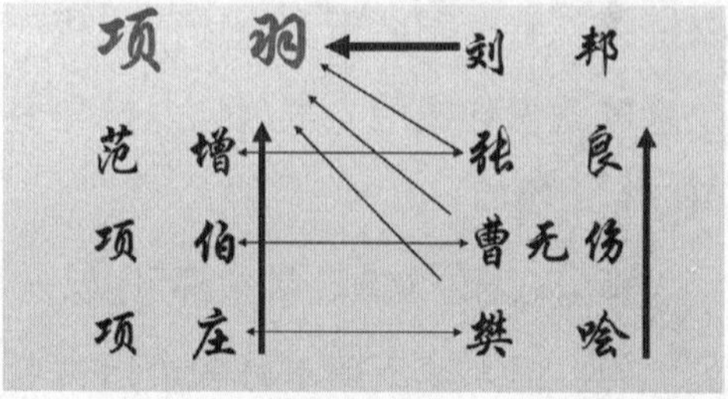

师：其实还有一个人，编剧纠结要不要设置一个身份呢？就是陈平。刘邦“上厕所”时间太长了（生笑），项羽让陈平出去找刘邦，就提了这么一句。是不是可以随便安排个人，不要点出“陈平”的名字了？

生：还是点出更好，陈平后来投降了刘邦。

师：噢，你给我们补充了一个重要的知识，陈平投降刘邦，而且最后在汉朝官至宰相，司马迁设计得太精心了。如果写在这个演员名单里，写在哪个位置最好？

生：中间。（笑）

师板书。

五、探究总结

师：有导演提出，这个剧本，通过“烘云托月”这种手法看出项羽优柔寡断、缺少远见、不懂用人、不能听从意见，缺少政治智慧，好像都是贬义的。其实，这样评价的前提是“成败论”。如果，我们换个角度，比如“人格论”，就会看出不一样的东西。比如有人同样以“烘云托月”手法，认为《鸿门宴》无非是项羽“大怒”后，刘邦“大惊”，不得不采取应对之策，满篇写着刘邦阵营的畏怯、心虚、讨好、拉拢、钻营和狼狈，而这些，正衬托着项羽的勇武和坦荡。你觉得话剧的主题怎么设置呢？是呀，从人格论的角度看，项羽虽然有缺点，但他光明磊落，坦荡不圆滑，顶天立地，虽败犹荣，他是人格上的君王，精神上的英雄。而这正是我们的文化所推崇的精神，“生当作人杰，死亦为鬼雄”，历史远去，是非成空，但男子汉、大丈夫、真君子的精神，真正的英雄的豪气，却依然闪耀在历史的天空，发出亘古不变的光芒，照耀后世。

大家怎么看呢？课后大家读一下《项羽本纪》全文，认真体会一下。

下课。

《鸿门宴》课后课评员点评

郦波老师：从良老师，我研究姓名学，一看到这么一个特别的名字，真是的，你在解释的时候我还在想，“从军”“从戎”，就是“刘从来”“刘从前”也行，或者“从流”，从善如流，都可以呀！哈哈……

刘从良：说起来给我起这个名字的老师，可以说记录着中国教育史上一个长期存在，又特别独特的群体，叫“民师”，就是代课教师。这位老师姓赵，他是我小学一年级的老师。在乡土社会，他和我爸爸很熟，第一天上学，他就直接问“你叫什么名字”，我就报个小名，他说“我来给你起一个学名”，就是现场起的。

郦：听你口音，应该是江淮的？

刘：郦波老师一下就听出来了，是的，安徽北部的，亳州那边的。

郦：孟德先生老家，能听出一点口音来。你原来学什么专业？

刘：学机电设备与维修的。

郦：我的天哪，怎么当起语文老师来了。

刘：那时候农村的学生特别喜欢上中专，考上以后就有了“商品粮”，吃公家饭了。

郦：对，铁饭碗。

刘：我还是我们村第一个考上的，我记得还摆了宴席。

郦：哈哈，刘门宴，而且你们刘家的人有个特点，吃饭吃一半就跑了，刘邦跑了，刘备也跑了……哈哈，开玩笑。

刘：那时是包分配的，结果等到我毕业的时候不包分配了，又回到农村，干农活，记得每天下午到菜园里去浇菜，看夕阳西下，很迷茫。我一个亲戚就说你去给人家代课，按理说可以教个物理。

郦：对呀，物理、数学都可以。

刘：但人家不缺，就缺个语文老师，生计所迫，饥不择食，我就去做语文老师，到今年是25年了。

郦：通过自我努力奋斗出来，而且我觉得您身上的那种乡土质朴，我特别喜欢。就是能把自己内在的小宇宙的东西给激发出来，不是按部就班地“你应该这样上”“我应该那样上”，所以我感觉从良老师的课里头，有一种内在的、他自己的智慧融入进去了。你看，文本解读，其实是见功力的事情，但是也需要智慧，你可能在设计的时候就需要考虑线索、经纬，我特别认可。

第一，从自己的名字进入到人名，这个设计非常巧妙，其实《鸿门宴》里头人物关系很复杂，但是你把它梳理得非常清晰，学生最后接受起来——尤其是看到你最后的总结，就呼之欲出了。

第二，就是学校话剧社的表演，让同学们来出出主意。同学们立刻觉得我可以发挥一下我的本事，参与度高了，而且就进入文本了。我个人特别喜欢读《史记》，国际学术界觉得《史记》这个文学性质太浓，其实就是写得如在目前，人物极其鲜明的原因。我们中国史学以文献为基础，西方最早是侧重考古的，我们后来的史学也加考古。所以作为《二十四史》的正史的源头——《史记》最精彩的篇章就是《项羽本纪》《高祖本纪》呀，《李将军列传》《刺客列传》等。所以我觉得你在里头用表演来破解文本，这一点我个人非常认可。通过角色扮演，你看那个小孩的那个眼神，哈哈，他还没演过，使劲弄一个眼神，肯定不像范增，但是已经把人物演得很有特色，人物形象表现出来了。还有个地方，我个人比较认可，就是提到了是项羽的本纪，但项羽戏份却那么少，是不是应该加戏，刘邦戏份那么多，是不是应该删戏。这个问题特别好。

总体上，我个人是对从良老师上课非常认可的。听了你的经历我就理解了，从乡土里一步一步走出来，他肯定把内在的潜力发挥出来了，他是真的喜欢，投入进去，入乎其内，在这个《鸿门宴》里头带着学生学习。两位老师怎么看?

窦昕老师：首先我觉得有两个特别大的亮点：

第一个就是创设校园生活的真实情境，真的是有话剧社，这个也是高频演出的课本剧。这种情景的创设也是现在非常提倡的，而且也是提升学生的学习自驱力的一个非常高妙的手段，所以这一点设计得很精妙，而且一点都不违和，不像是硬扯出来，他们关系很直接，我觉得这个是跟老师的功力分不开的。

第二点是最后的探究，留白也不错。

然后还有两点要补充：

其中一点，刘老师虽然从中专一步一步走向了明星语文老师这条路，但是坦率地说，今晚我听过来，有不少老师也许背景更好，但是我个人听到了很多硬伤，就是细节上的，刘老师基本上是严密的。

还有一点，就是结尾的这个开放的设计，从我们开放性上来讲，我个人理解，这种结合自己的人生的履历经历，人生的体悟，带领孩子们向前走，所谓“高山仰止”这个过程，其实分几重境界，一重境界是那种带有局限性的标准答案，我认为这个是不可取的；第二重境界是我有几种说法，你倾向哪个，我是持开放态度的包容；但是还有第三重境界，就是揭示本质；第四重境界，就是人生哲思。我认为如果还要提一点建议的话，朝这方面去弄。假设，当然司马迁有他的偏好，实际写的跟小说似的（刘：就是古人评的司马迁“好奇”），有他的一些人生的情怀，要投射到项羽身上，我们且不论。但是从项羽的角色上来说，我们不能把他那么狭窄的看成一个个体。

郦：其实还可以往上升一层。记得当年我在“百家讲坛”的时候，记者问我，你讲张居正，是不是历史就是这个样子？我来举司马迁的例子。因为当年韩信要封这个假齐王，然后陈平在桌子底下踩他一脚，谁看到的呀，在桌子底下？我就说这叫什么？这叫人性的真实。真正的历史真实，不是简单的物理真实，是人性真实。从良老师还有一个优点，就是最后留了一个疑问，戛然而止就很好。我刚才还忘记讲了，你是今天晚上上课老师中敲了下课铃之后最快下课的。因为语文老师你要让他拖，每次都能无限拖下去的。房老师怎么看？

房琪：刚才大家围绕这堂课本身聊了很多，但是我其实对于老师本身是非常感兴趣的，因为我觉得我在你身上看到了几个很难忽略的标签：理科生、学机械、中专。可能“中专”这个标签会让我觉得有点惊讶，因为现在好像很多的从高校毕业的，甚至是硕士生博士生，他们就到小学里面去教课，这种情况好像出现得越来越多。

刘：是的，我办公室旁边就坐着三位博士。

房：所以我就觉得很多想从事教师行业的年轻人，其实他是不自信的，他认为在这样一个激烈的竞争情况下，自己没有入场券，甚至没有资格踏入到竞争当中来，但是我觉得您今天站在讲台上的时候，就给大家传递了一个特别勇敢的信号：其实可以。所以我特别想了解一下您自己在这个过程当中的一些心路历程，会有那种觉得压力很大，甚至难以为继，然后不太敢往前的感觉吗？

刘：房老师太懂人了。其实我的职业的状态确实是小心翼翼的。以前我听到很多老师的演讲，他们会说自己从小就有一个当老师的梦想，最后果真成为老师，我就很羡慕，也很自卑。我出去不能这样说，因为我从来没想过要当老师，是生计所迫，然后走上这条路。我先在私立学校代课，然后考上了乡镇初中的编制，考上了县城的高中，然后考到了合肥八中，2021年我从合肥八中再到华师大二附中，可以说经历比较丰富。这一路就是学习。于漪老师说“一辈子学教语文”，很多人说这话可能是一句客套话，却是我职业经历的真实写照。我每一天都很心虚，保持着紧张。面对今天这个孩子，这个内容我要怎么讲，比如说，我今天来到现场，知道有很多初一的学生，还有小学生，心里就开始想怎么讲给他们听，怎么让他们听清楚。平常的教学，说不好听的，也叫“现炒现卖”。所以我是持续学习的，因为我的中文的文凭都是自学的，自考的专科，自考的本科。当然，我也很下功夫，在假期也曾去蹭课，很多师范类的学校暑假会有函授班，专科的本科的研究生的，我就自己坐车，到安师大，住半个月，进入各个教室里面跟着人家听，有的教授看我表现比较积极，说你来当课代表，让我负责发资料，但我是没有资料的，人家人数是正好的，我只负责发。

房：我觉得我在刘老师身上看到的最大的一个点其实是真诚，因为我们总的来说是“人生不欺少年穷”，我们说“英雄不问出处”，现在很多年轻人身上可能更缺少的是一种勇敢，就像我说的，他们不敢认为自己有资格拿到这个入场券，所以我真的希望刘老师今天的这堂课和您这个人能为更多想从事教师行业的同学们看到，其实真的都可以。

鲁迅的『冷』和『热』：《记念刘和珍君》教学实录

主题：山东卫视《超级语文课》决赛

时间：2023年4月5日晚

学生：初中生、高一学生

一、导入

师：作家毕飞宇说“最冷的作家就是鲁迅”，又说“鲁迅的基础体温着实高”，这一节我们来学习《记念刘和珍君》，大家来看一下，鲁迅是“冷”，还是“热”？我先来提问，看大家预习是不是认真。很简单的，第一个问题，刘和珍是鲁迅的——？

生：学生。

师：鲁迅印象中的刘和珍是怎样的人？

生：始终微笑着和蔼的。

师：很好。假如你是鲁迅，始终微笑着的温和的学生在“三一八”这样的惨案中被残忍地杀害，你写一篇纪念性的文章，会怎样表达这种感情呢？我们来看看鲁迅是怎样写的。

二、分析

1. 长与短

师：来，我们先进入追悼会那天

的现场，就是这篇文章的开头。请一位同学读一下第一段。

PPT展示，生读：

（1）中华民国十五年三月二十五日，就是国立北京女子师范大学为十八日在段祺瑞执政府前遇害的刘和珍杨德群两君开追悼会的那一天，我独在礼堂外徘徊，遇见程君，前来问我道，“先生可曾为刘和珍写了一点什么没有？”我说“没有”。她就正告我，“先生还是写一点罢；刘和珍生前就很爱看先生的文章。”

师：这一段有没有直接表达作者感情的词？

生：没有，一个词都没有。

师：不仅没有，看这意思要不是程君郑重劝告，鲁迅似乎本来没有为刘和珍写篇文章的打算。

这是不是印证了毕飞宇说的“很冷”呢？我们来“放大”研究一下。来，我再请一位同学读一读划线的这一句。

生：中华民国十五年三月二十五日，就是国立北京女子师范大学为十八日在段祺瑞执政府前遇害的刘和珍杨德群两君开追悼会的那一天，……

师：读了什么感觉？

生：感觉很长。

师：嗯，是很长。你注意一下，这里只有一个逗号，后面实际上是一个完整的意思，就是对前面这个时间解释一下，中间不要停顿，再来一遍。

生读。

师：什么感觉？

生：喘不过来气。

师：来，我们大家一起来试一下。

生齐读。

师：还不是一个完整的句子，这只是一个时间状语，就是交代一下时间。鲁迅为什么要用这样一个超长的句子来写这个时间呢？

生沉默。

师：正常应该是什么样的写法？我们比较一下。如果改成“三月二十五日，就是刘和珍杨德群两君追悼会那一天，……”，行不行？实际上周作人也写了一篇关于“三一八惨案”的，他用到的时间就是“三月十八日下午”还有“第二天上午十点”这样的说法，就是一个普通的时间，鲁迅为什么不用这样的写法呢？鲁迅用的这个超长的让人读着喘不过气来的句子在表达感情上有什么作用？

生：读者读得喘不过气来，更能表现他压抑、悲痛的心情。

师：非常好。非正常表达常常有作者独特的意图。不仅表现作者的悲痛，而且让我们读者在读时更能体会他内心的压抑、沉重、悲痛。

师：好。另外大家看逗号前面，你正常写一个事儿，就是最近发生的，肯定就是几月几日，但是他却加一个中华民国十五年，这就像你写今天发生的一件事儿，你还要写公元2023年4月5日，就很奇怪。而且这里还不是公元纪年法，他是民国纪年法，作者想表达什么？

生：讽刺吧？

师：很好，讽刺。堂堂的中华民国，却出现女学生在执政府门前被残忍杀害的情况。

好，我们来想象着鲁迅当时的心情再来读一遍，体会一下，他冷静叙述中流露出的情感。

师：这是用一个长句，超长句，再往下面看第2段，大家看句式上有什么特点？先请一位同学读一下。

生：（举手读）

……我也早觉得有写一点东西的必要了，这虽然于死者毫不相干，但在生者，却大抵只能如此而已。倘使我能够相信真有所谓“在天之灵”，那自然可以得到更大的安慰，——但是，现在，却只能如此而已。

生：最后一句特别短。

师：比较一下，正常是不是可以表述为“但是现在却只能如此而已”，这里呢？

生：这里一词一停顿。

师：为什么要停顿呢？

生：说明内心很难过。

师：为什么说一词一顿就很难过呢？

生：每一个词都让他想到了很多。

师：很好。一个词语一顿，表明每一个词说出来，都非常艰难，都是巨大的无奈，巨大的悲痛，是巨大的情感冲击。

生：还有无奈。

师：补充得好。就是每一个词说出来，作者都想到这个残酷的现实——始终微笑着的和蔼的刘和珍已经死去了——说什么都没有用了。这是一个让人不愿意相信，但又不得不相信的事实，让人难以接受，但又不得不接受的悲痛的现实。每一个词后的停顿，都强化了这种情感的表达。如果改成刚刚说的，仅仅表达无奈，程度就轻了。

好的，让我们带着这种悲愤、无奈，内心巨大的痛苦再来读一遍。

生读。

师：大家看，表面上看，很冷静，但作者刻意使用长句和短句的形式，表达自己内心的沉痛和悲愤。

（2）曲与直

师：接下来我们进入第二个现场，就是3月18日惨案发生的现场，找位同学读一下这一段。

PPT展示，生读：

（弹）从背部入，斜穿心肺，已是致命的创伤，只是没有便死。同去的张静淑君想扶起她，中了四弹，其一是手枪，立仆；同去的杨德群君又想去扶起她，也被击，弹从左肩入，穿胸偏右出，也立仆。但她还能坐起来，一个兵在她头部及胸部猛击两棍，于是死掉了。

师：你读完什么感觉？

生：写了很多细节。

师：是呀，对于这样的场面，按理说应该是不忍心写出来，但这里却写得这么细致，连子弹的方向，枪的类型都交代这么周到，有必要吗？而且这么残忍的场面，竟然用一种平静的客观的语调来写，这是不是又表现了鲁迅的“冷”，请大家结合PPT上的问题交流一下。

PPT展示：

为什么要写弹“从背部入”？

为什么要写“中了四弹”？

为什么要写“其一是手枪”？

什么情况下会“弹从左肩入，穿胸偏右出”？

为什么要写“头部及胸部”，交代这么清楚？

学生交流。

师：好的，哪位同学谈一下自己的看法，为什么要写弹“从背部入”？

生：说明是偷袭。

师：建议你还原一下现场，请愿的人和阻拦的卫队，本来是什么样的位置。

生：面对面。

师：那子弹怎么能“从背部入”呢？

生：噢，说明在现场学生实际已经转身走了。

师：是呀，甚至可以说是“逃走了”。手无寸铁的女学生而已，能有多大的胆子，敢跟拿着枪，拿着刀，拿着棍子的政府的卫队对峙？你对天上放一枪，学生也就吓跑了。据说战场上收尸的时候，会特别关注子弹是从前胸入还是从后背入，从前胸入的就是烈士，从后背入的，就是逃兵。你们明白，作者想传达什么吗？

生：女学生没有对卫队构成威胁。

师：很好。制服一个人，一枪足够了，但这里是“四弹”，作者为什么要写出“中了四弹”？

生：不仅想置人于死地，还有疯狂。

师：嗯，你是想说他们丧心病狂。为什么还特意交代其一是手枪？

生不语。

师：有没有爱好军事的同学？1926年那个时候，士兵用的是什么枪？

生：盒子枪。

师：用的是盒子枪或步枪，只有士官以上的人才能够使用手枪，这意思是说这不仅仅是普通士兵的行为，而且是官兵勾结的行为。

师：问大家一个问题，什么情况下会“弹从左肩入，穿胸偏右出”？我们请一位同学来描述一下，请你模拟一下子弹它射出的方向，开枪的人和杨德群君，各处于什么样的位置，请你来还原一下。

生：杨德群君应该是蹲着，或者是跪着，或者是坐在地上的，因为他要去扶起刘和珍但是也被击，弹从左肩入穿胸偏右出。

师：你想得非常细致。什么时候才会出现这种情况呢？很显然，第一距离很近，第二这个人是站着的，从上往下打的。作者写出这点想强调什么？

生：说明学生是没有任何威胁的，已经蹲在或者跪在地上了，但是士兵就是想打死她。

师：为什么写明“头部及胸部”，要交代这么清楚？

生：因为都是致命的地方。

师：好的，我们还原了现场。但是大家想一下我刚才提的问题，就是鲁迅为什么要这样写呢？

生：原文写：但段政府就有令，说她们是“暴徒”。这样写就是对这个问题的一个回答。

师：非常好。是回应，段政府说这些请愿的学生是暴徒，鲁迅用这样一段文字来回应，想让大家看清楚——？

生：到底谁是暴徒！

师：这不仅是杀害，简直是虐杀。这叫“实录”式的写法，或者叫“证据式写法”。这种写法有个特点，就是必须呈现客观，不能直接流露出情感，否则就很难达到效果。所以，我们可以想象，鲁迅先生忍着巨大的悲痛，还原着他不愿意想象的画面。真正的痛苦是无声的无泪的，甚至是无情的，看上去很平静，但文字克制的背后是奔涌、激荡的难以抑制的情感，蕴藏着巨大的愤怒悲痛的情感力量。

大家听懂这一点了吗？我来测试一下。鲁迅另外一篇《为了忘却的记念》中的一段，采取了类似的写法，给一下刑侦结论。

PPT展示：

……但忽然得到一个可靠的消息，说柔石和其他二十三人，已于二月七日夜或八日晨，在龙华警备司令部被枪毙了，他的身上中了十弹。

原来如此！……

生："和其他二十三人"，说明这是一场集体性的屠杀，这么多的进步青年同时被杀害。"2月7日夜或8日晨"，这个杀人的时间说明是不敢公开的，是秘密杀害。"中了10弹"，说明是虐杀。

师：非常精彩，你关注到了人数、时间和"中了十弹"这三个点，得出了准确的刑侦报告。"龙华警备司令部"这个地点你们关注了吗？警备司令部是干什么的？

生：是抓人的。

师：在这里被杀，那正常杀人应该在哪里？

生：应该在刑场。

师：在刑场的，说明经过公开审判，但这里没有审判，直接秘密杀害了。原文中后面有一句"原来如此！……"后面用的是省略号，请大家补充一下。

生：原来是集体的秘密的屠杀。

生：原来是残忍的虐杀。

师：这样对照看来，鲁迅的文章不是"冷"，只是用冷静克制的方式，表达悲愤之情，用"寓褒贬"的春秋笔法，来体现鲁迅文章的战斗性。

文中更多的是外显的直接抒情的句子，请大家找一下，你印象最深的是哪一句，读一读。

生："但是中外的杀人者却居然昂起头来，不知道个个脸上有着血污……"

师：可能刚才我没有说清楚，我说的是找出直接抒情的句子。你找的这一句，是一个非常有画面感的表达感情的句子，但情感是不直接的，是活画出杀人者的丑态，要让大家看一看真相，看一看他们丑恶的嘴脸，让大家深切地感受一下，这世界有两种卑劣：一种是卑劣，一种是试图掩饰卑劣的卑劣。

生："真的猛士，敢于直面惨淡的人生，敢于正视淋漓的鲜血。"

生："沉默呵，沉默呵！不在沉默中爆发，就在沉默中灭亡。"

生："一是当局者竟会这样地凶残，一是流言家竟至如此之下劣，一是中国的女性临难竟能如是之从容。"

师：好的，这三个句子都是直接抒情。我也找了一句：我向来是不惮以最坏的恶意，来推测中国人的，然而我还不料，也不信竟会下劣凶残到这地步。

为什么这一句印象深呢？因为这里语言有问题，重复。比如说"以最坏的恶意"，就是重复的，要么说"以最坏的心思"，要么说"以最大的恶意"，为什么要重复呢？

生：这样的重复，更能表达他内心情感，本来就对中国人非常失望。

师：就是感觉不重复不足以表达自己的内心。后面还有，按理说"还不料"，就行了，马上又加上一个"也不信"，用了"下劣"还要加上"凶残"。有一个统计，说鲁迅是现代作家中词汇量最丰富的，但是在这里我们看到鲁迅有一种找不到合适的词表达自己情感的焦灼感。在表达人的感情方面，语言永远是捉襟见肘的，何况是鲁迅这么复杂强烈的情感呢？

来，我们一起读一下，体会一下这种情感。

生齐读。

师：3月18日当晚，鲁迅在《无花的蔷薇之二》中有这么一段，我来读一下：

如此残虐险狠的行为，不但在禽兽中所未曾见，便是在人类中也极少有的，……

中国只任虎狼侵食，谁也不管。管的只有几个年青的学生，他们本应该安心读书的，而时局漂摇得他们安心不下。假如当局者稍有良心，应如何反躬自责，激发一点天良？

然而竟将他们虐杀了！

师：语文学习是特别需要敏感性的，大家看出第一句话的逻辑问题了吗？正常应该怎么说？

生：不但在人类中极少有，就是在禽兽中也没有见到过，

师：这里有一个什么样的前提？

生：人还不如禽兽。

师：可见他对人性的极度失望，甚至是绝望。

就眼前这件事来说，学生为什么请愿？就是因为爱我们的国家，关心我们国家的前途命运，不让帝国主义侵害我们的权益，他们难道不想安心读书吗，他们没有办法呀，他们是多么可敬呀。然而执政府是怎么做的呢：竟将他们虐杀了！

其实，这种直接表达感情的，有时候感觉所有的分析都是不必要的，只需要反复读一读。来，大家读一读。

生读。

师：好的，我们看到，本文中不只是有“冷”的方式，也有这些直接抒发情感“热”的方式。通过这两种方式，作者表达了哪些情感呢？悲肯定是有的，如果填一个字，组成一个词，大家会填什么？

PPT展示：

悲（ ）

生：悲痛

生：悲愤

生：悲哀

生：悲凉

师：非常好，我们会感觉每一个都对，鲁迅内心的情感是非常复杂的。讲到这里，我们大体上对鲁迅为什么给人又冷又热的感觉有了思考，因为他的作品运用多种表达感情的方式，比如前面我们讲的句式的长与短、感情抒发的曲与直。

其实，还有一个更明显的，不知道大家感受到没有，就是作者一会说“我有写一点东西的必要了”，又说“我实在无话可说”，就是这种积极和消极，或者说进攻与退避里也表现出的“冷”和“热”。

（3）说与不说

师：作者为什么要这样说呢？我把这些话找出来了。

PPT展示：

（一）我也早觉得有写一点东西的必要了。

（二）可是我实在无话可说……哪里还能有什么言语？

（三）我也早觉得有写一点东西的必要了……我正有写一点东西的必要了。

（四）我还有什么话可说呢？……沉默呵，沉默呵！不在沉默中爆发，就在沉默中灭亡。

（五）但是，我还有要说的话。

（六）呜呼，我说不出话……

师：我提示两点，一个是我们这里讨论为什么这样说，指向的是情感表达；第二，大家说这种情感表达时，不能只是写什么样的情感，要写出对象和原因，就是对谁的情感，因什么而产生的情感，所以要回到这句话所在的语段。我们选两处来一起讨论一下。

第一处：

这是我知道的，凡我所编辑的

期刊，大概是因为往往有始无终之故罢，销行一向就甚为寥落，然而在这样的生活艰难中，毅然预定了《莽原》全年的就有她。我也早觉得有写一点东西的必要了，……

师：这里作者为什么说“我也早觉得有写一点东西的必要了”？

生：因为刘和珍“毅然预定了《莽原》全年”，非常崇拜鲁迅。

师：你定“我”办的杂志，“我”就应该写文章纪念你？你们觉得鲁迅就是这个意思吗？

生不语。

师：这个问题可能有点难为大家了。这里我要简要介绍一下《莽原》杂志是一本怎样的杂志。这是1925年成立的“莽原社”创办的进步文学杂志，由鲁迅主编，提倡“撕毁旧社会的假面”，注重文明批评和社会批评，办此刊物的宗旨是“率性而言，凭心立论，忠于现世，望彼将来”。大家听懂了吗，刘和珍买“我”的杂志，读“我”的杂志，说明她——？

生：支持、赞同莽原社的主张。

师：实际上鲁迅不是把刘和珍看作学生，而是什么？

生：知音。

师：“知音”这个词用得太准确了。她认可“我”的想法，她是“我”的同志，是“我”的战友，这是深切的相知，是同道的支持。她惨遭杀害，“我”应该写，有必要写文章，纪念她。

第二处：

我们还在这样的世上活着；我也早觉得有写一点东西的必要了。离三月十八日也已有两星期，忘却的救主快要降临了罢，我正有写一点东西的必要了。

师：这里为什么说自己“正有写一点东西的必要了”？

生：因为有人要忘记了？

师：谁？

生：大众。

师：“我们”是包括所有人的吗？

生点头。

师：大家知道“我们”这个词的范围是可大可小的。我和大家分享一下我个人的看法，我觉得鲁迅用的“我们”不是包括所有人。因为在鲁迅心目中有很多人不是人。你们读的时候注意了吗？第一段的结尾部分，作者说“以我的最大哀痛显示于非人间，使它们快意于我的苦痛”，这里用的是“它们”，宝盖头的，这些人肯定不是人的。还有，这里说“忘却的救主快要降临了罢”，“忘却”怎么会是救主呢?

生：忘了内心就不那么悲伤了。

师：这位同学理解得很到位。当然，我们想一下，并不是所有人都悲伤，对于庸人来说，忘却不是他们的救主，因为不需要，他们不需要“救主”。所以，我倾向于认为这里的“我们”是同道中人，是战友，是能够觉醒的人，因为太痛苦，想摆脱，但责任感告诉自己绝不能摆脱。

所以此处鲁迅说这句，更多是自我反省，是提醒同道中人。当时，也有很多作家写纪念这次惨案的文章，但他们多是自我的悲伤，是旁观者的悲伤，而鲁迅是和青年人站在一起，他觉得青年人受的罪就是我该受的罪，所以他的悲伤和痛苦超出寻常。为了印证这一点，请大家翻一下《为了忘却的记念》，看一下里面的这一句“天气愈冷了，我不知道柔石在那里有被褥不？”这后面就补了一句“而我们是有的”。大家就明白我说的这一点了，什么叫时刻站在一起，什么叫同道中人。再看一下《记念刘和珍君》这一篇，第3部分，我们读一下：

在四十余被害的青年之中，刘和珍君是我的学生。学生云者，我向来这样想，这样说，现在却觉得有些踌躇了，我应该对她奉献我的悲哀与尊敬。她不是“苟活到现在的我”的学生，是为了中国而死的中国的青年。

师：这是什么意思？说刘和珍是“我”的学生，是不错的，但她死去了，“我”还苟活着，“我”不配呀，“我”惭愧呀。

师：为什么鲁迅在文中“吞吞吐吐”？因为他考虑到了不同的对象，有同志，还有敌人，有杀人者，还有无耻的文人，他在写文章时，要在痛苦中理性地思考这样做是不是有价值，要分清私人的悲痛与可公之于众的悲痛，要分清有价值的表达和无价值的表达。还要考虑写文章的目的，显然不只是抒情，还要战斗，要冷静、理性、清醒地想自己要达成什么样的目的，要把“匕首与投枪”刺向精准的对象，所以似乎是反反复复，欲言又止的。

三、总结

师：因为，战斗就要清醒、理性、克制、冷静，所以大家感受到他的“冷”；但他内心因这种清醒而更加的痛苦，情感更加强烈、炙热，所以又表现出“热”。比如说，大家从文中看出来了，他是不是不赞同请愿？是的他不赞同。因为他太清醒了，这种流血是没有用的。比如说在写完这篇文章之后的7年间，他又看到无数的进步青年被残忍地杀害，社会更加黑暗，他自己都不得不到处逃亡。但即使在这样绝望的时候，他也没有忘记他作为导师的责任，他强打起精神，激励大家。他在《故乡》的结尾说，地上本没有路，走的人多了，也便成了路。在《药》中夏瑜的坟头平添一个花环。即使在本文中，他也强打起精神，鼓励大家。我们来一起齐读一下这一句。

齐读：“在淡红的血色中，会依稀看见微茫的希望；真的猛士，将奋然前行！”

师：将近100年了，鲁迅把世间的坚冰化成绝望的眼泪，又用这绝望的眼泪，沸腾我们的热血，激励我们向前！真的猛士，将奋然前行！

《记念刘和珍君》课后课评员点评

郦波：从良老师在我们《超级语文课》是非常独特的存在，而且从良的成长是特别明显的一个过程，这几轮下来，是一次比一次好。从良，特别想问你，为什么选这篇文章？因为前面两位老师也是选了鲁迅作品，你为什么不去选小说？

刘从良：决赛“最难一课”是学生和中学老师选出来的篇目，当时有位导演看了这些篇目问我，《记念刘和珍君》为什么在里面呢，感觉不难呀，事情交代得很清楚，感情也很明确，有什么难讲的？我就想来试一下。

郦：挑战一下，我上给你们看看，哈哈。倪老师，您感觉挑战得怎么样？您经常讲鲁迅，讲过这一篇吗？

倪文尖：这一篇确实没讲过。我觉得这节课总体是比较成功的，把握比较准确。对鲁迅的复合的情感，他的爱，他的恨，他的欲言又止，他说了好像还不够，这样一种表达的状态，我觉得在解读的意义上完成得非常到位，这是第一个方面比较好的。

第二个比较好的，从教学的角度讲——我讲的不妥，李老师再来讲——我觉得从良老师还是有一些比较好的授课习惯，会讲一些语文学习的方法和习惯，“学语文要关注非正常的表达”，还有“要提高对语言的敏感度”，这些看起来很不经意的一句话，但是可能有心的孩子会记住的。而且我相信你在平常的课堂上，肯定是经常重复的，必要的重复永远是必要的，当一个学生觉得你这句话太啰唆而你这句话又是重要的时候，你的教学效果恰恰就达成了。所以我觉得这是一个比较好的习惯，是值得推广的。

还有一点，我感觉到你教学的状态可能要比前面的老师要略放松一些，为什么？我感觉到了你现场的自我反思，就是说我们紧张的时候只有一个我，但是要做好一个老师，课堂中必须有好几个我的存在。我举一个例子，就是你问了那个问题，就是买《莽原》，然后你一看学生好像没反应，然后你说“好像我有点难为大家了”，然后给了一个梯子，那么这就说明你的整个的教学的状态，一个是比较投入，第二个比较放松。我觉得这也是一个好的习惯。我不承认有非预设的课堂的，那是骗人的，但是我们如何预设得“润物细无声”，越看不出来，越是艺术的，艺术最高的境界就是看不出假的，这就要求我们在课堂中有真的生成。

还有一个优点，我觉得你抓文本的教学难点抓得还是比较准的。难点就在于语言所蕴含的丰富的情感。然后我觉得你的方法也是对的，就是带着学生来揣摩，你有一些分类，长短、曲直、说与不说。当然我觉得可能还有一个比较重要的，就是反讽。

总体上我认为这堂课还是不错的，如果要以更高的要求和期待来讲的话，我觉得还可以有一些可改善的空间，主要是两点。

第一个是，整体的篇章感。你自己是有的，但是没有能够有效地传导给同学。听下来，我觉得大家读的好像是一个个句子一个个段落，而整个这一篇散文作为一个篇章的这一种感觉还可以加强。让学生读句子是重要的，因为关注到了好多他原来会轻轻滑过去的句子，但是整个这一篇篇章感也是我们语文教学里面非常关键的。

刘从良：谢谢倪老师，确实是，实际上自己在平常教学中也需要注意这一点，包括第三轮我和魏梦琦讲《我与地坛》，抓住了语言，但讲完后我们也反思了这个问题，就是教的是“文章”，不能只有“文”，不见“章”。

倪：是的，老师备课时有这样一个考量，认为大家预习过，已经天然跟我一样地有对整篇文章的认知了，然后就放弃了“章”这个环节。其实孩子是需要你去碰触的，你不碰触他这一块，他就会放弃。然后和这个问题相关的，我就觉得你课堂的流程和次序的设计可能应该是整、分、整，这个也符合我们阅读的常态。如果要我来讲，我就浪费两分钟，请同学们快速的把这个文本再看一遍。这一篇抒情、叙事、议论是交织的，我可以一上来讲有抒情、有议论，然后问大家总体上它是一篇什么样的散文？这就给它定性了，是一篇抒情散文，那么这个就有了一个整体感，然后立足于文本，让学生发现鲁迅的这一篇抒情散文跟别人的抒情散文不一样。

还有一点，就是说“战斗”可能也有点拔高了，就是从文本出发来讲就行。我就说这些。

郦：李老师，您看，我们决赛总共6堂课，3堂鲁迅的了，高中初中鲁迅作品加起来有12篇。这一节课对中学生来说，还是很复杂的，要讲杂文吧，现在中学生都不一定有“杂文”这个概念，可能《拿来主义》更典型一些，也更好讲一些。您肯定听了很多的鲁迅作品的公开课，自己也讲了很多。今天听从良老师讲《记念刘和珍君》，您感觉怎么样？

李强：从这一篇来说，《记念刘和珍君》体现了鲁迅独特的抒情方式。刘从良老师给我们提供了这篇散文的非常独特的上课模式，这节课有好多亮点，这些亮点值得电视机前的语文老师学习。

第一个，你的问题设计，完全不是“大路货”，都是很有个性的，都很有思维深度的。比如，第一个环节，从长句短句入手，这就是紧紧扣住了他独特的抒情方式。

第二个是你所有的比较阅读，都选了一个非常好的和今天这篇课文结合的点，这个逻辑点找得非常对。比如和《为了忘却的记念》的对比阅读，你这个设计是一个点睛式的。一般老师，讲比较阅读，喜欢说一句，《为了忘却的记念》你们课后去看一下，这是无效的。

郦：对，这肯定是无效的。

倪：李老师，我申请补充一句，我也觉得这是一个好习惯，也是示范了现在比较流行的“群文阅读”，但有的群文阅读真的不咋地，甚至是假的。我觉得这节课的群文阅读从两个点上来讲是比较好的：一个是找到了比较点，只有找到好的比较点，群文阅读才是真正的有效的；第二个是迁移，我刚刚教你们一个本事，你们拿过去用用看，我觉得这个也是一个好的习惯。

李：比较阅读的目的，是通过比较增进对文本的理解。从良老师的这个目的达到了，课堂上很明显地可以看出来。这个亮点值得我们语文老师学习。因为我看现在的比较阅读都停留在形式化表面化概念化的层面。有的甚至就是说，课后再把这篇文章去看一看，但是谁会去看。而你这种方式是有效的。

第三点，就是你自始至终先让学生表述，比如找出文中表达情感的句子，学生找好以后，“我也找了一句”，这个环节就是我们今天新课标下语文教学比较提倡的。你上课总是抛出去：你知道那个时候的手枪吗？你知道《莽原》杂志是什么杂志吗？看到下面没有声音，再补充，如果学生回应了，那更好。很多老师都不是这样做的，而是直接说出来。我们一直说教师要退一点，先让学生出来，教师往后退一退，退到什么程度？如果学生很厉害，退三步也未尝不可。尤其是填空那个环节，不同的学生有不同的回答，我当时以为你是设计了一个答案，悲愤、悲痛，所以绝对没想到你是这么做的。如果倒过来你先呈现答案，那就没有价值。而且学生一看自己说的和答案一样心里很得意的，有成就感。然后你接着说，其实我们感觉它都对——这就是有层次了——然后你又问为什么，这时学生就开始真正思考了。

另外，前半堂课当中你也出现了多次语句的朗读，是我们今天这几堂课里面读得最到位的。因为这是一篇独特的表达情感的文章，独特语言是必须通过朗读来体会的。

这是我听的一堂非常成功的鲁迅作品课，我想给电视机前的很多语文老师都会带来启迪。

刘：谢谢李老师。

郦：谢谢李强老师，李老师是隆重推荐这一堂课。窦昕老师也经常在辅导学校上这一类的课，你怎么看这节课？

窦昕：经常和语文老师交流，好多人提出这样一个困惑，他们说我们的知识体系是完备的，但是我们的方法体系是残缺的，往往导致学生学到的是空架子。实际上这里有四个层次：知识是第一层，技巧和方法是第二层，能力是第三层，然后审美及人格培养是第四层。很多讲得很精妙的课，有第一层和第四层，但中间第二和第三层是架空的。但是从良老师讲的时候，我认为他跟我们推崇的主张是不谋而合的。他有严格的方法线、技巧线。尤其是四个方面的语文核心素养，其中跟逻辑相关的这一条线，是常被忽视的，很多学生高中毕业了之后连这个基本能力都没有，你问他东他答西。

第二个是找出反常点方面。今

天从良老师在课上就是根据这些反常点，去用演绎法找到真相，形成语文的敏感性，最后到达了逻辑思维，所以我觉得它有一条非常严密的从语文课到达逻辑思维的逻辑线，这节课充分体现出了，我听的时候觉得很清晰很严密。

所以我自己感受到的是四条清晰的线，到达四个核心素养。我是非常欣赏从良老师这堂课的。

郦：按照时间顺序《故乡》《祝福》《记念刘和珍君》中，这一篇应该是最难讲的，但是我对从良老师是最期待的。前两天我做一场演讲，讲终身成长，我讲的时候就想起了刘从良，他那种自我反省自我成长的能力特别强。刚才讲完，我就和导演说，这才是回到了语文课的鲁迅作品课。鲁迅太深刻了太高了，很多课动不动从鲁迅身上拔一点展开来，最后讲的不是鲁迅的这篇课文，而是跑到其他地方去了。而从良这堂课，我最认可的就是扎扎实实地回到语文课上，紧紧扣住了语文的语言文字，从这里进入，切入点好。技术层次，我特别认可窦昕说的，这个架构特别好，而且这种能力，我记得从良老师在第一个环节时还没有这么凸显，后来就越来越精彩。然后尤其是在细节上，刚才几位老师讲了，几个碰撞点都非常精彩，还有三层比较，也很精彩。你剖解语文的技法很好，当然，你还要总结，不能全交给学生，你要建造“类群”，由“篇”见“类”。包括，你让学生读长句，可以强迫他，让他一口气读下来——我刚才自己在下面试了几次，是真的读不下来，原文有个词“艰于呼吸”。

刘：郦老师说的这个太好了。讲的时候和学生提一下这个词，一下就明白了，这个词正好是对读这个长句的感受的注解。

郦：是吧。另外，你的这三个总结如果是非常清晰、逐层推进的话，最后“涌现”的就是鲁迅的技法，是水到渠成的。毕飞宇这句话，用得非常巧妙，我们是邻居，和他住一个小区，我还问过他我们小区北门推拿店是不是他小说《推拿》的原型。后面可能因为时间问题，有点仓促了，你这个结尾直接回到老毕这句话上，就完美至极了。

倪：我也赞同这一点。当然，我觉得我们现在有的时候为了一堂课花整个月来准备，其实也不值得，性价比不高。电影是遗憾的艺术，我们做老师的都知道，我们如果能够把课上成遗憾的艺术，我们已经很了不起。

刘：谢谢三位老师。

怎么通过“泡诗”读懂诗

师：前面向大家介绍了“泡诗”理论，我们来一起践行一下，举一首词的例子分析一下。

板书：

《梦江南》

梳洗罢，

独倚望江楼。

过尽千帆皆不是，

斜晖脉脉水悠悠。

肠断白苹洲。

师：我们一起读读。

生齐读。

师：这首词听过没？

生：听过。温庭筠（学生发“均”音）的。

师：温庭筠，这个字多音，我觉得应该读“yún”，院子里的竹子，有胸有成竹之意。（板书作者）他是晚唐诗人，声明一下，性别——男。（学生笑）那简单地说，这首词写了一件什么事？

生：等人。

师：很好，而且是“独倚”地等待，谁等谁？

生：一个女的等一个男的。（学生大笑）

师：有眼光。从哪里可以看出来是一个女的在等？

生：从“梳洗”可以看出来。

师：你的意思古代男人不“梳”不“洗”？(学生笑)

生：可能女性的这个动作比较典型吧？

师：很好，妇女的特有的动作，中国诗词和中国文化都特别讲究“悟”，有没有同学从其他地方“悟”出是一个女的在等？

生：从“脉脉”可以看出，像女子的眼光；从“悠悠”也可以看出，像女子的感受。如果是男子，有点“娘”。(学生大笑)

师：说得好，“脉脉”是什么意思？相视含情的样子，多用来寄托情思。

生：从“肠断”可以看出，一般是女子的感受，男人心狠，（学生笑）一般不会有这种感受。

师：很难得，诗词鉴赏就需要这样一种能力，因为中国古典诗歌最大的特点就是“蕴藉”，如果只能看到字面的意思，那诗歌就没意思了。那她在等谁？”

生：男朋友。

生：丈夫。

生：亲人。

生：总之是她想念的人。(学生笑)

师：噢，你说得很保险，是算命的术语。(学生笑）那大家想象一下，哪一种可能性大呢？

生：我觉得不是男朋友。

师：哦，你用排除法了（笑），何以见得？

生：老师，是你说的。(学生笑)

师：哦？我的话还能区分人未婚还是已婚？（学生笑）

生：因为你说过，古代青年婚前基本上是没有恋爱的。(笑）我还没说完呢，你还说过个别有的，也是在一些不正常的场合和不正常的人，比如青楼上。(学生大笑)

师（作尴尬状）：嗯嗯，我是说过……（以手作枪状）你——知道得太多了！（学生大笑）好，他依据我的话排除了一个，这个很有道理，我赞成（学生笑）。再说了，古时的女子若真有一个男朋友，女子也不可能在自己家等他等到下午的，因为小伙子下午跑到女朋友家楼下，大概是要找打的。那是她什么人呢？

生：丈夫！

师：噢，认可这一点的同学很多了。你来说说，为什么？

生：反正不像其他人。(笑)

师：其实这还有个文化背景，古代出门的当然多是男子，那等人的就多是女子了。而且从“斜晖脉脉水悠悠”看，感情很深，又不太像普通的感情，既然恋爱的极少，那就应该是她丈夫。

学生表示赞同。

师：不过，我还想问她丈夫上哪儿去了？

全班静下来。

生：这个看不出来吧？

师：我们这节课就是要“泡诗”的，我不是说了吗，“泡诗”就像泡茶，茶叶在这里，你得有一杯开水呀，这开水也包含想象力呀，那你就再大胆想象一下。

生：我想不出来。

师：那我们再用排除法。出差去了、经商去了、做官去了、旅游去了？（学生笑）

生：都不像。

师：为什么？

生：如果是有规律地外出，比如做官的是十旬休假，那就没必要傻等。（学生笑）

师：好，我们先看看诗的相关内容，然后再猜猜。大家先看诗中主人公的这个“梳洗”，除了是女子特有的动作，还能想到什么？

生：女子是精心打扮之后来等丈夫。

师：很好。李清照词中有一句“日晚倦梳头”，还有一句“起来慵自梳头”说的是男子出门以后，女无悦己者，无心打扮。《诗经》中也有“自伯之东，首如飞蓬，岂无膏沐，谁适为容”。而这个女子精心打扮，应是充满希望。

师：再看女主人公是怎样等的？

生：“独倚”。

师：这两个字大家能想到什么？

生：“独”字让人想象到主人公内心的孤独和伤感。

师：“倚”字呢？

生：女子又没有把握丈夫能回来。

师：对，不太有把握。而且让人想象也许天天如此。看来丈夫不是刚出门。

生：肯定不是。

师：怎么这么确定？

生：如果是丈夫刚出门，就想成这个样子，太矫情了吧？（学生大笑）那就太假了。

师：这个你得说清楚：什么样子，怎么矫情了？（学生笑）

生：都“肠断”了！

师：“肠断”什么意思？

生：就是肠子断了（学生笑），就是形容非常思念非常伤心。

师：说得很好。在古诗词中，“肠断”多指极度悲苦。大家再想那悠悠的江水仅仅是指江水吗？

生：还指她内心的愁绪。

师：对。古诗中以水喻愁绪很常见。如“恰似一江春水向东流”“唯见长江天际流”“抽刀断水水更流”“迢迢不断如春水”等等，都是借流水来写愁绪的。大家再看看，女子等了多长时间？

生：从早上一直等到傍晚。

师：从哪里可以看得出从早上一直等到傍晚？

生：“梳洗罢”和“斜晖脉脉”。

师：大家看得很认真呀。是呀，她精心打扮，“春日凝妆上翠楼”，从早等到晚，“误几回，天际识归舟”，一次次地充满希望，又一次次地失望。夕阳西下，江水依旧，上千只船儿已过，但仍不见心上人归来，她内心失落，几近绝望。而且“脉脉”一词会让大家想到什么？

生：含情脉脉！

师：你们回答得这么整齐。暗示什么？

生：借写斜晖来写女子，表现她对丈夫的深情。

师：被你说完了，我啥也不说了。来，这最后一句大家一起再读一下。

生：肠断白苹洲。

师：我还有个疑问。这“白苹洲”是什么地方？为什么写“白苹洲”？

生：以前书上有个课下注释。

师：你记得真清楚，怎么注的？

生：不记得了。（笑）

师：你这属于选择性记忆。我记得（学生笑），写的是“长满了白色苹花的小洲”。这可能是什么地方？

生：当年约会的地方。

师：想象丰富呀。

生：夫妻饭后散步的地方。

师：更丰富。眨眼间就结婚了。（笑）

生：分别的地方。

师：你最坏，一下给人家搞分别了。（笑）我觉得这些都有可能。当等了一天还等不到心上人时，这时只能看着这个留满美好记忆的地方——江中的白苹洲，那白色的花依旧，但心上人却杳无音信，自己只能断肠于此。我们继续回到刚才那个问题上，她丈夫到底去了哪儿呢才会让她如此思念、伤心欲绝呢？

生：打仗吧？

师：有可能。

生：也有可能是服徭役。

师：这和我刚才猜测的经商、做官、旅游都不一样了。反正不是什么常态的事，好像也不是什么好事，这样想女主人公更让人觉得可怜。而且，温庭筠是晚唐词人，晚唐战乱不断……哎呀，她丈夫也许永远不会回来了，我想起一句“可怜无定河边骨，犹是春闺梦里人”，呵呵，我，想得太多了（学生笑）。所以我们看到，这首诗表面上写“思妇”，实际上可能反映了深刻的社会问题。我们再来读一遍感受一下。

生齐读。

师：大家看，我们愣是把一个写“等人”的小事的词“泡”得如此丰富，甚至扯到深刻的社会问题上去了。大家觉得这样是不是有点“扯”？

生：不扯！（异口同声）

师：你们有点信了，难得呀。我上课说过，古诗词鉴赏如同“泡茶”，只有用心“泡”，才能看到鲜茶叶的全貌，才能真正走进一首诗。但这节课里有很多想法，可能带有主观想象，我们的这些想法是不是合理呢，大家还可以再想一想，反复读读这首词，再“泡”一“泡”。

比喻的魅力

华东师范大学第二附属中学2204班课堂。

师：请每人说一个自己印象深刻的比喻句。这一排开火车。

生1：大雪像柳絮。

生2：鹅毛般的大雪。

生3：大雪像梨花。

师：今年没见到雪，大家太想念雪了。

全班笑。

生4：嗯…嗯…想不出来……哦，脸像红苹果。

又笑。

师：很好，跳出雪了。

生5：湖面像镜子一样。

师：你们说得让人回到美好的小学时光了。

又笑。

生6：学校像监狱。

全班大笑。

师：跳出形似了。你肯定在开玩笑，如果连我们学校都像监狱，很多学校只能是地狱了。后面同学再来说一个。

生7不说话。

师：我替你说一个。我以前有位同事说很多人聚在一起看某东西，喜欢说“一个个头伸得像小燕子一样”，如果你们见过燕窝里排成一排头伸出窝边的小燕子，尤其是看到过燕妈妈喂食时它们的表现，就会觉得没有比这更形象的说法了。

师：再说一个，很多东西可以互相比喻，“群山像凝固的海浪，海浪像沸腾的群山”。虽然海浪和山峰差别很大，但在“连绵起伏”这点上，是非常像的。还有的比喻很有诗意，很有人情味，“水是眼波横，山是眉峰聚”，引发人的联想。

师：那请你读读材料上高考考赏析的那个比喻句。

生7读：

A. 它（湖）就像一块巨大的海绵将大地上所有的声音都吸了进去。

B. 帐篷，在沙山沙海里，犹如一叶小舟，冷月弯弯地照着，苏州城外的寒山寺的钟声，是能“夜半到客船"吗？……

C. 俩人你提着我的花裤子，我拎着你的红番茄，再次进入诊室，脸上荡漾着番茄红。

师：这几句比喻和刚才几位同学说的比喻有什么不同？

生8：复杂一些。

师：说一说怎么复杂的。

生8：海绵吸声音，是一组比喻，用海绵比湖，用声音比水。

师：非常好。其他同学有没有什么发现？

生9：帐篷像船，对应“沙海”，沙漠像海。

师：我感觉，弯弯的月亮也像船，主人公家人在苏州，“夜半钟声到客船”，帐篷变成了思乡之船。比喻和整个句子相映衬。

师：如果最后一个改成“脸上荡漾着苹果红”行不行？

生：可以吧。不过，他们交易的就有红番茄……

师：就近取物来比喻，前后呼应，更自然，更有画面感，更生动有趣。

这是空间上的就近取物。还有时间上的，很多年前，一本小说里有个比喻，说“电话亭像泰坦尼克号一样”，那时候正是电影《泰坦尼克号》在中国上映，非常火，这是时间上就近取物来比喻。你们能想到“电话亭”和“泰坦尼克”有什么相似之处吗？

学生摇头。

师：我来提示一下，比喻不一定是形似，刚才有位同学说“学校像监狱”就不是从形似这个角度来说的。我加点小说的场景：女主人公失恋了，走在街上，下着雨。

生：电话亭很破？

师：接近了——都漏水呀！你再想想，有没有别的巧妙之处？

生：……

师：这里还有情感的暗示。电影泰坦尼克的故事是一场悲剧，而这个小说中主人公失恋，孤独地走在雨天的都市里，内心充满着绝望和悲伤，这个比喻把情感的相似也“比”了出来。

师：这种就近取物的比喻，不管是空间上的，还是时间上的，都有沟通读者体验的良好效果。

生：比喻的赏析题都要答情感吗？

师：一般是的。因为喻体的选择难免体现情感。同样说人脸红，说像红苹果一样，是可爱的；说像猴屁股一样，是可恶的。同样说人脸白，说像瓷娃娃一样，是让人羡慕的，怜爱的；说像坐便器一样，就带上了恶心层面的东西，就是调侃讽刺了。

生：有时候也不一定。生活中说谁像小鲜肉，可能是赞扬，也可能是讽刺。

师：比喻句是在一个具体的语境中的。比如，我和你对话，说你是小鲜肉，我是小扣肉。显然，这时，对你是称赞和羡慕，对我是自嘲。

生：感觉有的比喻就是单纯的“形似”。

师：你举一个例子来听听。

生：刚才说的“鹅毛般的大雪”。

师：如果是“早上推开窗子，哇，鹅毛般的大雪”，这里有惊喜之情。如果是杨白劳眼里的“如刀的北风吹呀，鹅毛般的大雪飘，雪花飘飘年来到”那就是悲伤之情。

关于比喻，下面我给大家读几段材料，来自“从良老师”的公众号，我觉得这位老师整理的关于比喻的内容非常精彩，值得做笔记。（生大笑）

1.比喻是要引发人联想的

如果仅仅表现出特征还不是好的比喻。“问君能有几多愁，恰似一江春水向东流”之所以让人过目难忘，不仅仅是春水之多表现出愁绪之重，更重要是一刻不停息的流动感，引发了人们对主人公心中挥之不去、连绵不绝的愁绪的感受和同情，所以才那么生动。

“未若柳絮因风起”比“撒盐空中差可拟”要好，不仅仅是“柳絮”比“盐”更能表现“雪”轻柔飞扬的特点，而是引发的联想更真实，空间感更强，而“撒盐”这样一个刻意的有限空间的非自然现象就逊色很多。

2.比喻的欣赏，有一个生活体验的问题

人在生病时想到那句“病来如山倒，病去如抽丝”的比喻，可能会更觉得真切。

煎过鸡蛋的人，理解“内心如油

煎一样”会更容易。

张爱玲说“生命是一袭华美的袍，爬满了蚤”，没有见过“蚤”的人，或不曾有过外表光艳无比、内心伤痕累累感受的人，可能体会就不真切。

小时学韩愈的诗句“天街小雨润如酥”，我不懂得“酥”是“油”的意思，误以为是酥糕，总觉得这比喻写得别扭，很长时间不喜欢这首诗。

3.比喻和人的身份、性格有关

孩子在公园说，树像海苔，下面的土像巧克力。一个大人用这样的比喻，可能是件奇怪的事。

刘姥姥说钟摆像秤锤，来自她的乡村生活经验，如果是贾宝玉用这样的比喻，就很成问题。

“醉里插花花莫笑，可怜春似人将老”“莫道不消魂，帘卷西风，人比黄花瘦”等比喻，出现在李清照的词里是非常巧妙的，如果出现在岳飞的词里，恐怕是不妥当的。

宋徽宗和宋钦宗被金人掳去，生活很苦，身上生了虱子，但皇帝没见过虱子，写信说，朕身上生虫，状如琵琶。对皇帝来说，只是在借熟悉之物来喻不熟悉之物，绝不是要用什么文学技巧，但对读者来说，读之难免感慨。

冬奥会开幕式上主持人用到“燕山雪花大如席”这个比喻，以表现冬天壮阔景象。如果不从语言与时俱进、创新使用角度考虑，这个用法是不妥当的。这句来自李白的《北风行》，如果李白真的到过边地，应该会知道，燕地雪是不大的，降雪量小，雪花小，如粉如沙，不大可能如席，这里不是追求形似。李白用夸张的比喻来侧重表现边地奇寒，另外，席，是古人死时裹尸的，这更多体现了文化上的联想，诗人希望雪花像草席一样遮盖战死疆场的战士的尸体，进而表现思妇的悲伤。

4.词语中有很多比喻

其实，我们的语言中有很多比喻，单是使用比喻的词语，就很丰富。大家举不出比喻的例子，只是用惯了，“习焉不察”。

雪白、乌黑、冰凉、炎热、甜蜜……

借鉴、苍穹、耿介、倒霉、开张……

车水马龙、蒸蒸日上、狼吞虎咽……

几乎可以说，我们生活在一个比喻的世界。

师：读完了。

生鼓掌。

名言类思辨作文审题分析

一、作文题目

爱默生说：生活本身就是一个幻象，是在一个梦中做的另一个梦。接受这个现实吧，尽可能地和人们一样接受它。

你是否认同这一说法？请写一篇文章，谈谈你的思考。

要求：（1）自拟题目；（2）不少于800字。

二、题目分析

（一）材料构成

师：作文材料大多都是三部分构成，我们可以通过命名来大体分一下类。

材料语：

爱默生说：生活本身就是一个幻象，是在一个梦中做的另一个梦。接受这个现实吧，尽可能地和人们一样接受它。

提示语：

你是否认同这一说法？请写一篇文章，谈谈你的思考。

要求语：

（1）自拟题目；（2）不少于800字。

提示语中的“这一说法”指代的就是第一部分的材料语。

（二）材料分析

师：我们来进一步给这个材料语分一下层。很明显，中间有个句号，两个层次。

以后大家写论文，论文写完了，要提取内容摘要，还有关键词，放在前面，方便别人迅速判断文章的要点。

大家审作文题也可以用这个办法，请大家来看一看，能不能提取出内容摘要和关键词。

生1：感觉已经很概括了，提取了会改变意思。

师：你说的有一定道理，提取了对原来意思的表达肯定是有影响的，不过这里有四个小分句，他们有没有主次之分呢？请你保留两个，删两个。

生1：保留“生活本身就是一个幻象”和“接受这个现实吧”。

师：为什么？

生1（思考）……

师：问具体点，为什么另外两个句子可以删，它们和保留的句子之间是什么关系？大家思考一下。

生2：“是在一个梦中做的另一个梦”应该是对“生活本身就是一个幻象”的一个解释，要是概括点说，留“生活本身就是一个幻象”就可以了。

师：很好，因为后一句是对前一句的解释，所以保留前一个就可以了。也就是说，“是在一个梦中做的另一个梦”是在回答为什么说“生活本身就是一个幻象”。那么，后一组呢，“接受这个现实”和“尽可能地和人们一样接受它”之间是什么关系呢？

生3：后一句也是对前一句的解释吧。

师：“接受这个现实”是什么？是建议。后一句应该是对这个建议的补充，也就是说事实上大多数人们都是接受的。这样我们就厘清了材料中句子之间的关系。那我们请一位同学概括一下，作文问“你是否认同这一说法”，是指哪种说法？请以“你是否认同”开头回答一下，概括点，15个字以内。

生4：你是否认同“接受生活是个幻象这个现实”？

师：概括得很好，抓住了我们刚才说的两个主要的分句。你再来个详细版，把上面四句话的信息都概括在内。

生4：你是否认同“和人们一样接受生活是在一个梦中做另一个梦的现实”？

师：大家看这样把作文材料转述一下可以吗？

生：可以！

师：好的，既然你们认可，请大家把这个转述记下来：这个作文材料讨论的就是，我们是否认同“和人们一样接受生活是在一个梦中做另一个梦的现实”这个看法。这个表述里，大家还有什么疑问吗？

生5：“一个梦中做另一个梦”，这两个“梦”分别是什么意思？

师：你问得非常好，我想肯定还有同学想问这个问题，这个弄清楚了，才对“幻象”作出解释。请大家试着给这两个“梦”写一个可以替代或阐释的词，然后和周边同学交流一下看法。

（2分钟）

师：你来说一下。

生6：我感觉前一个“梦”就是生活。

师：那为什么不直接换成“生活”呢？

生7：这里要表示生活没有意思。

师：“没有意思”，你是想说生活是虚无的、没有意义的，所以像一个梦。大家还想到生活的哪些特点让你觉得像一个梦？

生8：不确定的、难测的。

师：很好。还有没有？

生9：人生是短暂的。

师：非常好，大家说出了三个生活像梦的原因：虚无、难测、短暂。大概就是苏轼所说的“人生如梦”“世事一场大梦”的梦吧。“另一个梦”呢？

生10：是不是就是我们平常“做梦”的“梦”？

师：你不太确定，要是“做梦”的“梦”，那就不是“另一个梦”，应该是“另外一些梦”。其他同学什么意见？

生11：梦想的“梦”。

生12：对理想的追求。

生13：希望过得好一点的愿望。

师：有梦想、追求理想、希望实现愿望，都非常昂扬。还有吗？

生14：努力挣脱宿命。

师：你这个“努力挣脱宿命”说得太好了，我陡然一阵感动。活着并不全是自信昂扬地“追求理想”，也可能是一种抗争，是一种挣扎，不管现实如何，不管明天如何，要有“明知不可为而为之”的态度，挣脱宿命，赢得人之所以为人的尊严。

好了，我们来概括一下，就是说，我们要接受生活是幻象的现实，就是人们无非是在明知生活是虚无、难测、短暂的，还要努力地有自己的梦想、追求，努力去做好自己应该做的事情，好好地活着，努力与生活的宿命抗争。我们要接受这样的事实。那最后一句为什么要补充一下，说“尽可能地和人们一样接受它”？请大家思考一下。

生15：就是大多数人都明白这个事实，这是不可改变的。

师：意思是人们都已经“接受”了？所以建议我们应该怎样做？

生15：是的。好好地活着，不要想太多。

师：沉浸式地投入生活，过好当下日子，不去苦苦思索意义，追寻真理，不“和自己过不去”，奔着“小目标”幸福地生活就好。

（三）确定立意

师：刚才我们分析了材料，那么，在写作中该如何立意呢？我们要看这里的两个层次，第一个层次是判断，因为有判断动词“是”，那我们就要作“判断的判断”。“生活本身就是一个幻象，是在一个梦中做的另一个梦”，你觉得是不是？

第二个层次是后一句，是个建议，那我们就要回答接受不接受这个建议，“接受这个现实吧，尽可能地和人们一样接受它。”对这个建议你要不要接受？

前面是一种观念，后面是一种态度。观念和态度都可以分为乐观和悲观两种。那么它们之间的组合有几种？

生16：4种，乐观的观念与乐观的态度，乐观的观念悲观的态度，悲观的观念与乐观的态度，悲观的观念与悲观的态度。

师：举个例子，方便理解，大家看史铁生在《我与地坛》里表现出来的是哪一种，请大家选一下。

生17：第三种。

师：解释一下。

生17：对史铁生来说，生命是冷酷的、残忍的，让他在最狂妄的年龄残废了双腿。这是悲观的观念。但在地坛里，他明白了，不管命运多么无情，都要顽强地活下去，就像地坛被岁月摧残，但里面的植物照样散发着生机。

师：你理解得非常精彩。不仅如此，这一篇的结尾作者还写道：“宇宙以其不息的欲望将一个歌舞炼成永恒，这欲望有怎样一个人间的姓名大可忽略不计”，人生是短暂的，所谓人生如梦，但我们不必为自己的生命的短暂而痛心，因为人类历史的长河是永恒的。我们接受这样的事实，活好当下，不必悲观。这里只是举一个例子。大家可以根据自己的理解来选择。约翰·密尔问：你到底是愿意做一头终日快乐的猪，还是一个愁眉苦脸的苏格拉底？

其实这个问题可以有第三种回答，大家说是什么？

生：做一个终日快乐的苏格拉底！

师：对，不要只有非此即彼的思考方式，不是悲观就是乐观？也可以悲观的观念，乐观的态度。

不过，确定立意，还有两件事要注意。一个是要从整体上理解作文材料，不然就有可能犯合成性谬误。能观其小，还要能观其大，能从局部看，还要能从整体看。怎样才能从“大”和“整体”考虑？我有一个办法，就是要站在“命题人的预设”角度思考，命题人肯定是针对某种现象、某种人生态度来命题的，或者说他有一个先入为主的想法，想让大家往某个方向写。比如这篇作文大概就是“看清生活的残酷，依然保有最昂扬的生活态度”。不要和现实过不去，不要和自己过不去，接受（或否定）生活是幻象的现实，不追问，不纠结，好好地活每一天，昂扬地进每一步，追求小目标，进一步有进一步的欢喜，尽最大努力，活出意义，实现价值，绽放自我。爱默生说，一个人对这个世界最大的贡献，就是让自己幸福起来。

另外一个呢，要使作文写得具体，还要考虑局部。比如，这里说“生活”其实是很抽象的，我们要把它具体化。我也推荐一个办法，就是列举，说说生活包括什么，比如时间、空间、富有、名声、幸福、爱、美、生、死等，进而思考，“幻象”是指什么？“人们”如何对待？如果我们刻意追求，都会让它们成为利刃，它们随时会反戈一击。

讲到这里，我特别想分享哲学家塞内加的一段话，大家结合这个作文题，认真品味下：我从来没有信任过命运女神。我把她赐给我的一切——金钱，官位，权势——都搁在一个地方，可以让她随时拿回去而不干扰我。我同它们之间保持很宽的距离，这样，她只是把它们取走，而不是从我身上强行剥走。

三、作文拟题

PPT展示：

部分同学作文标题：

梦中筑梦

此身非客莫贪欢

破幻象之思，负意义前行

厚待自己的生活

身作梦中客，心以醒者居

戴着枷锁起舞

赋予生活以意义

做梦境的主导者

做自己宇宙

在虚无中发光

驾驶人生的列车

师：以上标题大家课后可以讨论一下，你更欣赏哪一个？这里我们可以复习一下，以前课上讲的标准：第一，当然是正确，也就是要扣材料；第二，尽量是观点句，就是表明观点、态度或原因；第三，表意要明确，尽量用上作文材料中的关键词（明扣或暗扣）；最后，在以上三点基础上考虑形象化、对称或化用等。

四、高分范文

师：另外印发一篇一位学生的考场作文，请大家课后讨论，有问题和同学或和我交流。

两个梦

史铁生在散文中写下：“在爱的旅途中，永恒的既不是孤独，也不是团聚，而是祈祷。”这与爱默生所说的“两个梦”不谋而合，一个梦指的是爱的旅途，即人生；另一个梦，指的是祈祷，即不断追寻。

把生活比作一场梦，并非偶然，它们看似相差很远，实则有其共性。正如我们无法控制自己的梦境，我们同样也无法完全掌控自己的人生，周遭和外部的变化、转折，仿佛在瞬息之间就能改变一个人的人生轨迹。从这样的悲观角度观察，爱默生所说的“接受这个现实吧，尽可能地和人们一样接受它”，就看似是在呼吁面对外部的改变不作出任何努力与反抗，任凭生活的浪，将你打向任何一个港口。

然而爱默生之意或许并非如此。接受并不意味着妥协，正如弗洛伊德在《梦的解析》中写下的“梦是对现实的补偿”，现实并非不能影响梦之分毫，而我们的生活，也并非不能被主观努力打动。由此，我们可以引出第二个“梦”——追寻。

第一个梦强调的是客观世界，第二个梦则强调人的主观能动性。我们在一个梦里做着另一个梦，我们在爱的旅途里不断祈祷，我们在客观存在的世界里不断追寻自己的心之所向。我们常把人生看作在沿着既定的轨道运行。但如果转换思想，认为生命是在改变既定的轨道，生活便被重新赋予了意义。并且，由此去思考爱默生的最后一句“接受这个现实”，便又会得出不一样的结论。

而接受的意义并不止于如此，当我们在已知客观世界的不可控性后，仍能鼓足勇气去反抗已知的结局，去尝试掌控不可控的未来，谁又能说这样的努力背后所蕴藏的倔强与傲气毫无意义呢？

王小波说：“梦具有一种荒诞的真实性，而真实具有一种真实荒诞性。”真实现实中，无所不在的转折、悲剧、巧合，毫无疑问增添了生活的荒诞性，但我们却不能放弃，我们要在荒诞中追求自己的真实。

爱默生的两个梦也预知我们的两个人生，纵使已知人生既定，愿你我也终究能有勇气追寻自己向往的那个梦。

学会追问，精准立意

对于现象思辨类和观点思辨类作文来说，“追问”是复习迎考中有效且易操作的审题立意训练方式。

现象思辨类的，可从以下几个方面追问：1.这种现象本质上反映了什么？2.为什么会产生此类现象？3.现象背后的合理性是什么？4.弊端和危机是什么？5.人们如何看待？6.人们如此看待的原因、影响是什么？7.讨论的当下价值是什么？8.应该怎样应对此类现象？

观点思辨类的，可从以下几个方面追问： 1.核心概念是什么？概念间的关系是怎样的？2.这个说法成立吗？3.有没有例外的情况？4.反对者观点的支撑和合理性是什么？5.反对者观点的不足在什么地方？6.不同观点间有没有统一点？7.讨论这个说法的现实原因和意义是什么？8.应该怎样看待？

这样的追问，既利于作文的多角度论证，又能使论证过程“可视化”，还可以将论证引向深入，而这三个方面恰是高考考场作文高分的特征。

一、作文题目

生活中常有这种现象：有人虽然很喜欢花，但因不愿看到花的凋零，所以从不种花；有人虽然很渴望友情，但因担心朋友离去，而宁愿孤独……为了避免出现不好的结果，拒绝开始。这种现象在生活中普遍存在。对此，你有怎样的思考？

二、审题方法

1.审题角度

（1）是什么？

材料的核心句是“为了避免出现不好的结果，拒绝开始”，本质是对待生活和生命的态度，是人在处理自身和世界关系时采取的外在防御机制。

（2）为什么？

从积极方面看，是预判风险，规避损失，是理性考量；从消极方面看，是“不做事，不会错”的懦弱人生观，是对不确定性的恐惧，是追求完美主义，是心智不够健全。

（3）怎么办？

一方面要改变认知。不能“唯结果论”，要认识到过程也是结果；不能完美主义，要认识到缺憾是完美的必要组成部分；不要片面追求“确定性”，要认识到人生之美在不确定性。

另一方面要付诸行动。勇于开始，积极探索，追求尽力后的坦然，体验多味人生。

（4）讨论的现实意义是什么？

如今是一个人人效率至上、理性止损的时代，避免风险文化盛行，佛系、躺平、摆烂的低欲望青年一代的“逃避”哲学，应引发关注。从大的方面说，这样的讨论对于科学探索、社会进步都可能产生重大的影响。

2.审题校对

如果材料有对现象的概括，要注意从以下四个方面“校对”，避免出现偏题跑题现象。

（1）重视概括现象的核心句。如果只关注材料中的现象，甚至某一个现象，忽视了核心句，就会有多元理解，就容易忽视命题人意图，导致偏题。

（2）紧扣关键词。警惕有没有偷换关键词，比如把“不好的结果”换成“苦难”，然后写如何面对苦难，作文就跑题了。

（3）观照关键词间关系。不能只抓个别关键词，比如只谈“开始”，不提“结果”，只谈“拒绝”的行为，不提“避免”的心理，就没有抓住这个作文题的本质。

（4）多角度考量材料。比如说，如全盘否定材料中的这种现象，就忽视了很多时候预判风险是生活中必需的理性选择，有其价值。

3.立意角度

（1）开始，是对喜欢最好的结果。如果你想要一个完美的开始，那就永远没有开始。“绝知此事要躬行”，在做中找到打开新世界大门的钥匙，探索人生的边界。任何事都不敢开始，你就失去了完美人生最重要的组成部分，勇气和体验。（侧重“勇于行动、探索”）

（2）做彻底的乐观人生派。敢于行动，做人生的“长期主义者”“宏观主义者”。不能只盯着此时，花此时凋谢，彼时开放；友情这边结束，那边还会有开始，况且“两情若是久长时，又岂在朝朝暮暮”；个体的生命是短暂的，但人类历史的长河是永恒的：所以，“何妨吟啸且徐行”。（侧重“以积极的人生态度对待生活”）

（3）过程即是结果。人生就是一次奇妙的探索，可能会有猛虎，也可能会有流星，惊喜和挫折同时存在的人生才是丰富多彩的。甚至可以说，生命的悲剧性结局恰恰是人生意义的前提。（侧重“生命的意义在于体验”）

4.构思建模

（1）扣材料：

因害怕失去而拒绝开始的现象，在生活中很普遍，人们对自己的认知会影响到选择和行为。

（2）抓本质：

对确定性的追求，对自我的认知。

（3）析原因：

一方面，趋利避害，人之天性，此类行为固然有理性考量，也有其行动指南的价值；

另一方面反映了人性的懒惰、懦弱和自卑，缺少正确的自我认可。

（4）谈价值：

从小的方面说，能够减少盲目，规避风险；

从大的方面说，正因为人类有此种行为，才使得人类文明繁衍延续。

（5）谈弊端：

顾虑太多，给自己套上了无形的枷锁，错过了很多不期而遇的美好。

人生最大的悲哀，就是因为恐惧，什么都没有做。

（6）联现实：

对确定性的执念，异化了人们的思维方式和行事逻辑。这里有个约定的思维前提，就是我开始的一切，结果都“应该”是完美的、确定的，花儿就不该凋零，朋友就应永远相守。

（7）提建议：

即使从谨慎的理性角度来考量，永不开始只有一种可能，就是提前锁定失败。

提高自己的能力，不怕失败，让自己能够承担负面情绪，在这个过程中不断让自己心智走向成熟。

生命在于过程，活着不要有太强的目的性。花开是美，花落也有一种别样的美，朋友相聚是美，思念也是美，人生需要多种滋味。

尽力把事做好，追求尽力后的坦然。岂能事事如意，但求无愧于心。

三、学生作文

在功利化社会寻找自己的广度与厚度

张谦一

为了避免出现不好的结果，拒绝开始。这现象在社会上普遍存在，其背后反映的是当代人对待事情时片面的价值观。【点出现象的本质】

所谓对事物的价值观，即考虑其付出的回报价值。不好的结果标志了“回报率”低，进而被判定不值得做。而这种做事逻辑很大程度上与当代社会对价值的取向有关，人们被赋予责任去做普世价值观里最有意义的事，我们的时间金钱是可量化成功的“筹码”，因此现代人常常失去了接受不好结果的能力，工业化社会中将“筹码”投资给稳定、有助于创造价值的事业成为最有效益的选择。【分析原因：追求“回报率”的工业化思维模式】

而对于“回报”价值的高低的判断也同样体现价值观的影响。若将针对回报率来决定自己要做什么视作对人生“长度”的片面理解，那对所做事情的意义“唯结果论”，便是对人生厚度的短视。【危害1：忽视人生的另一个维度——厚度】

唯结果论和轻而易举便放弃的态度呈现的是对过程的忽视，对结果的过分追求和对突破自我、实现从零到一的勇气的缺失。【危害2：过分追求结果、缺乏突破勇气】

当对一件事进行解构时，我们通常将阶段性的成果从冗长的过程中抽离，这种行为使人对事件的观察不具有连贯性。或许成就来源于先前的数次平淡的日常流程的知识、经验积累，失败亦如此。没有出现一个突出的结果时，这些维系着前因后果的日常便为人忽略。因而，出现失败的节点后，人们无法从中发散思维，找到解决方法，最终对此望而却步。【在前面的基础上分析深层原因——只注重节点，观察不具有连贯性；为后文深度阐释危害铺垫。】

为了具体的目的去做事时，我们便无法接受目的无法达成的结果。所付出的决心、努力，只为获得心中的目标——作为唯一价值存在。我们的行为是被束缚的，因为在思想上已经被工具理性社会的价值观牵住手脚。萨特说，人是绝对自由的，也因此受到自由之苦，因为我们要为所做的行为负责。这种苦帮助我们获取经验和教训，也证明了任何我们所做的事都存在它相应的意义价值。不愿空手而归，不敢承担失败代价，无法从成功或失败中找到真正价值的人们，甚至已无法称为自由。他们身上的利益的枷锁已使他们停滞不前。【深层危害：行为被束缚、思想被束缚，人生不自由】

寻找人生的广度与厚度，不被片面的利益束缚。自由的人有承担事件意义的能力，这也帮助我们更深入积极地看待生活。【总结倡议。因为前文的充分说理，结论水到渠成。】

2023年上海高考作文写作指导及范文点评

【真题回放】

阅读下面的材料，根据要求写作。

一个人乐意去探索陌生世界，仅仅是因为好奇心吗？请写一篇文章，谈谈你对这个问题的认识和思考。

要求：(1）自拟题目；（2）不少于800字。

【命题解读】

1.材料分析

2023上海卷作文材料，简洁、清晰，注重思辨，一贯的上海风格。

审题时要关注到材料中的“仅仅”。一方面说明“好奇心”是“一个人乐意去探索陌生世界”的原因；另一方面不是唯一的原因，还有我们没有注意到的原因，甚至是更重要的原因，比如勇气、信念、热爱、个人价值的实现、对人类的悲悯情怀、对世界的责任感等。这两个方面都需要做原因分析，即他们和“探索陌生世界”有因果关系。

从这个角度上看，这个作文的审题似乎并不难。但实际上如果不认真分析材料中的关键词，很容易出现失误。比如说“乐意”，表现为积极主动，主观上甘心愿意，而不是被动、无奈，所以不能写因为生活压力或走投无路去探索；“陌生世界”不仅仅指个人的陌生世界，还包含人类群体的陌生世界，如果只考虑前者，写作视野就狭窄了，也不符合命题者意图；“探索陌生世界”侧重探索的行为，而不是结果，也就是说逻辑重心不在获得什么样的探索成果，而是探索的过程；“因为”说明要写的是原因，而不是条件，写探索陌生世界需要注意些什么或需要哪些前提条件，是偏离这个材料的重点的。审题时，除了“仅仅”，这些关键词也需要细致分析。

2.写作提示

根据以往教学此类作文的经验，此类作文在写作时，应注意以下情况。

（1）论证不周全。比如，对这个作文材料，不分析“好奇心”和“乐意去探索陌生世界”之间的关系，直接谈其他因素和“乐意去探索陌生世界”的关系。也就是说，把这个作文材料的表述认定为反问句，表示同意，作文跳过了“好奇心”是“乐意去探索陌生世界”原因的讨论，直接论述使命、求知欲等因素也是一个人“乐意去探索陌生世界”的原因。这种写法，要注意，文中的“不仅仅因为”并非“不是因为”，是需要先分析这一因果关系的，否则论证不周全。

（2）论证偏离主逻辑。表现为，补充了“好奇心”以外的其他原因后，不谈这些原因和“探索陌生世界的关系”，只是笼统地谈这些原因的意义和价值。比如说写“对人类的悲悯”也是人们“乐意去探索陌生世界”的原因，但并没有分析二者的因果关系，只是说这种情怀对于人类整体文明的发展非常重要。作文材料的主要逻辑，不是价值分析，而是原因分析。

（3）论证不严密。表现为，补充了“好奇心”以外的其他原因后，没有谈这些原因和“好奇心”之间的关系。它们之间可能是互相补充的关系，即只有好奇心还不能促使人们乐意探索陌生世界，还要有其他原因的加持；可能好奇只是表象，其他原因是比好奇心更本质的原因。在写这些原因时，要回扣这些原因如何弥补了好奇心的不足，并与好奇心共同构成

“人乐意探索陌生世界”的原因，这样逻辑才严密，才是真正扣住“仅仅”来论证。

这个作文怎么样写才能更深刻呢？可以考虑两个方面。

一方面，从本质上思考。比如好奇心的本质可能是人的本能的“欲望”层次，所以还需要有规划有情怀的“需要”层次；比如补充出的其他原因“信念”“勇气”等本质上也是好奇心或者好奇心驱动。

另一方面，要联系当下。既然好奇心等因素都可以使人们乐意探索陌生世界，那么为什么现在还有这么多人安于现状，不愿进取，没有探索、实践的动力和勇气？也就是写作并不仅仅是证明题，要干预现实，要影响人，“改造”人的观念和行为。所以要站在命题人为什么命这个题目的角度思考，找到论证的现实参照系。

【佳作点评】

遨游于天地之间

上海一考生

人从他第一声啼哭开始便踏上了探索的旅程，未知世界对人而言是陌生的，但人被卷入其中，就不得不通过探索渐渐地将世界中的未知变成已知，使自身得以安然地存在。人类最早对陌生世界的探索也是出于生存的需要，或许探索的本能早就根植于人的基因。

但人类的探索绝非仅仅出于生存所迫，在自身已能安然存在的前提下，人们就乐意，对陌生世界进行探索，哪怕这一探索甚至可能对他造成伤害。在此，探索这一行为被赋予人的主观意愿。人的心理是喜欢已知而厌恶未知，而人将未知之物转化为已知的意愿，就是好奇心。

对人而言，好奇心是一种无法抗拒的本能。他带领蒙昧无知的人们，走出烟雾笼罩的世界，其背后的原初力量在于人对真理的渴求。在人面对陌生世界之时，正是这种力量在驱使着他的探索。在这力量之中，我看到了人之主体性的显扬。人的好奇心面对陌生的世界，其中包含着人认识世界全貌的意愿。人不会蜷缩在熟悉的世界里苟且度日，而是渴望认识整个的全部的世界，从这个角度看，人乐意探索陌生世界，的确仅仅是因为好奇。

然而这是我们在探索过后，对探索这一行为的回望。当探索还未发生之时，人无法预见自己是否能够加深对世界全貌的了解。陌生世界不同于熟悉的世界，它的一切都隐匿在未知的阴影之中，故而使人感到陌生，它或许可以与已知世界形成互释，这是人们乐于见到的。但也有可能它完全是不可自解的，即使陌生的世界和熟悉的世界必然有某种关联。在这种情况下，难道人们就不乐意探索陌生世界了吗？我想并非如此。

对真理的深入了解，作为探索陌生世界这一行为的后件，并不是探索行为的全部原因。探索本身就已是目的，而非手段，其指向的是人在面对陌生世界时接纳的意愿。在此，对陌生世界的探索不以任何事物为目的，而是在人对世界的接纳的意愿之下展开在更高的程度上，人在世界中的主体性得以彰显，人不愿囿于世界中熟悉的角落，因为他并不惧怕陌生，他愿意拥抱它本来的样子。

从而，人得以以开放而非闭塞的姿态，遨游于天地之间。

【点评与借鉴】

作文深入地和作文材料对话，紧扣好奇心和“乐意探索陌生世界”的因果关系展开论证，层层推进，第一段扣“探索”，第二段扣“乐意”，第三段扣“好奇心”，第四段扣“陌生世界”，第五段扣“仅仅是因为”，段与段逻辑严密，结论观点水到渠成。语言精准、老到，段内句与句之间逻辑表述非常清晰，逻辑也很严密。特别值得关注的是，这篇作文全文没有一句引用，没有一个事例，论证角度也不丰富，但抓住了材料的核心，论证非常充分。这对当下的议论文写作，很有借鉴意义，有的同学在援引事例上颇费心思，但这些都是为议论服务的，不能本末倒置，“本”抓住了，“末”不要也罢。当然，从论证的角度来说，还可以更丰富些，比如还要分析仅仅从“好奇心”角度分析原因的不足，由其不足引出其他原因，分析其他原因时还要回扣这些原因怎么弥补好奇心的不足，或者是其他原因和好奇心之间是什么样的关系。这样论证更充分。

2023年上海春考作文写作指导及范文点评

一、试题回放

有人说，所有重要的东西在很早以前就提到过了。你是否认同这一观点？请写一篇文章，谈谈你的认识和思考。

要求：（1）自拟题目；（2）不少于800字。

二、思路点拨

这是一道观点类材料作文，审题需注意以下几个方面。

第一，抓住关键词，“头脑风暴”式追问，打开思路。这个观点里有“重要的东西”“很早以前”“提到过”三个关键词。当我们说“重要”的时候，要考虑标准、对象、范围等因素，什么叫“重要”？对谁“重要”？这种价值判断是个人化的，还是普世性的？“东西”是具体的物，还是抽象的事理、观念、信仰、志向、道德、自由、习惯、品性、人生真谛、世界规律等？这个“重要的东西”是在以前存在，还是现在依然存在？“很早以前”是历史上的早，还是个人的早？很早以前谁“提到”？祖先、贤者、父母、“吹哨人”？还是书籍、社会？什么叫“提到”？是说出来，还是提出警告，还是大力宣传并践行？审题时，追问的过程，是打开思路的过程，也是加深认识的过程。

第二，整体理解把握材料意思。“所有重要的东西在很早以前就提到过了”，既可视为完整表述，也可认为是一个有隐含意需要补充“完整”的表述。比如，“重要的东西在很早以前就提到过了”，但至今还是没有引起人们的重视；“重要的东西在很早以前就提到过了”，但人还是容易迷失在当下，忽视根本性的东西；“重要的东西在很早以前就提到过了”，所以不必自大，以为自己一直在“创造”重要的东西。这样理解，才能确定认同或不认同的核心点。

第三，审题要注意不要陷入机械主义。比如，这个材料观点是个全称判断，有的同学会从“所有”入手，提出：难道所有重要的东西都在很早以前提到过了吗？其实，在具体语境中，很多“所有”和“全部”无非是强调普遍，从形式逻辑角度反驳，写作就进入死胡同。说“一到过年，大城市就没人了”，只是说有很多人回乡过年了。

三、精彩立意

立意一：重要的，未曾变

“重要的东西”因人而异，因时代不同而不同，实则是表面；回到根本，所谓重要的东西，健康、情感、理性等，都曾以不同的形式被阐释、倡导、践行。现代人感觉手机很重要，根子上也无非古已有之的人与人交流需求的外化。天下“新鲜”的重要之物，亦源自人们的价值判断，而这种价值判断又是根植于自古有之的“人心”。“一切的现在都孕育着未来，未来的一切都生长于它的昨天”。敬畏过往，才能活好当下，创造未来。

立意二：没有不变的“重要”

从来不存在泛化的“重要”，主体不同，时代不同，标准也应不同，“他人蜜糖，我之砒霜”，因时因地，观念更迭，也是必然。黑格尔说：老人讲的那些宗教真理，虽然小孩子也会讲，可是对于老人来说，这些宗教真理包含着他全部生活的意义。固守过往的“重要”，会作茧自缚；以“很早被提到过”，居高临下，教育他人，警示后人，会失之笼统和傲慢。与时俱进的“重要”才真的“重要”。

立意三：奉行的，才是重要的

诚然，似乎重要的东西都早已被“提到”，但如果停留在这样的层面，反复阐明或证明而不能奉行，“彼重要”就非“此重要”。有人说，人类从历史中吸取的唯一教训，就是人们从没有在历史中吸取教训。抽象的重要不重要，会陷入“痛苦轮回”的怪圈，知行合一，保持敬畏，努力奉行，方能成就“重要”的“重要”。

四、教师下水文

继往开来，践行“重要”之事

华东师范大学第二附属中学　冉莹

《圣经》有云：“日光之下，并无新事。”很多重要的东西的确在很早以前就提到过了。但我们依然要保持发现新的重要事物的能力，并在“提到”之后思考如何践行，才能让这些重要的东西发挥它们应有的价值，推动个人和社会的进步。[①]

已经提到过的重要的东西，首先是指个人生活中积累的、社会历史发展中总结的有益经验。因为事物的运行发展都有客观规律可循，这些规律已被前人总结、经过时间的检验，便可成为当下行动的指导，甚至能够预判未来的发展方向。[②]

更重要的是，某个事物重要与否皆源自人的价值判断，这种价值判断自古以来便不断被探索、被提及，我们认为重要的事物从根本上而言都以“真善美”为判断标准。比如，当今社会许多人屡屡提倡尊老爱幼、建构和谐的人际关系，这不正是千年前孔子提出的“仁”“孝悌忠义”文化的延续？千年前的哲人仰望星空，早已开始思索生命的意义、人的价值，这样的终极关怀贯穿了整个人类文明的发展史，可以说，这是从古至今一切艺术、哲学的根本问题，也是当下的人们依然在求索的生命坐标。[③]

然而，这是否意味着日光之下，

① 开篇引用并紧扣材料，提出观点，阐释题目：“要保持发现新的重要事物的能力”“思考如何践行”。

② 在界定概念的基础上，阐释材料观点。“重要的东西”首先指“经验”“规律”，它们很早就被提到，仍指导着人们当下的行动；也指不变的“价值判断”标准，贯穿古今。

③ 同上。

再无新事？前人已经提过的东西，我们不必再多思多虑？我想并非如此。[①]

当今时代日新月异，“百年未有之大变局”绝非虚言，我们很容易发现基于过去的经验难以解决当下的所有问题，时代在变化、观念在改变，尤其是经历了“祛魅”后的现代社会走向一个价值多元化的时代，“重要的东西”也必然随之改变。所以，我们理应尊重多元化发展的可能，以与时俱进的态度去拥抱乃至主动发现新的重要的事物，为个人和社会的发展提供更多的可能性。[②]

而且，重要的东西仅仅“提到”就足够吗？我想，“提到”之后，更要“做到”，“知行合一”才是践行真理的应有态度。虽然千百年前的哲人就已经在思考，如何在有限的人生中实现自我的价值，但如今的我们依然要在自己这具体的一生中继续求索、实现属于自我的价值；虽然诸如“真善美”这样的理想追求早已被提及，但历史情境和社会条件早已发生天翻地覆的变化，每一代人都应当思考如何在具体的社会实践中发扬这些崇高的理想追求，推动人类文明向着更美好的方向前进，这便是“一代人有一代人的历史使命”，如此才能始终高扬人之为人的尊严和价值。[③]

就让我们以曾经提过的那些重要的事物为标杆，既在当下的实践中落实那些重要的事物，更在行动的过程中审视、发现乃至重建重要的事，继往方能开来，找到人类的价值坐标，让文明的航船驶向更广阔的天地！[④]

总评：本文开篇亮出观点，呼应题目，全文围绕“继往开来”和“践行”展开论证。先从两个方面明确“重要的东西”的内涵，并阐释材料观点中的“很早以前就提到过”。在此基础上提出疑问，从两个角度论证：一方面“重要的东西”随时代而变化，另一方面“知行合一”才是应有

① 进一步思考，提出疑问，并明确个人看法：前人提到了，并不意味着我们不必多思多虑。

② 扣题目中的“继往开来”，指出时代变化，“重要的东西”也必然随之改变。

③ 扣题目中的“践行”，提出“做到”才是践行 “重要”正确姿态。并进一步指出，“践行”“重要的东西”，是建构“人”的价值。

④ 总结全文观点，提出倡议。

姿态。文章段落之间层层递进，非常具有说服力。

金题呈现

阅读下面的材料，根据要求写作。

在前进的道路上，人们往往趋向选择与大多数人相同的方向。对此，你怎么看?

请写一篇文章，谈谈你的看法和思考。

思路点拨

此类作文题审题，要重视关键词的解读和原因分析。

“在前进的道路上”，大到人生旅途，小到完成一个目标。“人们”是材料主体，也是作文言说对象。“们”表明不是单个人，是群体；不是少数，是多数；不是个别，是普遍。“趋向”是意愿，是倾向，是下意识，是常态心理，是习惯认识。“选择”，是决策、抉择。“方向”是大的目标、志向、愿景，也可是具体的升学、职业规划，不等同于观点、位置，也不等同于策略、方式。

为什么“选择与大多数人相同的方向”呢？大多数人的方向常常是现实中的理性选择，节省筛选成本，一定程度上降低风险，给人安全感。而且人的价值观、成功观，常常来自群体，并由群体选择的方向作为校对标准。如果不选择与大多数人相同的方向，可能要承受孤独，承受风险，需要有强大的内心，要有勇气、见识、才力。

为什么不应该“选择与大多数人相同的方向”呢？因为可能“前方拥堵”，需要提前“规划路线”；因为大多数人的选择，可能是“趋之若鹜”的盲从；因为人生的意义在于不趋同、不格式化的独特性，在于尊重内心，在于“另起一行”的不确定性冒险，在于选择适合自己的路或选择少有人走过的路，走出“我”的人生。

至此，我们可以这样构思全文：

1．产生这种现象的原因。即，人们为什么趋向选择与大多数人相同的方向？在写作时，注意原因分类，如内因与外因，直接原因与根本原因等。

2．这种现象的合理性与局限性。单纯地批评和认可，都可能犯机械思考的毛病，试着抓住本质或设定一定情境，使论证充分、有说服力。

3．应该怎么做。如，选择属于自己的方向或选择适合自己的方向。

4．为什么做出这样的选择，要写

出这种选择的意义和价值。从不同角度考虑对个人和对群体的价值。

5. 自己的方向和大部分人的方向之间的关系。

写作时，建议设定好假想读者，也就是这篇作文是写给谁看的，他们有什么样的观点，尤其不能矮化对方观点，相反，要充分考虑对方观点的合理性，在此基础上回应，才能使论证更深入，更有价值。

思辨类作文的审题及写作指导

考前答疑

问：当对所给材料有确定的判断倾向时，该怎样做到思辨？

答：“第一性”原则思维。

“第一性”原则思维，就是从根本上看问题。比如，我们不是需要空调，需要的是合适的温度；我们不是需要手机，需要的是和这个世界便捷沟通。对作文材料，当思考的方向对了，我们要追问本质性问题。从这个角度看，是不是选择与大多数人相同的方向，其实是“表”，“里”是“价值”选择。这样思考，会更清楚地看到不同的选择并非非此即彼的矛盾对立，也可以“殊途同归”。写作中不宜对“选择大多数人的方向”全盘否定，这种选择不一定就是盲目，不一定就是不对。为追求独特而选择少数人走的路也可能是另一种“趋之若鹜”。关键的问题是，选择要符合自己“价值”。延伸一下，即使看似对立的作文话题，快和慢，大和小，弯和直，从根本上思考，就很容易达成思辨，形成深刻的思考。比如说“所有的弯路都是直的”，听着很费解，但从根本上来看，欲速则不达，有些曲折会累积成阶梯和源源不断的动力，弯路是必由之路，甚至弯路才是捷径。

立意角度

角度一：选择多数人的方向，站在巨人的肩膀上

多数人选择的方向规范着人类的价值取向，化为惯性的巨大力量。很多时候，面对不确定，面对岔路口，多数人的选择方向，为个体提供了风险低、容错率高的方案，汲取前人经验，借鉴众人智慧，使前行少走弯路，使行事便捷高效，站在巨人肩膀之上，获得更大的力量。

角度二：与时代共舞，唱自己的歌

一味地趋向选择与大多数人相同的方向，将个人的价值建立在外界的标准之上，对个人而言，是对个体独特性的抹杀，忽略了人之为人的价值与尊严，最终导致的是个人自我的迷失。对社会而言，个体的选择造成了社会的趋同，会影响更多的人选择一致的方向，形成恶性循环。而社会的需求是暂时的，没有人开创新路，会导致社会停滞。

角度三：适合的，才是最好的

选择大多数人的方向也罢，选择少数人或没有人选择的方向也罢，关键要适合自己。这种“适合”不是多与少的问题，而是“我的”；这种“适合”不是来自世俗的判断，而是“从心”。这样的选择，既不畏做“如米苔花”，亦不惧会“一枝独秀”。参差多态，美之本源，愿在自己选择的方向上坦荡前行。

佳作示范

选择自己的方向

张谦一

前进的道路上，人们往往趋向于选择与大多数人相同的方向。以趋利避害为目的走向主流的同时，我们已进入价值的铁笼。

前进的方向，小到每天的阶段目标，大到人生的长期规划，方向背后反映的是一种价值观，而选择与大多数人相同的方向，便是趋向选择主流价值观的体现，其动力来自社会对个人的要求。主流意味着成功实现自我价值，而工具理性的社会中人的价值被数据化定义，成为社会运转中稳定可靠的“零件”。不可否认，选择主流，往往是有收益的选择。我们能有效避开无益且危险的行为，在特定的价值规范下行事。

然而驱动力不仅是来自外界的要

求，正如外界只是给予我们一个价值标准去行动，真正值得关注的则是个人的惰性。让我们进入自我封闭的是内心不愿付出努力，惧怕面对未知结果的态度。创造属于自我的价值意味着我们要付出一定代价，因为它可能不被主流社会采纳，又或许不会带来物质上的好处，但它会使我们成为真正的自己。

苏格拉底说："认识你自己。"自古的哲学家以认识自我为根本命题，但现代社会的人们却自发地放弃了认识自我，放弃不必要的付出，心安理得地做一个"零件"。主流价值观对自我发展的束缚反倒成为现代人的庇护所。

真正认识自己需要接受自己的优势、缺点，接纳心中的需求，寻找心之所向。自我的价值便是由这些内心的发现决定的。并非社会公认的学历、工资和名誉，而是实现自我突破，向达到人生圆满的方向奋斗。在工具理性社会，它们区分了人与人的不同，使我们从工具变为更生动的人。

人是目的，而绝不仅仅是工具，接受并顺应主流方向固然是重要的，因为作为群体动物的人自然会在社会中被赋予了责任，来满足社会的需求。但正是认识自己的过程让我们领悟自己的诉求，试图找到独属于自己的前进方向以实现内心目的，继而从单纯的社会工具进化为实现自我目的的人。

价值的铁笼里，我们可以得到"完美"却不自由的人生。成为我自己，是获得追求自由的权利。被约束在主流价值和思维的铁笼中，人们的视角便逐渐缩小，我们的眼中不再有长期广阔的人生，只有眼前的利益，社会群体的大方向。所谓的完美人生，不过是一个规范化的空壳，忽视内心需求，忘记自己的真正目的，只会让我们失去自己的价值。主流并非错误的，但一味听从势必会造成失败。

《美丽新世界》中，不愿忍受新世界的野人约翰宣布自己要追求不幸福的权利，这种不幸是自由的象征，而并不是真正的苦痛。冲破价值铁笼的人或许会经历挑战与磨砺，但当选择自己的方向而获得自由的权利时，定会使我们实现人生价值，走向更幸福的未来。

教师点评

抓住本质，逻辑严谨。作文开篇即指出"选择与大多数人相同的方向”现象背后的动机是“以趋利避害为目的”，并点明其实质是使人进入“价值的铁笼”。论证部分逐层推进，引向深入。先承认选择主流方向有其价值，接着指出这种驱动力来自外界，并从不同角度论证其不能使人成为“真正的自己”，点出了大部分人的“铁笼”状态。最后举《美丽新世界》中的例子扣题，提出“选择自己的方向”的建议。环环相扣，浑然一体。

语言精准，意蕴丰厚。全文语言严谨、简洁，“价值的铁笼”“零件”“庇护所”“完美”等词使用精准，形象而有意蕴，体现出作者出色的语言驾驭能力。

走好自己的路

劳用誉

在前进的路上，人们往往有“趋向于选择主流方向”的从众心理。但这样选择出的道路还是适合自己的路吗？

诚然，选择与大多数人相同的方向，是快节奏风险社会中时刻保护自己的一面盾牌。它稳妥、低风险，在“法不责众”观念的支持下很少出错；它有经验可循，让人们能看着旁人“按图索骥”；它更能使我们在前进的道路上不孤独，让我们与众多同行者互相支持。

可是，这样的盾牌在某些情况下也会成为限制我们的选择、框定前行方向的惰性力量。如果一味躲在盾牌下，会使我们陷入盲目从众的漩涡中，受到眼界、思维上的制约；我们也可能被格式化的程序行为束缚，无法继续前进、提升自我。常言道：“真理往往掌握在少数人手中”，有时最正确的道路恰恰是无人问津的“小路”或还未开辟的“新路”。

当然，这并非说选择与大多数人相同的方向就是不对的。小路和新路必然有无法成为大路的缘由：它们或是不满足高效、高回报的需求，或是需要异于常人的能力或从无到有的探索，抑或本就是违反公序良俗的“邪道”。为了显示自己的“特立独行”而刻意与大多数人反向而行，往往会演变成逆反倾向，由于违背常理公理而被推到风口浪尖，无益于前行。

选择与大多数人相同的方向固然稳妥，选择与之不同的方向也未尝不可，关键在于摆脱潜意识中的趋向性，选择适合自己的道路。独立自主的思考能帮助我们避免盲从，分析时局、利弊，准确把握选择的意义；结合自身的具体情况，进行个性化的分析与选择，能使我们跳出格式化的圈套，在多样化的社会中走出自己的路。

世界上有许多在“大多数人”中脱颖而出的例子，但最顶尖的人才总会走过一段独一无二的前进之路，就像不顾教会权威发表日心说的哥白尼、在车库中组装第一台苹果电脑的乔布斯和沃兹尼亚克……但这样“与大多数人不同”的选择能成功，背后必定离不开大多数人的认同与跟从。“走的人多了，便成了路”，在集体经验之下，那些正确的“小路”“新路”才能自然地转变为大路；群体的主流趋向为我们选择人生方向提供“参考答案”，而那些开辟“新方向”的个体又何尝不在拓展群体选择的多样性？因而，选择多数人的方向与选择少数人的方向并不矛盾，二者相辅相成，为社会文化的发展提供无限可能，为个人人生的方向指明无数道路。

我们选择的每一个方向，都有前进的可能；我们取得的每一分进步，都有深远的价值。因此，从众也好，“从少”也罢，只要秉持独立自主的思维方式、明确个性化需求，就能找到最适合我们的前进方向，走好自己的路。

教师点评

理性论证。“论证是摊开的手掌，不是攥紧的拳头”，这篇作文“以理服人”，用“商量”的方式，不断对自己的论证质疑、作出补充，不断“完善”论证，在此基础上，点出本质。很有说服力。

显性逻辑。作为考场作文，这篇文章段与段之间的逻辑关系清晰，第二到第五段段首句中的“诚然”“可是”“当然”“固然”“但”等词，明确交代了每一段与上一段之间的论证关系，使逻辑“可视化”，行文清晰。

『天意君须会，人间要好句』——高考语文一道新型题目的分析

大家好，欢迎收看从良老师微课。

2022年高考语文四套全国卷，有三套直接在语言文字运用部分考语句的“表达效果”。

很多同学觉得这个题目形式新，难度大，不知怎样分析。

这类题在2020年新高考卷中就曾出现过，实际上是在回应“新课标”的要求。

本质上，表达效果类题目是从品味语言的形式入手，探讨作者创作时为什么采用这种方式而不是别的方式。

为了方便理解，我们可以从内容和形式的关系角度来讨论。

一方面，形式影响内容。

语言形式的调整，常常会带来思想和情感的变化。

王荣生教授曾举过一个例子，说妻子给丈夫留的便条“亲爱的，你放在冰箱里的那串葡萄我吃了”，只要断开，就成为一首诗：“亲爱的，你，放在冰箱里的，那串葡萄，我，吃了。”一个字都没有改动，只是添加了标点，传达出来的情感和意趣就大不相同。

“屡败屡战”和“屡战屡败”，只是词语的顺序不同，传达出的状态就有很大差异。

即使是一个词，形式的变化也会带来情感的变化。

和孩子说话，“来，吃个包包”“看，小狗狗”，“包包”“狗狗”这种不合语法的名词重叠，就表现出亲昵的意味。动词的重叠，“扫扫”比“扫”语气轻柔，“说说”比“说”更能表现出倾听的态度、期待的情感。“红红的”比“红的”不只是颜色的加深，还透露出事物的可爱，有人情味、亲切感。

另一方面，内容选择形式。

要表达什么样的情感，要达成什么样的效果，就要找到最适合表达这种情感、达成这种效果的形式。因为内心充满悲痛，所以鲁迅《记念刘和珍君》的开头采用了超长的让人读得喘不过气来的句子，这种形式更能表现作者内心的压抑和悲痛。

而“我没有亲见；听说，她，刘和珍君，那时是欣然前往的。自然，请愿而已，稍有人心者，……”全是短句，几乎一词一顿，更适合表达作者内心的激愤。

伏契克《二六七号牢房》中“从门口到窗户七步，从窗户到门口七步”，不是语言的啰唆，而是因为作者要传达出自己被囚禁的状态，在牢房里曾反复测量，我们能感受到他度日如年，内心痛苦。

“鞋子形成了脚，脚也形成了鞋子”，好的文学语言，形式影响内容，内容选择形式，达成内容和形式的和谐统一。

做这类题时，我们应注意以下三个方面。

首先，看清出题人在问什么。

答案常在问题里。这类题目要么是给出策略问效果，要么是给出效果问策略。

比如2022年新高考Ⅰ卷题目，就是明确告诉“句子使用了设问和排比的修辞”，这是告诉策略，要求“分析其表达效果”。

而2022年新高考Ⅱ卷，题目表述“文中画横线的部分突出了‘祖父’的衰老死亡和‘我’的成长是一个同时发生的逐渐变化的过程”，是告诉了效果，问的是“这一表达效果是怎么取得的”，是在问“策略”，就是语言采用了什么形式、如何达成了这一效果。

看清楚这一点，思考的逻辑方向就明确了。

其次，要对标比较。

当问为什么是这样一种形式时，往往隐含着常规情况下不用这种方式。可以这么说，凡是高考考的句子，多是采用了非常规方式，或者是常规的方式表达了非常规的意蕴。

对标常规，找出差异，思考究竟改变了什么，有什么意图或产生了什么样的影响。

分析“一手提着竹篮，内中一个破碗，空的；一手拄着一支比她更长的竹竿，下端开了裂”的表达效果，就要对标“她一手提着一个内中放了一个空的破碗的竹篮，一手拄着一支比她更长的下端开了裂的竹竿”这个常规表达。

我们发现把修饰的定语“空的”“下端开了裂”独立出来，就起到了强调作用，突出祥林嫂穷困潦倒的境况。强调“碗”是“空的”，说明挨饿，强调竹竿是“下端开了裂”，说明拄的时间长，乞讨生活为时已久。

2020年新高考Ⅰ卷问“我把饼和粥都一扫而光，又心满，又意足”为什么比“我心满意足地把饼和粥都一扫而光”表达效果更好，与此类似。当然除了强调突出作用，还要考虑句子所处位置、语体风格等。

第三，在语境中分析。

不能单独地评价某一语言的表达效果，要在一个具体的情境中分析判断。

2022年新高考Ⅱ卷考分析写自己的祖父没有一处使用“他”的作用与效果，要从语段中的作者情感角度来考虑，才能够理解不使用“他”，包含的尊敬、怀念、不舍、感伤等复杂情感。

大家初中学的《我的叔叔于勒》结尾说自己从此再也没有见过“我父亲的兄弟”，不再称“叔叔”，要结合全文来看，是为了表现情感的疏离。

近三年的命题，主要考的是句式句序。

除此之外，词语使用、常见修辞、语体风格、描写手法等也应关注。

2021年高考语文全国Ⅱ卷诗歌鉴赏题点评

一、真题呈现

阅读下面这首宋词，完成14-15题

鹊桥仙·赠鹭鸶

辛弃疾

溪边白鹭，来吾告汝。溪里鱼儿堪数。主人怜汝汝怜鱼，要物我欣然一处。

白沙远浦，青泥别渚，剩有虾跳鳅舞。听君飞去饱时来，看头上风吹一缕。

14.下列对这首词的理解与赏析，不正确的一项是（　　）（3分）

A.上阕结尾句“要物我欣然一处”，表达了人与自然和谐共处的美好愿望。

B.因“溪里鱼儿堪数”，故作者建议鹭鸶去虾鳅较多的“远浦”“别渚”。

C.本词将鹭鸶作为题赠对象，以“汝”“君”相称，营造出轻松亲切的氛围。

D.词末从听觉和视觉上分别书写了鹭鸶饱食后心满意足的状态，活灵活现。

15.这首词的语言特色鲜明，请简要分析。(6分)

二、全词大意

溪边白鹭呀，来来来，我有句话儿对你嘱：溪水的鱼儿已寥寥可数，我关爱你，你也要关爱鱼，我们要和周围一切，快乐相处。

你看那远处，白沙水滨，青泥小渚，尽有那些虾窜泥鳅舞。去吧去吧，任凭你去饱食，待你乘风归来，我且享受这清风一缕。

简评：

这首词恰如清风一缕，词也可以这样写，稼轩词从不落窠臼。

构思上，词人视鸟儿为老友，敞开心扉，以“汝”“君”相称，恳切交谈，词人形象跃然而出；内容上，嘱咐白鹭别处觅食，爱护此地生态，讲究和谐相处，写出自然的归隐生活，富有画面感，又颇具诗意；情感上，打趣中似有激愤，“虾跳鳅舞”，意有所指，平和中似有无奈，闲居虽乐，恐非本意；语言上，不用典故，纯用口语，生动活泼，充满情趣。

全词娓娓道来，不着痕迹，浑然天成，又尺水兴波，颇有意蕴，极富魅力。

三、命题点评

诗歌鉴赏题无非考核三个方面能力，识记、理解和感受能力。

识记类的，如格律、押韵、作者、写作背景等文体常识和文学常识，全国卷近年未有涉及，上海卷诗歌鉴赏题常考。

理解能力，是对诗词意思的考核，近几年全国卷的选择题常在这一点上设错，“男儿屈穷心不穷”中的“穷”的理解（2018全国Ⅰ卷李贺《野歌》），“今在一窗间”句意的理解（2019年全国Ⅰ卷陈与义《题许道宁画》），对题目中“杜门见寄”的理解（2021年全国Ⅰ卷陆龟蒙《奉和袭美抱疾杜门见寄次韵》）等。这首词的选择题也是从这个角度来命题。值得注意的是，2019年以前，诗歌鉴赏选择题的题目表述为“下列对这首诗的赏析”，2019年全国Ⅱ卷表述为“下列对这首诗的理解和分析”，2020年表述为“下列对这首诗的理解与赏析”，今年试题沿用这个说法。这样表述更严谨，也体现了诗歌鉴赏考核的要点。

除了识记和理解，诗歌中还有一个重要的考核点，就是感受，审美离不开感受能力，比如分析“语言特色鲜明”就离不开感受这种鉴赏能力。

四、题目分析

如上所说，选择题主要考核理解和赏析，包括归纳内容要点、评价作者思想内容和作者的观点态度的能力，鉴赏文学作品的语言和表达技巧的能力等。A项说“要物我欣然一处”，表达了人与自然和谐共处的美好愿望。“人与自然和谐共处”说法似乎很现代，但表述符合词意，人居溪边、青天白鹭、人鸟私语、怜鸟怜鱼，可不就是一幅人与自然和谐共生的画面。B项说，因“溪里鱼儿堪数”，故作者建议鹭鸶去虾鳅较多的“远浦”“别渚”，这个选项，从词的上下片逻辑上很容易判断，符合词意。C项说，本词将鹭鸶作为题赠对象，以“汝”“君”相称，营造出轻松亲切的氛围。这正是这首词写作上一个非常鲜明的特点，以鸟为言说对象来写词，用第二人称“汝”“君”相称，语含关爱，非常亲切。D项，词末从听觉和视觉上分别书写了鹭鸶饱食后心满意足的状态，活灵活现。其实原词中的“听君飞去饱时来”中的“听”的意思是“听任、任凭”，选项理解有误。从某种程度说，就是在考文言实词。高中教材中李密《陈情表》一文中有“听臣微志”中的“听”即为此意。当然选项中所说的“心满意足”的，是鹭鸶，还是词人，还是二者兼有之，则可见仁见智，诗歌欣赏，这一点上，不必苟同。

第二题让分析“语言特色鲜明”，考生也是很容易感受得到的，全词语言口语化，清新质朴，模拟对话，诙谐幽默，充满生活情趣。语言特点可以从现代人阅读习惯和词牌断句的不合之处体会，古人写诗词无标点，是按词牌规则停顿，与现代汉语习惯多有不一致之处。如“来吾告汝”，按现代汉语口语，应该是“来，吾告汝”，“看头上风吹一缕”，按词牌，中间是断开的，“看头上，风吹一缕”，试卷这里就采取了完整句形式的断句，“要物我欣然一处”也是如此。正确理解题目的意思，还要准确表达自己的意思，答题要规范。语言特色分析类的题目，要注意两个层面，一个是策略，一个是效果，所谓策略，就是用了什么招，所谓效果，就是给人什么样的感受。回答时要写周全。

怎样为小说写批注

阅读题主要是理解问题，答题规则是小技巧，是很容易解决的。对于小说，还是要精读，而不是单纯的做题。做题量的增加不一定就有阅读能力的提高，只有正确地理解，才可能准确地表达，一定要力求读得正确、科学、专业，这是根本。下面以小说《老人与兵》为例，通过这个阅读批注示例，也许可以从中看出我们在阅读时应该怎样读，关心些什么，应该怎样思考，从而提高阅读小说的“专业性”。后面设计了四道题，并附了答案，大家练习一下，然后自测一下。

【文本及批注】

老人与兵

（一老一少，一父一子，一民一兵，一中国人一日本人，题目本身就暗示了不同的身份，不同的国别，对立的立场。）

周海亮

时近中午，一个日本兵拖着疲惫的身躯来到一座荒僻的村落。（兵一出场就被剥去了作为“兵”的光芒。）

兵的额头缠着纱布，纱布上血迹斑斑。（疲惫了，受伤了，是失去了本来面目的兵。）兵漫不经心地拎着步枪，寻找着可能有人烟的屋子。（写出了日军侵略给中国人带来的伤害。）终于有所发现，兵隔着窗户朝屋子里观望，木椅上坐着一位鬓髯花白的老人。①老人如同一副骨架，宽大的皮肤披盖在身，然而目光与他相碰，却是铮铮有声。（老人失去了所有亲人，老人内心极度痛苦，“花白”与“骨架”二词正是他内心痛苦的外在表现。“铮铮有声”的目光是倔强的内心世界的写照，那眼睛里充满复仇的光芒，如果没有这个细节的描写，后文的复仇情节就会显得突兀。）兵敲门，推门，关门，将枪斜立墙角。兵低目垂手，又点头，冲老人温和地笑。（还很有礼貌——让人想不出一个兵的常态了。）兵说，您不要害怕。

老人说，我没有害怕。（亲人不在了，没家了，生不如死，还有什么“害怕”的呢。）

兵说，我是逃兵，从战场上逃过来的。我是在中国出生的，我有许多善良的中国朋友。我讨厌这场战争。（一连串的话，表明立场，试图沟通。）

老人说，战争是你们挑起来的。你们说这是解放，可是我们认为这是侵略。（点明两位主人公势不两立的关系）

兵紧抿嘴唇，不置可否。屋子里很热，兵摘下头盔，脱下军装，露出胸膛。兵的腹部，围一条宽宽的布带。

女朋友送我的。兵笑笑说，围上它，子弹就射不进去。兵从口袋里翻出一张很小的照片给老人看。（让兵展现温情，老人内心的矛盾才更真切。）

家里就你一个人？兵问。（进一步沟通。）他们都死了。（呼应上文老人的出场形象，又照应下文兵的“不安”。）老人说，老伴儿、女儿、女婿和外孙死于空袭，儿子死在战场上。

怎么会这样？兵有了不安，对不起。老人不说话。（面对一个士兵的“对不起”，老人只能选择“不说话”。）

怎么，没人送他这样的护带吗？（这是兵说的一句很无聊的话，他是在没话找话，难道护带能保护人不在战争中死去？）兵突然问。没有用。老人叹一口气，他什么都不缺，可是他还是死了。战场上再敏捷再勇敢都没有用，打仗只需要运气……这条命只需要运气……你的运气就很不错……（暗示主旨。）

可是我再也不想打仗了。兵说，一枪都不愿意开。兵指指斜立墙角的步枪，真想把它扔了……老人笑一笑，蒲扇摇动起来。（老人笑了，“蒲扇摇动”了，下文兵开始感到“习习凉风了”。“蒲扇”是故事中重要的道具。）

战争不是我们的错，兵说，我们只是兵。蒲扇轻轻摇动，兵感到凉风习习。如果战争胜利了，我就能回到家乡。（这是兵在这个故事里说的最糟糕的一句话。）兵说。目光开始柔软。（说完还自我陶醉，连目光都“柔软”了。）

那样的话，我们就失去了家乡。老人站起来，丢掉蒲扇，你来这里只是想跟我说这些吗？（都想要家乡，但本身却是势不两立的。是战争决定了两人不能同时拥有家乡。本来“摇动”了，兵都有“习习”之感了，但现在老人“丢掉了”。）

兵不好意思地笑了。（他似乎只能不好意思，他也无能为力。）他扬起眉毛，露出两颗调皮的虎牙。他笑起来很像老人的儿子，（又添一重温情，又增一重矛盾。老人自己的儿子在战场上也曾受伤吧，也曾挨饿吧，也曾这样腼腆而无助过吧？）有那么一瞬间，老人甚至真的以为面前腼腆的年轻人就是他的儿子。我非常饿，兵说，我两天没吃东西了。如果方便的话……我会付你钱……

只有米。老人问，可以吗？

挺好了，兵说，谢谢您。

老人淘好米，细细地煮。米香弥漫屋子的时候，年轻的兵流下了眼泪。他背过身子去擦，瘦小的肩膀在阳光下抖动不止。（情节逐层推进，自然而真切。米香催出的眼泪，阳光下抖动的肩膀，都那么具有震撼人心的文学力量。）

米饭摆上桌子，兵看着，贪婪地吸着鼻子，却不吃。他看着老人，说，您也吃点儿。（结合上文可知，这显然是礼节而不是戒备。）老人笑笑，端起碗，目光平静。（照应上文的目光“铮铮有声”。）他默默地吃下一碗饭，用去足足10分钟。老人抹抹嘴，空碗放回桌上。

兵吃得很快，却很文雅。他将桌子上的米饭全部吃光，又像狗一样将空碗舔得干干净净。（不是辱骂兵，是要真实地写出兵的可怜相。）他满足地站起来，打一个很响的饱嗝儿。他穿上皱巴巴的衬衣和军装，戴上沉重的头盔，重新变回一个兵。（与前文照应。）他掏出口袋里所有的钱，悄悄压在碗底。他隔着口袋轻轻抚摸女孩儿的照片，（又写一遍，既照应上文，又强化情感效果。）脸上写满幸福。（幸福，是全人类的追求，兵是，老人也是。）他看一眼老人，老人手握蒲扇，眯着眼，一动不动。

您是好人。兵说。（诚恳的评价。）

老人似乎已经睡着。

兵拿起他的枪，往外走。（交代清楚。）他在门口站定，回头再看老人一眼。他说，您就像我的父亲。他慢慢走向远方，再也没有回头。（一个感觉对方像儿子，一个感觉对方像父亲，真乃妙笔。）

②老人睁开眼睛，张张嘴。他想喊住年轻且腼腆的兵，可是他终未出声。老人重新闭上眼睛，却有两行浊泪滑落脸颊。（睁眼、张嘴，那么一瞬间老人"动摇"了。"年轻而腼腆"再写一笔，那么一瞬间老人也许想起自己的儿子吧。想喊终未出声，闭上眼却又浊泪滑落——老人内心的矛盾表现得淋漓尽致。）

半小时以后，老人突然从椅子上栽倒在地。他知道毒性已经发作，很快，他就将离开地狱般的人世间。他本该放过那个兵的，可是他不能。他说服不了自己。他做不到。兵的军装是那般刺目，纵可原谅他的罪行，也不能饶恕他的衣服。（人，当一种情超过另一种情，当一种痛超过另一种痛，就会这样。老人对日本侵略者的痛恨之情已远远超过对兵的怜悯之情。在作者描绘的场景里，我们几乎忘了这个"兵"是一个日本兵，当他摘下头盔、脱下军装、放下枪，他是那么可怜——受伤了、疲惫了、想家了，他是那么可爱——有礼貌、会说话、年轻而腼腆。但他最终又戴上了、穿上了、拿起了，他还要回到战场，还要履行一个作为日本兵的责任。）

【练习】

1.请概括小说中"兵"的形象。

2.请概括小说的主要情节。

3.请从人物描写手法的角度分析划线的两个句子在文中的作用。

4.请从主旨角度谈谈小说最后为什么说"纵可原谅他的罪行，也不能饶恕他的衣服"？

【参考答案】

1.日本逃兵，腼腆、有礼貌，热爱生活（思念家乡），讨厌战争、向往和平。

2.①兵来到老人家。②兵与老人沟通。③老人为兵做米饭，二人吃米饭。④兵离开后，老人毒性发作。

3.①通过外貌描写（或细节描写、白描）写出了老人内心的极度痛苦，为后文写老人失去了所有的亲人以及复仇的情节做铺垫。

②通过心理描写形象地写出了老人内心的矛盾和挣扎，为结尾揭示故事真相蓄势。

4.“兵”身上的衣服是日本侵略的象征，老人对侵略的痛恨远远超过了他对“兵”个体的宽容，老人的这种复杂的情感，传达了小说的主题：对无情的战争的控诉，对无辜的百姓的同情。

“炼字”题的答题方法

古代诗歌鉴赏题区分度大，不容易得分，因此受到重视。但古诗鉴赏题目学生复习没有信心，到高考时往往还是“跟着感觉走”，得分不高。本文以古诗鉴赏题中常考的古诗语言鉴赏题的指导为例，谈谈古诗鉴赏复习的有效性。

一、分析“答案是什么”，找出复习的出路。

古诗鉴赏题设问方式不断涌现出“新花样”，答案也常给人“随心所欲”之感。但对常考题的题目和答案作分析，明确其考核目标，还是能够寻找到古诗鉴赏复习教学的出路的。

1.设题方式及答案的不稳定性

对考生诗歌语言艺术特色的鉴赏能力的考查，主要是两个方面：一是赏析字词表达效果，二是赏析诗句表达效果，即“炼字”和“炼句”。这里以“炼字”题为例，选取6道高考题来分析，试题及参考答案如下：

作品作者	关涉诗句	题干及分值	参考答案
骤雨 【宋】华岳	怒涛顷刻卷沙滩，十万军声吼鸣瀑。	第三、四句中“卷”“吼”两个字有什么表达效果？请结合诗句简析。（2分）	卷从视觉角度，写出了骤雨来时的迅猛态势；吼从听觉角度，写出骤雨声势之大。
最爱东山晴后雪 【宋】杨万里	软红光里涌银山。	请赏析“软红光里涌银山”中“软”“涌”二字的妙处。（4分）	“软”字以触觉写视觉，生动地写出了夕阳余晖可感可触、柔和温暖的独特美感；“涌”字运用比拟的修辞手法，形象地描绘出在夕阳红光映照之下，白雪覆盖的东山如银涛涌出的奇丽景象。
送邹明府游灵武 【唐】贾岛	边雪藏行径，林风透卧衣。	贾岛注重用字推敲，请对第三联中的“藏”“透”二字作简要赏析。（4分）	①“藏”字，运用拟人手法，描绘人行之迹很快便为大雪覆盖的边塞雪景，写景生动，颇有画意；一个“藏”字，已包含大雪纷飞、道路莫辨、行人稀少等多重意蕴。②“透”字，极为传神地展现了林间朔风砭人肌骨的穿透力，同时还隐含风急、天寒、衣单等内容，富有想象力和感染力。
子规 【元】曹伯启	贪夫倦听空低首，远客初闻已断肠。	本诗第二联中的“空”字极富韵味。请结合诗句简要赏析（3分）	“空”字既传神地描绘出贪夫倦听却不得不听的矛盾之态，又形象地表达出了贪夫徒劳无奈、难以排遣的惆怅之情。
钓船归 【宋】贺铸	绿净春深好染衣。	简析首句中“净”字的妙处。（3分）	联系“春深”“染衣”，“净”字巧妙展现了暮春时节芳菲凋尽，“绿”成了自然的主色调的情景，委婉道出词人内心的纯净。
送何遁山人归蜀 【宋】梅尧臣	春风入树绿	请简要分析首句中“绿”字的妙处。（2分）	“绿”字写出了春风吹绿林木的动态，表现了春风的活力，显示了春天的生机，增强了诗韵味。

小结：

（1）从题目设置上来看：这6道题题干设定的答题形式上，有三道用的是“赏析”，两道题用的是“简析”，一道用的是“简要分析”；答题方向上，有三道是“妙处”，一道是“表达效果”，一道是“极富韵味”，还有一道为“注重推敲”；答题限制上，有两道题直接点明要求“结合诗句”，其余三道未作限制；分值上，2～4分。总体上来说，题目表述方式有一定差异，呈现出一定的不稳定性。

（2）从参考答案上来看：①这6道题中所“炼”的九个字，前五个字的答案提到了所用手法，其中“卷”和“吼”，答案关注的是写作角度，“软”“涌”“藏”，答案关注的是修辞手法，后四个字的答案没有提到。②有的题答案比较概括，如第一题答案，先说出从哪个角度写的，然后直接说写出了描写对象“骤雨”的两个特点。③有的题则较为详细。如第二题不仅写出所用修辞（“以触觉写视觉”“比拟”）、描写对象特点（“可感可触、柔和温暖”“壮丽景象”），还对这个词写出对象的特点进行了点评（“生动”“形象”），还对原句所写之景进行了描摹“在夕阳红光映照之下，白雪覆盖的东山如银涛涌出”；第三题除了指出所用修辞（“拟人”）、描摹原句之景（“人行之迹很快便为大雪覆盖”）、点评描写特点（“写景生动，颇有画意”“极为传神”“富有想象力和感染力”），还写出了该字的丰富意蕴（“包含大雪纷飞、道路莫辨、行人稀少等多重意蕴”“隐含风急、天寒、衣单等内容”）。④第四题第五题还写到了所“炼”之字在表达情感上的作用（“无奈、难以排遣的惆怅之情”“委婉道出词人内心的纯净”）。

总体上看，参考答案的设置也呈现出一定的不稳定性。

2.得分点的稳定性。

用下表对上述6题中的答案作一个分析：

字	词性	答案层次
卷	动	角度（手法）+形象性（效果）
吼	动	角度（手法）+形象性（效果）
软	形	通感（手法）+形象性（效果）
涌	动	比拟（手法）+形象性（效果）
藏	动	拟人（手法）+形象性（效果）+含蓄性（效果）
透	动	形象性（效果）+含蓄性（效果）
空	形	精确性（效果）+情感性（效果）
净	形	形象性（效果）+情感性（效果）
绿	形	形象性（效果）+含蓄性（效果）

从上面这个表可以清楚地看出，所“炼”的9个字，5个动词，4个形容词，所选词词性是有相对的稳定性的。看似多变的答案，其实得分点不过“手法”和“效果”两端，在“差异性”的“皮”里蕴含着“稳定性”的“核”。分值低的，则该字的表达效果相对单一；分值高的，则该字的表达效果相对丰富。具体来说：手法层面包括词语的角度、修辞等，效果层面主要是诗歌语言的“四性”：形象性（有画面感）、含蓄性（有丰富意蕴）、精确性（传神表达）、情感性（表达情感）。

可见，只要认真地作细致的分析，高考答案也不是“雾里看花”，通过这样的分析，我们明确了“答案是什么”，看清了答案的构成，在复习时也就很容易找到出路了。

二、分析“答案为什么是这样”，找出有效复习的依据。

分析“答案为什么是这样”的途径有两条，一个是理论分析，一个是实践分析。

1.从理论上把握“答案为什么是这样”

诗词学习特别注重对古诗文语言的感受力。所谓“感受力”，就是能看出语言表达的方式和用这种方式的好处。简单说这种鉴赏语言类题目的答案由两方面构成：采用了何种手法，收到了何种效果。

从上面的6道题来看，这类手法可以是该字描写事物特点的角度，如第一题中的“视觉角度”“听觉角度”，也可以是运用了某种修辞，如第二题第三题答案中的“通感”“比拟”等。这类效果可以是巧妙地写出对象某方面的特点，如上面答案中的“迅猛态势”“声势之大”“可感可触、柔和温暖的独特美感”等；可以是对该字描写对象特点效果方面的评价，如答案中的“生动”“形象”“传神”“巧妙”等；可以是对该字所在句子意境的描摹，如上面的第二、三、六题；可以是该字在引发读者想象、表达丰富内涵方面的作用，如上面三、四、六题；还可是该字和诗句中别的字词结合起来所起到的效果，如第五题答案中的“联系‘春深’‘染衣’‘净’字巧妙展现了暮春时节芳菲凋尽”。而中国古诗词语言上最突出的几个特点就是上表所列举的四个方面：形象性、含蓄性、精确性、情感性。

这些看似没有规律充满“变数”的答案，实际上都归入“手法”和“效果”两类，可谓是“万变不离其宗”。

2.从自己写的答题和高考答案的比较中分析“答案为什么是这样”

我以我们班学生写的两道题的答案为例：

题目	学生答案	错误点分析
第三、四句中“卷”“吼”两个词有什么表达效果？请结合诗句简析。（2分）	学生甲：写出了骤雨的强烈，雨很大，雨很急。（1分）	能从整体上答出二字的表达效果，但未“结合诗句”，也未写出二字描写的角度。
	学生乙：“卷”字写出怒涛上岸时的情况，“吼”字写出了瀑布鸣叫时的情况。（0分）	未写出两个字描写的角度，也未具体写出画面感（写出雨的什么特点）。
请赏析“软红光里涌银山”中“软”“涌”二字的妙处。（4分）	学生甲：“软”字写出太阳光不强，“涌”字写出了山的动态美。（1分）	未点明两个字所用的表达手法，对“涌”字的分析过于笼统，没有描摹该字带来的画面感，也就没有具体准确地说出该字的“妙处”
	学生乙：“软”字为通感手法，写出了“红光”的柔和；“涌”字以动词来写静景。（3分）	对于“涌”的赏析，只写出了该字描写的角度，没有写出该字用在这里的效果。

拿这个答案和参考答案作比较就会发现，学生对题目的组成部分是有一些感觉的，但意识不强，不能很

清楚地判断这类题的两个组成部分。他们之所以写出上面这些不准确的答案，主要是审题不仔细和诗句理解分析能力不理想，具体表现在：一、没有看清题目的要求，如第一题中的限制性要求“结合诗句简析”。其实限制也是暗示，比如类似的暗示还有第二题中的“贾岛注重用字推敲”‘空’字极富韵味”，题目的要求或暗示肯定和答案有关，学生却容易忽视这一点。二、没有形成思维模板，因为不知道“答案应该是怎样的”写完以后也就不能评价“答案为什么是这样”。如果清楚“手法”和“效果”这两个组成部分，思考时就会有意识地从这两方面入手，就容易答得全面（比如可以考虑到一个好字的表达效果可能不止一个方面），在答题时也就能自我评价了。三、题目的隐含要求想不到。赏析一个字的妙处，除了“用什么手法写”，还有“写得怎么样”，“ 写得怎么样”里一定包括“写了什么”，不知道“写了什么”就不能评价“写得怎么样”。这样想，答案里把所“炼”之字所在的句子描述一下，也就不足为怪了。

这样的分析可能更容易明白“答案为什么是这样”。我们语文教师平日的教学的确有缺失，大而化之地讲解，常常没有考虑到学生的实际情况。

三、分析“怎样才能得到这样的答案”，建立“模板”，提高复习教学的有效性

现在，我们可以通过以上的分析得出赏析“炼字”题的答题的一般步骤，你可以尝试着建立这样的分析框架：

第一步：在确定该字的意思并明确其描述的对象的基础上确定使用了何种手法。比如第二题中的“软”，要知道它在这里是“柔和温暖”的意思，它形容的对象是“红光”，从而确定这个字用了“以触觉写视觉”（即“通感”）的手法。

第二步：描述该字所涉及的对象的特点，并点评这个字在描述该对象特点方面的效果。即考虑该字的形象性，一般要结合诗句描摹画面。这是“炼字”题最常见的答案，上面所举的6道题中所“炼”的9个字，有8个字答到了这个方面。品味语言之美，离不开描绘对象特征，不明确对象特征、不描述所在诗句（如上面学生做的答案）就会使鉴赏失之空泛。

第三步：考虑该字在诗句中是否有言外之意，是否有引发读者想象的妙处，如上面高考题中的

"藏""透""绿" 等，如有，要结合诗句写出。

第四步：考虑该字是否准确生动地写出了什么或表达了诗人（或抒情主人公）什么样的情感。

建立了这样的分析模板后，你就很容易形成"迁移"能力，从而得到一类题的答案，学会分析其他相类似的题目的答案构成，收到触类旁通的复习效果。比如你可以尝试对"炼句"题作分析，找到答题的一般规律。

认真分析后会发现，"炼句"类题的表述方式和答案的层次，与"炼字"类题相似。虽然题目的表述方式有差异，有的用"赏析"，有的用"分析"，有的也会点明答题方向，如"妙处""精妙""飘逸"等，答案的详略和侧重也不同，但答案也是分为手法和效果两个层面。手法多为写作角度、修辞、描写手法等，而效果也体现在形象性（有画面感）、含蓄性（有丰富意蕴）、精确性（传神表达）、情感性（表达情感）四个方面。

在高考试题中，古诗词类的题是有难度的，在做了足够的练习，有了感性认识后，可以"定制"一些"推而广之"的分析模板，让自己感到"有章可循"，这样就不会在芜杂多变的高考复习试题前畏惧或抱怨，所谓古诗词的复习教学的有效性才能得以实现。

选句填空题的选句标准

给段材料，挖出一个句子，给出四个选项，让选“最恰当的一句”，这种题不容易做，学生多是凭感觉。

难就难在“最恰当”，这里有两层意思：一个是恰当与不恰当，也就是说有的句子填里面可能是错的；另一个是“最”，也就是说相比较而言，更恰当。

那么，哪一句是最恰当的，就要有个标准。

见面打招呼，有人喜欢说“你吃过了吗”，也有人喜欢说“吃过了吗，你”，请问哪一个更恰当呢？这不好回答，没法比较，因为没情境，那也就不好定标准。

记得我小时候做过一道题，说爸爸要到北京出差，火车开动了，小明突然想起来一件要紧的事，于是他大声喊：

A．爸爸，你到北京如果有空，就到书店一趟，帮我买本新版的《现代汉语词典》。

B．《现代汉语词典》，新版的，买一本，爸爸。

这个选哪一句，就能定标准了，因为有情境呀。在火车已经开动的情境下说事，就可以定出两条标准：1.简洁，2.重要的事放前面说。所以B就比A更妥当。

如果情境变为在家里聊天，那就A

更妥当，也可以定两条标准：1.语序符合交流习惯，2.较为得体。

这是较为简单的例子，实际上考试题没这么简单。很多时候，考试题是出于“考试思维”命制的，并不考虑和生活的联系（就像以前小学数学的那个“两根管子注水，一根管子放水”一样，并不考虑为什么这么神经病地浪费水），即使有生活情境，如果不考虑命题人的意图，可能还是填不出来的。刚才这道题要是放在现在让学生做，学生自然会有别的想法：为什么不给爸爸发个信息说清楚？

这说明，一个句子是不是“最恰当”和时代发展似乎也有些关系。

下面我举一些例子，并说说这些题目选择句子的标准。这些标准只是常见，不是全部。

一、话题统一

1．填入文中画线部分最恰当的一项是（　　）

可是现在有些人采取一种盲目的态度，不加分析，不辨是非，把一切外来的文化都视为珍品______，竟五体投地地顶礼膜拜。

A.其中的某些流派和创作方法被一些人看作海外奇珍

B.甚至把某些流派和创作方法看作海外奇珍

C.其中的某些流派和创作方法在他们的眼中成了海外奇珍

D.甚至某些流派和创作方法被他们看作海外奇珍

分析：具体说，这一题的标准是“主语一致”，也就是说，最好保持主语的一致性，这样句间关系比较清晰，材料的主语是“有些人”，而ACD又来了个新主语“某些流派和创作方法”。没有继续用“把”字句，与前面一句主语一致更恰当。

下面这题也一样，它的主语是“命运”，哪一条最恰当的呢？请大家判断一下：

2．上下文衔接得最好的一项（　　）

命运，其实是最公平的，它遵循一条鲜为人知的补偿法则，它青睐不断拼搏的强者，______收获也最多。

A.强者在生活中失去太多

B.强者尽管在生活中失去太多

C.虽然生活让强者失去太多

D.让在生活中失去太多的强者

显然，只有D项的主语依然是“命运”，符合题目中“最好”的原则。

二、“事理关系吻合”类型

3．对于爱好文科的考生，加强文科辅导是必要的，但是否可以忽视理科的学习呢？还要不要他们学习数学、物理、化学和生物呢?

A．从长远观点看，我们认为这样做是很不恰当的。

B．如果我们缺乏战略眼光，就可能作出错误的回答。

C．为了使学生有合理的知识结构，我们的回答是肯定的。

D．只要认真想一想中等教育培养的目标，我们就会说：不可以。

分析：这个材料中有两个问句，从事理逻辑上看，第一问应回答“不可以”，第二句应回答“要”，这两个问题的回答方向不一致，对他们作统一答复，无论用肯定，还是否定，都不妥当，只有选择B了。

三、“词语照应、暗示”类型

4.依次填入下列句子横线处的语句，与上下文衔接最恰当的一组是（　　）

（1）雨停了，黑云铺满天。又一阵风比以前更厉害，______风、土、雨混在一起，连成一片，横着竖着灰茫茫的，一切的东西都被裹在里面。

（2）今天，当我站在古城墙上游目骋怀，才猛然悟到：__________他们创造着古城墙新的内涵，创造着古城墙新的形象，并在这创造中重塑了自己。

①柳条横着飞，尘土四处走，雨道往下落；②尘土四处走，柳条横着飞，雨道往下落；③西安人民分明是在创造，他们完成的岂止是对古城墙的修复？④西安人民完成的岂止是对古城墙的修复？他们分明是在创造；

A．①③　　B．②③

C．①④　　D．②④

答案：C。

分析：第（1）个空后面是“风、土、雨”，所以前面按照后面的顺序，一一照应；第（2）个空后面的句子中都有“创造”，并以这个词开头，所以这句最后落实到“创造”，照应后面的句子。

四、“语意逻辑的侧重”

5．依次填入下列横线处的语句，与上下文衔接最恰当的一组是

（　　）

学好文科的关键是要有很强的记忆和理解能力，刘言和李莉两位同学各有所长，______。

A.刘言的记忆能力比李莉强，但刘言的理解能力没有李莉强

B.李莉的记忆能力没有刘言好，但理解能力比刘言强

C.刘言的记忆能力比李莉强，李莉的理解能力比刘言强

D.李莉的记忆能力没有刘言好，刘言的理解能力没有李莉强

分析：因为横线前面是“各有所长”，所以后面应介绍两个人的长处，明确了这一标准，就比较容易选出答案C了。

五、“句式关联”类型

8.填入下面横线处的句子，与上下文衔接最恰当的一项是（　　）

荒草地不远，一条欢腾的小溪自上而下，汩汩流淌。溪水那边是一大片开阔地，____________，房顶上的烟囱正飘着轻烟。

①一片森林在开阔地上静静地站立，②开阔地上有一片森林，③数十棵树掩映着一座白色庭院，④一座白色的庭院掩映在数十棵树中，⑤几间白房子坐落在庭院中间，⑥院中有几间白房子，

A、①③⑤ B.②④⑥C. ②③⑥ D.①④⑤

分析：前一句的宾语做后一句的主语，形成顶真，语句较为流畅，这里遵循的标准类似“从前有座山，山上有座庙，庙里有个老和尚，老和尚给小和尚讲了个故事”。这个材料里“地”“林”“树”“庭院”等，是前后关联的关键，所以选C。

除了以上标准，还有语句顺序、音韵、意境等标准，答题时大家也要关注。

衔接补写题的解题

衔接补写是高考常考题，很多同学感到难度很大，做题时无从下手，只能凭感觉。这道题表面上看重点考查考生正确运用语言文字进行准确表达的能力，实际上也是考语言的连贯能力，尤其是理清一段话的结构层次和内在逻辑关系的能力。

几乎可以说，这类题的每一个空的句子，都不能凭感觉写，因为在一个具体的语境中，句子总处于语段的某个层次、承担着某种功能、表述上受到前后句子的约束，所以答案应该是相对确定的。

举几个例子来说一下这类题的答题方法。

第一个例子，这是一个模拟卷上的一道题：

在下面一段文字横线处补写恰当的语句，使整段文字语意完整连贯，内容贴切，逻辑严密。每处不超过15个字。

“一阴一阳之谓道”是中国古代哲学中的一个重要论断。那么，__①__？首先，__②__，万事万物都存在这种关系，比如自然界的天地、四季、山水、风火等，都有阴阳之别。其次，阴阳两种属性尽管是对立的，__③__，阳中有阴，阴中有阳，阴阳互相配合，才能化生万物。再次，阴阳是可以互相转化的，比如赢与输、泰与否、损与益等，都不是一成不变的。由上所述可见，阴阳两种属性是对立统一的关系。

划分段落层次。要分层，首先看句末符号，这段话共有6个句末符号（1个问号，5个句号）。第一句是个“引语”，就是引出本段的论述对象；空缺①是个问句，而第3、4、5句中有“首先”“其次”“再次”三个方面的分析，可以判断空缺②是个论题；而第6句有“由上所述”字样，可知是结论。因此，我们可以把这个段落分为三层：1、2句引出交代论题，3、4、5对此进行分析，第6句作总结。

确定句子功能。确定了层次以后，我们就可以确定三个要填的句子分别承担什么样的功能。空缺①要填的句子应该是一个总括性的问句，引出后面的分析，可从总结句即第6句来推断，句子应包含“阴阳”和“关系”两个关键词。空缺②应该填一个能概括该句后面分析的句子，从该句后面的分析可能还不太好确定，但我们看到“其次”的后面有一句“阴阳两种属性尽管是对立的”，可知此句应该是谈阴和阳的“对立”，再结合第二个空后面的分析即可确定。空缺③应该是这一句后面分析内容的总括句。结合前一句的“对立”，再结合空后的分析，以及最后一句总结句，也可以确定，关键词应该是“统一”。

调整句子表达。当句子的功能及关键词确定后，要考虑选择合适的句子来表达。比如第一个空，根据后面的总结“阴阳两种属性是对立统一的关系”，加之此处应是问句，可知此句应填“阴阳两种属性是什么关系呢”。第二个空应该填“阴和阳是对立的关系”。第三个空还要考虑前一句中的“尽管”，因此句中应有表示转折的词语，此处应填“但又是统一的”。

以上三步，可作为做此类题的一个参考方法。再举个例子。

在下面一段文字横线处补写恰当的语句，使整段文字语意完整连贯，内容贴切，逻辑严密。每处不超过15个字。(5分)

读书的目的仅仅是记住书中的内容吗？答案是否定的。__①__。记忆型阅读是我们缺乏想象力的根源之一，因为它容易导致盲从书本知识，从而失去质疑精神。批判型阅读是一种创造性阅读，它不追求__②__，而主张激发想象力和灵感，带着自己的思考，让自己变得更有思想。能通过阅读提出有价值的质疑，__③__，通过分析根源找到解决问题的途径和方法，这在泛阅读日益普遍的时候更显得难能可贵。

我们也按照上面的办法来做题。

第一步，划分段落层次。第一二句话是引语，可视为第一层，要填的第一个空内容不能确定，后面一层写记忆型阅读，最后一层两句写批判型阅读。

第二步，确定句子功能。第一处乍一看是多余的，因为前后的句子似乎都是独立的。一般来说，这样的句子可能有三种情况：一种是对前一句的总结，一种是对下一句的领起，还有一种是承上启下。因为后面出现了“记忆型阅读”和“批判型阅读”，而这两个叙述对象在空缺①前面的句子中没有提及，所以可以判断这句话的功能应是承上启下。空缺②里的句子前一半是“它不追求”可见是与前一种阅读作比较的，那么就应该填前一种阅读即记忆型阅读的不值得提倡的表现特点。空缺③前一句有“质疑”，后一句有“根源”，可见中间这句要起到承上启下的作用，将二者联系起来。

第三步，调整句子表达。先看空缺①，根据后面的文字，此处只能是对阅读进行分类的表达，所以可补写为“阅读有记忆型和批判型之分”或“阅读可分为记忆型和批判型”。再来看空缺②，是对记忆型阅读特点的概括，根据“读书的目的仅仅是记住书中的内容吗”和“它容易导致盲从书本知识”可以得出记忆型阅读应该是一种简单的、机械的阅读，所以“简单的、机械的知识记忆”这样的补写才是比较准确的。最后看空缺③，它不但与前面“能通过阅读提出有价值的质疑”有关，也与后面“通过分析根源找到解决问题的途径和方法”意思有关，此处是一种顶真格式，所以补写“通过质疑找出问题的根源”才能前面接上“质疑”，后面生出“根源”，是比较准确的。

【参考答案】示例：①阅读有记忆型和批判型之分；②简单的、机械的知识记忆；③通过质疑找出问题的根源

再看一下另一道题。

在下面一段文字横线处补写恰当的语句，使整段文字语意完整连贯，内容贴切，逻辑严密。每处不超过15个字（5分）

电子商务存在的价值之一，就是通过互联网进行网上购物、网上支付，节省消费者与商家的时间和空间，__①__。对于工作忙碌的上班族而言，__②__，还易于达到货比三家、快乐购物的目的。在信息多元化

的 21 世纪，___③___，完成购物，已经成为许多消费者的习惯。

还是用上面所讲的办法，先分层。这道题需要注意文段的语意发展推递关系。该文段细分有三个层次，首先是说电子商务的价值，然后从电商价值说到上班族利用电商的好处，再从上班族拓展到一般消费者的习惯。

然后再看句子的功能和表述。空缺①是对前一句的总结。而前一句有“消费者”“商家”“时间”“空间”四个因素，前两个只能用“交易”来概括，如果用“购物”就不够全面，后两个只能用“成本”“效率”等词语，再加上句间推导性的要求，最好加个“从而”，所以此处应填“从而大大提高交易效率”。再看空缺②，②紧接在“对于工作忙碌的上班族而言”后面，与上句相比，内容只是单方面的，与“忙碌”相对应的是“时间”，与“上班族”相对应的是“消费者”，而后面又有“还易于”的信息提示，所以补写“除了大量节省宝贵时间”。最后看空缺③，这是三处最难的一处，因为很多学生很容易写成“利用互联网”，乍一看也是通的，其实这存在两个问题，一个是这类题要填的是“语句”，不是短语，另一个是，如果填写这样的短语，后面的逗号就是多余，前面的“信息多元化”也显得多余，要考虑这些因素，还要与第二层“货比三家”意思有关，所以应该补写浏览信息之类的语句，这样，“上网浏览商品信息”既呼应电商话题，又与商品信息浏览比较的内容相照应，是比较准确的。

【参考答案】示例：①从而大大提高交易效率；②除了大量节省宝贵时间；③上网浏览商品信息

复习这个专题时，掌握此类题的特点，按照一定的顺序，分析句间关系，做题不凭感觉，才能提高复习效率。

语文学习需要『刷题』吗

吴同学：老师，语文学习需要刷题吗？

刘老师：一言难尽。提高学习成绩要“刷题”，在别的学科似乎是无可争辩的。但在大家口中的“玄学”语文学科，似乎还要讨论。

（一）

吴同学：为什么“官话”好像都不赞同语文“刷题”？

刘老师：这一点不是针对语文的，所有学科都一样。从高中生个人角度来说，我们希望考高分，上好大学。而从国家选拔人才的角度来看，希望选拔出来的人，不是会解题，而是会解决问题，不是会做题，而是会做人做事。所以，高考语文试卷改革有个趋势，让只会死刷题的同学得不到高分。

吴同学：能举个例子说说高考语文卷是怎样改的吗？

刘老师：比如文学类阅读，有人整理很多所谓的“答题套路”。但现在高考题在设问时常常是“小切口”，必须真正读懂文本、会做分析，才能写得出。比如，2022年新高考Ⅱ卷《到橘子林去》第9题：

本文的童趣往往通过细节体现出来，请指出三处这样的细节并简要分析。(6分)

你背下来的细节描写作用的“套路”，什么烘托环境气氛、刻画人物性格和揭示主题思想之类，完全不能解答这个题。“套路”是笼统的，“低像素”的，而这里需要“高像素”分析。“童趣”这个表达效果题干中已给出，你需要根据你对“童趣”的理解和感受，在文本中找出“三处”这样的“细节”，并且分别分析它们是如何体现“童趣”的。考查的点是需要你靠平常的大量阅读才能培养出的感受和分析能力。

即使是修辞这样的基础知识，如果你只记得“比喻”“相似”“生动形象”，也很难应对下面这道高考题：

比喻具有相似性，请据此对文中画横线的句子所用比喻进行简要分析。

(二)

吴同学：那就是说语文考试不需要刷题？

刘老师：这要从两方面来看。

一方面，对于语文学习，不妨把“刷题”这个词的内涵扩大，“刷阅读”“刷作文”“刷基础”。当前不少同学对“新教材新高考”有误解，认为语文学习不能死记硬背了，要“灵活”，甚至认为聊天、看综艺、旅游，都是在进行“大语文”学习。这些活动不能说完全没有语文的影子，但一门学科的学习，是要讲究价值和效率的。高价值、高效率的语文学习，是需要“刻意学习”的，是需要下苦功夫的，需要有阅读、写作和基础知识积累的量的。

吴同学：具体怎样做呢？

刘老师：有三个建议。

1．重视阅读。好土壤才能长出好庄稼，没有阅读的底子，就没有优质的语文学习土壤。有效的阅读，一方面要注意区分阅读方式。《乡土中国》是社科类的，重点在“阅”，要看清每一章中表达什么观点、按什么顺序、运用什么方法、怎样阐释说理等。《红楼梦》是文学类的，重点在“读”，通过品味语言，来想象形象、体味情感、鉴赏艺术效果。另一方面，一定要“输出”，讲给别人听，作批注，写推荐文、读书笔记，或画思维导图。人在“输出”时才能真正“输入”，才能加深对阅读的理解，提升思维水平、审美能力。

2．坚持写作。写作是操作技能，只有写才会写。而且写作是“超链接”的，越写越有的写。平常不一定写完整的作文，日记、读书笔记、每日一评都可以，新教材每单元的写作任务，是非常好的作文训练题目。总之，形式不拘，可长可短，贵在坚持。写完常和同学、老师交流，多修改，反复改，找到“巅峰体验”。也可以在个人社交媒体上发表，以督促自己坚持。

3．主抓文言。文言文是浓缩的语文，是语文“核心竞争力”点，而且很容易提升。可以试着啃读一本文言文的书，如《史记》《世说新语》《古文观止》等，通过查工具书，整理重要文言词语，翻译一些语段，还可以尝试给同学和老师每人写篇文言版传记。多种形式，反复“折腾”，深入进去，不浅尝辄止。

吴同学：感觉这三件事坚持下来都不容易。

刘老师：其实难度不大，只要“等量努力”，在相对固定的时间以固定的方式进行，比如每天睡前读书20分钟，日积月累，久久为功，就打下了坚实的语文的“底子”。语文学习像开车，靠反复，每天和车互动，最后达到“人车合一”。

（三）

吴同学：我主要通过刷一些试卷，能不能提高语文成绩呢？

刘老师：这是我要讲的另外一个方面。前面讲的是广义上的“刷题”，狭义上的“刷题”对提高语文成绩也很重要。一方面，练习检验、巩固所学，在写的过程中查漏补缺，加深认识；另一方面，语文水平需要通过考试来衡量，“刷题”使我们熟悉考试规则；更重要的是，“刷题”也是提高理解力的方式。

吴同学：前两点听懂了，第三点能举例说说吗？

刘老师：就是刷题多了，你会有“下意识”的追问能力。比如这道高考题：“小说有明暗两条线索，这样处理有什么好处？”做题多了，你看到题就会思考命题者到底想问什么？这个问题的逻辑点在“暗线”，因为“暗线”是“非常规”的，明线的好处众所周知，不值得设问。然后把这个问题切分成两个方面，一个是“线”，一个是“暗”。前一点是“为什么会有暗线”，或者说“暗线有什么作用”，重点回答这条“线”写出了什么。另外一个角度是“暗”。这条“线”有好处，为什么不把它变成明线，让全文有两条明线呢？因为一条线是“暗线”比两条明线使情节更集中。答案就在问题里，经常刷题，经常思考，就提高了我们的理解力。

（四）

吴同学：那我应该选择什么样的题练习呢？

刘老师：语文学科对题目要求比较高，“烂题培养烂思维”，有些题做了可能还不如不做。应主要考虑两类题，一个是教材上每单元后面的题目，一个是高考真题，这样的题命制更科学，更典型，触类旁通。

吴同学：做试卷是做综合卷，还是专题卷？

刘老师：学篮球的时候，要先练传球、投球、防犯规之类，每一个专项都做扎实了，后面正式打球水平才高。同理，试卷还是要以做专题为主，到高三下学期再适当练一些综合卷，训练时间分配、做题速度等。实际上专题扎实了，做题速度就有保证了。

吴同学：明白了，我要多花时间，把两个方面的“刷题”都做到。

刘老师：是的，现在语文学习最大的问题是，大家花的时间太少了。其实，不管什么形式，只要坚持在语文上花时间，就不难提升。什么叫“素养”？简单点理解就是“平素养成”。扎扎实实提升“素养”，“降维打击”考试，“成绩”一定是“素养”的副产品。

吴同学：我努力，谢谢老师。

第四编

语文碎念

古诗字音变了，我们该持什么样的态度

新版小学教材中，部分古汉语生僻音的读法调整了，如“少小离家老大回，乡音无改鬓毛衰（shuāi）”“远上寒山石径斜（xié），白云生处有人家”“一骑（qí）红尘妃子笑，无人知是荔枝来”……以前，“衰”在诗中读cuī，“斜”读xiá，“骑”读jì……

前几天在网上看到，我没放在心上。没想到还挺闹腾，接连几日，看到各种讨论，也有家长在语文学习群里问及此事。

下午，安徽电视台记者采访，我说了三点想法。

第一，字音本着“约定俗成”原则调整，是个常态，不必“莫名惊诧”。

很多汉语字音都被“调整”过，大家不觉得奇怪，只不过是因为习惯了。大家总是把自己上学时学的字音当作不可改变的绝对真理。

什么叫“约定俗成”呢？为了方便理解，大家看个例子：

丹麦的童话作家安徒生，我们很熟悉。其实他的名字当初翻译过来的时候叫“安德生”，由于“德”字的草书和“徒”字的草书非常相似，编辑弄错了，那时全国同一套教材，发现时已经晚了，教材已发往全国各地了。从此以后，丹麦的“安德生”到中国就变成了“安徒生”。能不能改过来？不光是麻烦，恐怕也没有必要，因为几代人早已约定俗成了。你忽然改成“安德生”，大家都不知道是谁了，恐怕还要注释一下——以前叫安徒生。这就是约定俗成的力量。（刘从良：《这样学语文》，安徽大学出版社，第34页）

一个字如果大家都读错了音，积非成是，就把错的约定为正确。不少多音字就是这么来的。我们生活中常说“拜拜”，读成第二声，这个字本来只有第四声，因为大家都读错了，就被约定下来，所以第二声就被收入《现代汉语大词典》。类似的情况还有“锁钥（yuè）”“独角（jiǎo）戏”。再比如一些多音字，某个音只在地名中读，为什么出现这种情况呢？推广普通话时，为了照顾当地老百姓的感情，不能因为推广普通话而改他们的读音，比如安徽的蚌（bèng）埠。

同样，如果一个字，大家都写错了，常按错的来，“嫁鸡随鸡，嫁狗随狗”，应该是“嫁乞随乞，嫁叟随叟”。但大家已经“俗成”了，就不能再改了，你现在非要写成“嫁乞随乞，嫁叟随叟”，那你这个“有文化的”就变成没文化的，因为别人看不懂，因为你没有尊重语言的交流原则。

同样，如果一个成语，大家都理解错了，那就按错的来，很多成语因此都“改”了意思。比如“衣冠禽兽”，本来算是个褒义词，但现在你非要坚持“古义”，用这个词夸人，别人要和你打起来的。这就是约定的力量。

甚至，有些明显不能搭配的短语因为“错”得普遍，被约定为正确了。“晒太阳”，你可以晒衣服、晒被子，怎么“晒太阳”？还有“救火”“吹空调”等，也是如此。

大家应该还记得，以前的中学语文教材每册书后面都有“统读字音一览表”，好多页。这是1985年12月27日，国家语言工作委员会、国家教育委员会、广播电视部联合发布的，为了加大推广和普及力度，把这些统读字音放在中小学教材后面。改动数量庞大，今天觉得读起来非常正常的“呆（dāi）板、机械（xiè）、确凿（záo）”等，在此以前可都是另有其音的。

第二，字音唯一不变的，是一直在变——我们要理性面对。

安徽电视台记者告诉我，他们街上采访的人，大多第一反应是“毕竟是传统文化”，这其实是一种思维简化，也是一种非理性反应。

如果你坚决反对一切读音调整，

只能不张口说话了，因为今天不管你读什么音，都不可能全是“标准古音”。

即使你决心只读古音，你还得确定个朝代，显然，字音是一直在变化发展的。你准备读成唐朝的，还是先秦的？难道还能确定北京周口店人是怎么读的吗？

即使你能满口古音说话，你也应该闭嘴，因为大家都听不懂，语言的交际功能就不能实现了。

从这个角度说，反对字音调整的人，应该反对普通话，普通话调整最大。而且不仅我们这个朝代，周朝就有“雅言”，明代也有呀，明代的普通话就是“吴语”。

教育部语言文字应用研究所汉字拼音研究室也回应了，包括上述诗词中生僻音在内的一些古汉语生僻音确实有调整，调整原则是古汉语生僻音在现代是存在的且有其相对应语意的就保留，但如果只有生僻音而与其现代音所对应的字所对应语意相同则使用现代读音，这也是考虑到推广使用的方便。

语言文字要实现交流、文化传承功能，是要讲究成本的。就像推行简化字，是不是会对汉字传承有损害？是的。但便于普及呀，任何政策都是遗憾的政策，我们这样的人口大国，在有一半人是文盲或半文盲的20世纪50年代，推行简化字，利远大于弊。

也就是说，字音将错就错，是语言发展的常态。

我们在生活中，对语言也从来没有“坚贞不屈”过，比如你过年回老家，大多数人还是马上调整到方言状态。你上街吃顿馄饨，你明知道在普通话中是读“hún tun”，但你在非北京地区，还是要说“来碗hún dùn”，不然老板娘以为来个神经病。惹急了，她就来一句“不卖”——她宁愿不挣你一碗馄饨钱，就是看不惯你阴阳怪气的腔调。

第三，再说说这几个字的字音改动，有没有“糟蹋传统文化”。

如果说这是糟蹋，那古诗早就被糟蹋了，而且不知道被糟蹋多少遍了。

因为我们今天用普通话读的古诗，即使这几个字不改，也没几个音和作者创作时读音一样了。作者创作时大多用的就是所在地区的方言，非要恢复这些方言，一个是不可能，另一个是恰恰违背了文化传承原则。有点类似学历史，如果只追求还原真相，还原历史细节，未免浅薄。

只在意“远上寒山石径斜”中

“斜”字的读音，未免有“一叶障目，不见森林早已换了无数次新装”的糊涂。

读《诗经》感觉到完美的押韵了吗？唐诗都合乎平仄吗？随便举个例子，《乐游原》是唐诗，“向晚意不适，驱车登古原。夕阳无限好，只是近黄昏”，哪有什么押韵呢？再说不押韵，也不影响这首诗流传千古。如果是诗歌朗诵爱好者，读古音也未尝不可，今天为了学习的方便，遵从大多数人意见，调整下字音也不必反应过激。刚才说了，这必然是常态。当然是不是一定现在调整，还可以商量。就像毛笔当年被钢笔取代时，也曾有人站出来大声疾呼“保护传统文化”。又能怎样呢？今天大家就不觉得这是一件重要的事。你喜欢毛笔，你练书法，很好呀，但你就不能平常坚持用毛笔签名、参加高考。专门研究古诗的人，自然可以研究古音。但对大众来说，字音要简化，要为了方便普及和传播而不断做出调整，因为语言是工具，我们要坦然接受。

而且，对待这个事，我们似乎也未能保持心态“一致性”。

我们的“饺子”“功夫”的拼音都作为英语单词收入牛津词典，这时我们油然而生一种文化输出的骄傲感，如果他们坚持要保护“传统文化”呢？

网络用语流行，大家不惊诧，口语中语言简化，大家不惊诧，唯独对古诗中读音的改动“义愤填膺”，多数是因为我们容易以文化人自居，以为一帮“文盲”想要夺自己的“学术话语权”。

现在网民力量很大，不过此事还是要由专业部门，按专业程序，挺直腰板公布，相关部门回应时不要闪烁其词。

当然，事实上我们语言文字的推行工作，有时确实粗鲁，征求意见不到位，或者不能做到一视同仁。

比如，同样是安徽地级市，《现代汉语词典》专门给“蚌埠bèng bù”设了个词条，而六（lù）安、阜（fǔ）阳两个城市却没有这种幸运，词典上“六”和“阜”都只有一个音了。这是不符合语言推广的规则的，没有照顾六（lù）安、阜（fǔ）阳当地老百姓的感情。建议下一版词典上，还是要加上这两个词条为妥。我倒觉得网友应该为这个事儿主持一下公道。

高考答案，也有错的时候吗

听一位老师上市级公开课，讲语句补写题，举了2019年全国Ⅰ卷第20题的例子。

20. 在下面一段文字横线处补恰当的语句，使整段文字语意完整连贯，内容贴切，逻辑严密，每处不超过12个字。

研究发现，人们所受压力会增加血液中糖皮质激素的含量，而糖皮质激素可将前体细胞变为脂肪细胞，所以__①__。但人们过去不清楚，为什么白天压力大不一定会变胖，而上夜班之类的压力则常与肥胖相联系。最近一项研究揭开了谜底：健康人的糖皮质激素水平在24小时内呈节律性涨落，早8点最高，凌晨3点最低。如果打破节律，在糖皮质激素水平__②__糖皮质激素的增加就会导致更多前体细胞变为脂肪细胞。如果顺应节律，在糖皮质激素水平本来就是峰值时，即使增加很多糖皮质激素，也不易引起脂肪细胞增加。可见，__③__非常重要，夜间长期经历持续性压力体重会明显增加。

学生提前做了这一题，其中第①处全班28位同学填的是“压力（可能）会导致肥胖”。老师说这样填是不对的，正确答案应该是“压力与肥胖有关”或“压力与肥胖有联系”。

当时觉得可能是这位老师口误，应该是想说“肥胖与压力有关”或“肥胖与压力有联系”，回去后翻了下2019年全国Ⅰ卷官方给的答案，发现竟然就是“压力与肥胖有联系”。

显然，这句话是有逻辑问题的，主客颠倒。从语法上来说，“与”字是介词，并非连词。（为了说清楚，举例解释一下：“我与你心连心”中的“与”是连词；“我与他打交道不多”中的“与”是介词。）用介词揭示因果关系的，应该以结果为主体，原因为客体。显然，“压力与肥胖有联系”中主语是“压力”，而不是“压力与肥胖”。“压力与肥胖有联系”的表述，就成了“压力”是主，“肥胖”为客，而实际上，这句话中的逻辑应该是“肥胖”是主，“压力”为客。“肥胖”是果，“压力”为因，压力可能导致肥胖，而且应该是一因多果，压力也可能导致脱发，压力也可能导致情绪不佳，但只能说“脱发与压力有联系”“情绪不佳与压力有联系”，而不能说“压力与脱发有联系”“压力与情绪不佳有联系”。就像我们不能说“阳光与心情有联系”“温度与睡眠质量有联系”一样。

命题者在拟定答案时可能过多考虑，这一处的前后话题都是“压力”，于是为了保持“话题统一”，就勉而为之了。这恐怕多少有些机械主义，这道题这一处的答案，写成“肥胖与压力有联系”或者就像公开课上学生写的“压力（可能）会导致肥胖”，似乎比高考给的答案都更妥当一些。

语文老师在讲病句时，会讲到一种“主客颠倒”的类型。比如“数学对我不感兴趣”，这当然是很容易看出问题的。遇到“和”“与”作介词的，难度就大一些。其实多年前是考过一道类似的病句题的：

> 科学家在对流行病进行分析和动物试验后指出，大量饮酒或饮用酒精配制的饮料，与癌肿的发生有密切的关系。

这个题目其实和2019年这个高考题是非常相似的，“癌肿的发生”是表结果，而“大量……饮料”是诱因之一，说明先前原因和现在结果时，若用介词“与”来揭示它们之间的因果关系，一般是以结果为主体，所以应改为“癌肿的发生与大量饮酒或饮用酒精配制的饮料有密切的关系”。就像上面的题目答案应该表述为“肥胖与压力有联系”是一样的。

还有另外一个例子：

平时的发愤苦读，与他获得如此骄人的成绩是分不开的。

“平时的发愤苦读”是原因，“获得如此骄人的成绩”是结果，“与”是介词，要以结果为主体，应该改为“他获得如此骄人的成绩，与他平时的发愤苦读是分不开的”。

学好语文，哪方面的『天赋』最重要

敏感性——每当有人问我学好语文哪方面的“天赋”最重要时，脑子里就会闪出这三个字。

那什么叫敏感性呢？

举个例子，别人用不同的称谓称呼我，我就会有不同的感觉，或者说会召唤出我不同的主体身份。叫我“刘从良”是正式身份感，叫我“刘老师”是职业身份感，叫“从良老师”常常是学生或熟人，叫“从良”“小刘”的，常常是长者或朋友，两者都有亲切感，至于叫“阿良”“良良”，唤醒的是亲密感，那可就不是一般人了。这就是生活交流语言的敏感性。

由生活交流推及到语文学习，敏感性亦有着举足轻重的地位。

我们阅读时，如果敏感地关注到称呼的变化，不仅有助于了解人际关系的变化，还有助于把握主旨方向。比如说，《故乡》中闰土对“我”的称呼从“迅哥儿”到“老爷”转变，契诃夫的小说《胖子和瘦子》里写儿时的同学见面，从直呼名字“波尔菲里”，到“我的朋友”“我亲爱的”，再到最后得知对方做了三品文官后，就变成了“大人”“您”“您老”。

大家看，单就敏感地察觉称呼的变化，对阅读都很重要。我们阅读时怎么能没有敏感性。

除了简单的对字的敏感，我们还要从字面意思敏感地去想象“人”的感受，人的情感诉求，对人充满人文关怀，进而享受审美的愉悦。

比如说你读古诗，看到“门泊东吴万里船”，就只会认为这是在写景。但为什么非要突出是“东吴”的船只呢？当时杜甫在成都，东吴的船都来了，就说明安史之乱平息下来了，长江解除了封锁，国家经济恢复了，整个大唐王朝又恢复了生机和活力，所以杜甫不单纯在写景，还是在写他对国家形势的关切。

又比如，你读陆游的词“零落成泥碾作尘，只有香如故”，那可不只是梅花的香味，更是他个人对节操的坚守，在遭受了生活的挫折，命运的打击之后的一种倔强。同样，王安石“遥知不是雪，为有暗香来”，不也是如此吗?

这种敏感性还包括听（读）出言外之意。

当有人惊奇地夸你：“这道题你都能做出来?！”你可能会听出来“侮辱感”。当有人说“她虽然是女生，但数学很好”，这里有性别歧视。当旅游景区的商店写着“本店绝不打骂顾客”，这显然说明其他店打骂顾客是寻常事。

在文学作品中，这种言外之意，还能更有效塑造人物形象，传神地表现人物心理。

王安忆的《洗澡》中，男人刚动了让蹬三轮的在家里洗个澡的念头，马上想到女人说过“厨房可以合用，卫生间却不能合用”的道理，就再没敢“想”下去。大家读出来了吗？这个“想”字，何等绝妙！上海女人对男人的管理和威慑深入到骨髓，深入到男人的思想——男人已经内化于心了。要是说“就再没接话”，那就太寻常了，完全没味道了。

鲁迅的《社戏》里边有一段文字：“阿发一面跳，一面说道：‘且慢,让我来看一看罢。’他于是往来摸了一回，直起身来说道：‘偷我们的吧，我们的大的多呢。’”这里的“偷”字就很值得玩味了。既然是他自己家的蚕豆，为什么还要用“偷”呢？其实一个“偷”字，体现了阿发对其人际关系的一个判定，把自己跟伙伴的关系看得比自己和家里的关系更重要，表现了少年时代的纯真友谊。

我在微课里讲，审题的时候也需要有这种敏感性。

还是先说生活交流的例子。年级主任开会说“监考的时候不要看杂书”，那我看语文书行不行呢？语文书可不是杂书。其实他明明应该说“监考的时候不要看书”，可是加个“杂”，像我这种敏感的人，马上就听出了漏洞。有的学生也有这种体会，他在办公室里“狡辩”，说班主任要求的是“晚自习不要和同桌说话”而他是和前后桌说话，没有违反班主任要求。显然班主任应该说“晚自习不要说话”。多加了词，就多了限制，多了限制，也就多了暗示。

然后再说做阅读题的例子。

那天上课我讲了一道题，题目是“小说以‘我’这个家里最小的女孩子的视角来写，有什么好处”，如果你敏感度高的话，看一眼就知道答案是四个角度，因为这个题目中有四个关键词——“我”“最小”“女”“孩子”。以“我”为视角，一般是真实、亲切；“最小”，因为她没有事情做，所以她有空观察所有人，而且，她的活动范围相对集中，使场景和情节较为集中；“孩子”对应的是“大人”，这个视角使他不会操心大人的生计问题，而是关心好玩的事情，所以小说充满童趣；“女”对应的是“男”，女孩子对家里人的言行观察更仔细，感受更细腻。所以大家看，敏感对做题也是非常重要的。

至于写作，对词语的敏感性尤其重要。

很多年以前改作文，看到一位学生用的一个词，让我至今记忆犹新。

小时候我的嘴很馋，也很硬。有一天我和妹妹到邻居阿姨家玩，阿姨给了我们每个人一个苹果，妹妹接着了，我照例说了声“不吃”。转身刚走出阿姨家门口，我就盯着妹妹的苹果说：“能不能让我尝一口。”我一口“尝”去一大半，妹妹立刻哇哇大哭……

大家看，这里的“照例”一词，非常精准地表达了他“嘴硬”的特点，就是一种惯性，好像有一种力量，让他不得不这样说，于是他个人的形象就一下鲜明起来。

前几天，作家闫红在朋友圈发了一段关于写作中成语使用的见解，说成语是一种偷懒，只有一种情况下可用，就是“乱用”。她举了一个例子，说你要是说一个人“兢兢业业地工作”就很平常，但王朔作品中说，自己回家看到爸妈“坐在客厅兢兢业业地看电视”，这就写出一种垂暮老人无聊又有聊的状态，电视不好看，但此刻唯有看电视是正事，就像干工作一样“兢兢业业”地看下去，状态全出。

这就体现了对文字极强的敏感性

和驾驭能力。

这种“天赋”是不是可以训练的呢？我想，上面说的这些已经间接回答了这个问题——有敏感意识，阅读时常替换比较，并尝试使用。做到这三个方面，你也会对语言“过敏”，成为有“天赋”的语文达人。

比喻句，该怎样判断水平高下

听上海师范大学郑桂华老师的讲座，记录整理了这个知识点，分享给大家。

先请大家做一下判断：下面两组比喻，都来自朱自清的《春》，哪一组比喻更好呢？

A.像牛毛，像花针，像细丝。

B.红的像火，粉的像霞，白的像雪。

你的答案：（　　）

看起来差不多，A句还更短一些，但实际上A句难度更大，更有水平，为什么呢？

首先A组比喻句是指向同一个事物“春雨”的，是说了同一事物的三个方面的特征；B组比喻句表面上看也是指向同一个事物“春花”的，但其指向的是三种春花，三种不同颜色的春花，难度自然要小很多。

另外，细看还可以看出，A组比喻中的三个喻体，除了都表现春雨之“细”，侧重上还有不同，“牛毛”包含着“多”，“花针”包含着“亮”，“细丝”还包含着触觉上的舒适。而B组比喻中的三个比喻都是只指向花的颜色，很单一，三个喻体给人的想象也同样都是“大片”之感，也比较单一。

结论是：一个对象写三句更难，三个对象写三句就容易一些，所以第一组比喻更有水平。

比喻好不好，不能只看表面，也不能仅凭直觉，还要靠分析。

我们再来看一组，下面两道题“长得很像”。两首小诗都运用了比喻，你感觉哪一首诗的比喻水平更高？

A.仿照下面示例，用比喻的手法描述一组事物。要求合乎事理，句式和结构与示例相似，不得选择“青天”“月亮”“芭蕉叶”“露珠”作为描述对象。

【示例】

青天，是一片芭蕉叶，
月亮是一滴露珠。
手指，轻轻一点，它就落了。

B.仿照下面示例仿写，要求句式、结构与示例相似。不得选择“月”“湖”“鱼”作为描述对象。

【示例】

弯月落在湖水中；
鱼儿游去了，
碎得月影半池——
听见了嫦娥幽怨的歌声吗？

这两首诗都体现了丰富的想象力与凝练的语言表达能力。细看，第一首诗意象要少一些，而且是两组比喻，以芭蕉叶喻青天，以月亮喻露珠，它们之间的关联度很高，容易就近联想。而第二首诗呢，意象多（即意象密度大），而且意象跳跃，关联性较弱，对读者的想象能力要求就更高一些。所以从阅读体验来说，第一首诗的比喻更好一些。

其实，同一组比喻，即使指向同一个本体，也会有优劣之分。

《荷塘月色》中有一组比喻荷花的句子：“正如一粒粒的明珠，又如碧天里的星星，又如刚出浴的美人。”

这三个比喻哪一个更好呢？我们就要先思考比喻句好不好的标准是什么。

可以从以下三个方面思考：

首先看喻体的选择是否精妙，要看它是否将描写对象（本体）的特征精准地描绘、凸显出来，是否把作者（或抒情主人公等）的主观感受描摹得很清晰、形象。按照这一标准，三个句子都表现出了荷花的特征：明亮、若隐若现、美丽，但最后一句突出了荷花袅娜多姿、妩媚羞涩的情态，把作者的主观感受描摹得丰富、立体、可感，就更胜一筹。

其次，看喻体和本体之间是不是有合适的距离感，既要有陌生化程度，又要有内在关联性。一定的距离感，决定了这一比喻是否给读者带来新奇感，而关联度则决定了比喻的合理性。在这一点上，“出浴的美人”最新奇，陌生程度高，同时又有内在的关联，美人的“出浴”和荷花的“长出水面”易引发就近联想，使关联性更强。

第三，要看在文章语境中的上下联系，以及对作者整体写作状态和意图的准确反映。

“刚出浴的美人”的比喻前后呼应，既照应上文中的“叶子出水很高，像亭亭的舞女的裙”的比喻，又自然引出后文对江南采莲姑娘的遥想。同时，作者看荷叶荷花时联想到年轻女性的美，凸显了他出离现实的重重挤压之后，心灵处在“什么都可以想，什么都可以不想”的自由状态中，这个比喻也更能突显作者的写作心境。

语文学习中，我们就要有这样“锱铢必较”的精神，才能学得更好。

散文里的人，不能忽视

合肥42中张硕老师参加市级优质课比赛，要讲汪曾祺的经典小说《昆明的雨》一课，我和42中李杰老师参与“磨课”，三人一起讨论，很有收获。

这一课，听几位老师讲过，课堂都非常关注作者回忆中昆明雨季的景、物、事，尤其关注食物，各种菌子呀，杨梅呀，缅桂花呀，甚至还有一位老师特意讲到了小酒馆的猪头肉，以此来引导学生理解作者对昆明生活的回忆与想念。食物固然是这篇散文中重要的内容，但如果教学中忽视了文中的人，以及在人上寄托的情感，仅仅把这篇散文理解为对美好事物的回忆、对生活的热爱，就会失之笼统、单薄，未能真正理解汪曾祺在这篇散文里用情之深、用心之切。

理解这一点，我们只要问一个简单的问题：文中卖杨梅的苗族女孩子、房东和德熙这三段的顺序是不是可以调整？

从形式上看，写雨季的果子杨梅这一段是中间的过渡，前面写物，后面写人记事。“缅桂花”怎么吃，什么味道，没写；“猪头肉”压根只是提到。可见重点不是写“食物”，应该把关注点放在“人”上。细看你会发现，后面写的这三个人，卖杨梅的女孩子、房东和同学德熙，由疏到亲，由陌生到熟悉，但在写法上，却是反向的，由热烈而至冷静。

卖杨梅的女孩子写得最细致，不仅写了外貌“戴一顶小花帽，穿着扳尖的绣了满帮花的鞋”，写了“娇娇的”吆喝声，作者还直接表达了自己的感受，“她们的声音使得昆明雨季的空气更加柔和了”，这句用了非常主观的抒情性语句，情感外露，在汪曾祺散文里并不常见。

写房东，就冷静一些，叙述式的，交代她是“一个五十多岁的寡妇”，还有“一个养女”，连她送他们房客缅桂花，作者都有“小人之心”的推测，“大概是怕房客们乱摘她的花”。

而写德熙，就更冷静，侧重写事，没有对人的直接的语言或动作描写，就是记下一些琐碎的回忆，去了什么地方，吃了什么，喝了多少酒，看到了什么景象。

关系明明是“由疏及亲”，怎么写起来却越来越冷静呢？细读会发现，汪曾祺实则用越来越克制的笔法，表达了越来越炽烈的情感。三个部分，写三个人物，实则是感情逐步升华的过程，从而使结尾的“我想念昆明的雨”的直接抒情水到渠成。

写卖杨梅的苗族女孩子，是由人及物。是远观，写人的外在表现、外在美，是为了突出杨梅之美，引出后文写杨梅，“乒乓球那样大”“颜色黑红黑红的”“像一球烧得炽红的火炭”“一点都不酸”等，有形有状，有色有味，又和各地的杨梅做了比较，是为了突出昆明的物美、风俗之美。语言虽细腻，但表现重点在“物”，不在“人”，紧承前文所写的各类“菌子”。

写房东这段是由物及人。从缅桂花写起，写到房东，房东“是一个五十多岁的寡妇”，还有一个养女，可以想象生活很不易；而她的房客呢，是一群在战乱中漂泊至此的穷学生，也是可怜人。所以她时常给各家送一些缅桂花，而且有时送来的还很多，“7寸盘子摆得满满的”。而缅桂花是房东母女每天要拿到花市上去卖的，是关系到她们生计问题的，这才显出送花之不易、之可贵。原文说得清楚，她并不是怕房客们摘，而是怕他们“乱摘”，她自己摘的时候是小心翼翼的，是“搭了梯子上去摘”。在这美丽的昆明，我们看到了穷苦的善良的人对同样穷苦人的帮助和体恤。这一段最后说“带着雨珠的缅桂花，使我的心软软的，不是怀人，不是思乡”，“使我的心软软的”当然不是缅桂花，而是在年轻时的苦日子里，在异乡感受到的人间的温暖，感受到下层人的人性的善良和美好。所以说“不是怀人，不是思乡”。这段文字冷静，用情却很深。

最后一段写自己和朱德熙到莲花池去，写得更加冷静，对同学朱德熙只是提到，未有任何描写，只是记事。而记事呢，纯纪实，尽显克制，没有感情的流露。整段多细节，至于琐碎，池水、石像、小街、小酒店、上了绿釉的土瓷杯、把脑袋反插在翅膀下面一只脚着地的鸡、有着密匝匝的细碎的绿叶以及数不清的半开的白花和饱胀的花骨朵的把院子遮得严严的一架大木香花，连段末的诗，也没有看出浓烈的情感的表达。实际上，作者写得深沉，读者细读是能够感受到强烈的情感的。写这篇文章时作者六十四岁，这件事已过去四十多年，却历历在目，作者记得一切琐碎的细节，还说，“忘不了那天的情味”。实际上“德熙”就是那段难忘岁月里朝夕相伴的同学的代表，而这件事就是那段日子的一个剪影。文字克制才能使情感淋漓尽致，“花未开时月未圆”，汪曾祺这种写法有一种张力，行文的矜持能够引发并夸大读者的想象和体验。一位老人回忆年轻时的难忘时光，历经了世间的坎坷起伏，看破很多人生的得失荣辱，亦感受千百种生活滋味，体验诸多人间的美好，这种文字的冷静和老人外在的沉静，非常契合；但冷静的背后，是难以平静的心境，文字和心境形成反差，愈加感人。我们怀念一个地方，怀念一段时光，不是因为那个地方、那段时光有多么美好，而是那时的自己正处于最美好的年龄，而那些同学、朋友就是自己最美好年龄的见证者。瞻顾往日，点点滴滴，那昆明，那雨，那和昆明和雨相关的一切琐碎，都是刻骨铭心的记忆，都有情不能自已的感动和感伤。最后结尾再说“我想念昆明的雨”，是自然而然，是蓄势后的开闸放水。这篇散文题目叫《昆明的雨》，实际上前面写的多为“雨季”，或和雨季相关的事物，只有这一段是写“雨”，直接点题，亦可见作者用情之深。

回头再看这篇文章开头，写“宁坤要我给他画一张画”，如果把“宁坤”改成“一个朋友”，是不是可以？当然是不行的。宁坤是谁？也是作者在西南联大时的同学。他不是让作者随便给他画幅画，而是“要有昆明的特点”，可见，他也是想念着昆明的。我们可以想象宁坤拿到这幅画时候的感受，那些曾经的过往，生活的细节，青春的岁月，所有的人、事、景都会浮现在眼前，展卷之时，他可能会潸然泪下。因为一幅画、一段文字，就沟通了所有，他们的彼此了解、心灵相通，建立在一段难忘的共同回忆之上。同样，作者在画的时候肯定也想象着朋友的感动，自己也非常感动，所以第二段的“我想念昆明的雨”，也是在上文对画的缘由、画面及文字介绍后的情感的自然表达。有两位教师上课时向学生提出“第一段能不能删去”的问题，“自然引入话题”之类的说法不无道理，但从“人”的角度来分析就容易理解，也才能理解得更全面。

汪曾祺说：“我想把生活中真实的东西、美好的东西、人的美、人的诗意告诉人们。”这篇散文的欣赏和教学中，我们不能忽视“人”，不能忽视“人的美”，以及作者表现“人的美”的方式。

写景散文，应该怎样读

今天学生大多喜欢读故事，不喜欢读散文，尤其不喜欢读散文中的景物描写，这常常是因为没有领会景物描写和表达感情之间的关系。以高中教材必修上里的史铁生《我与地坛（节选）》为例，帮助大家体会下写景散文的阅读方法。

史铁生这位作家大家不陌生。初中学过他的《秋天的怀念》，这篇散文的结尾一段是：

又是秋天，妹妹推着我去北海看了菊花。黄色的花淡雅，白色的花高洁，紫红色的花热烈而深沉，泼泼洒洒，秋风中正开得烂漫。我懂得母亲没有说完的话。妹妹也懂。我俩在一块儿，要好好儿活……

比如，刚才这个结尾，表面上看写了各种颜色的菊花开得烂漫，实际上要表达三种意思：一个是世界是美好的，多彩的，富有生机的；另外，人也应该像各色的菊花一样，打开心门，接纳世界，绽放自己，活出自己的人生色彩；除此之外，也是借秋风中的烂漫菊花象征母亲坚强的品格，母亲教会作者去感受生活的美好，要有好好活下去的勇气。理解到景物背后作者想表达的感情，才能有欣赏散文的审美愉悦。

《我与地坛》中有大量的景物描

写，我们更不能忽视。

我们来看一下高中教材节选部分中的这几段。

先看第一部分第三段：

四百多年里，它一面剥蚀了古殿檐头浮夸的琉璃，淡褪了门壁上炫耀的朱红，坍圮了一段段高墙，又散落了玉砌雕栏，祭坛四周的老柏树愈见苍幽，到处的野草荒藤也都茂盛得自在坦荡。

首先从句式上看，这里的句子“剥蚀了……琉璃，淡褪了……朱红，坍圮了……高墙，又散落了玉砌雕栏”，是动宾式的。“剥蚀”“淡褪”“坍圮”“散落”这几个词一般是不能带宾语的，表达这一类的意思，应该运用主谓式的，“……琉璃剥蚀了，……朱红淡褪了，……高墙坍圮了，玉砌雕栏散落了”。两种句式表达效果上有什么不同呢？为什么作者不用主谓式而选择动宾式呢？动宾式，表现出一种被动，我们能够感觉到冥冥中有一种不可抗拒的力量在改变着这一切，摧毁着一切美好。这种句式体现了这种力量的无情，以及现实在这种力量中的无奈。《三国演义》电视剧的主题曲《历史的天空》歌词里也运用了这种句式：“暗淡了刀光剑影，远去了鼓角铮鸣，眼前飞扬着一个个，鲜活的面容。湮没了黄尘古道，荒芜了烽火边城……”也是用这种动宾式的句式，同样为了表现历史的力量把一切都裹挟而去的无情，体现了人类在这股力量之中的渺小与无奈。

而且，回到语境中会发现，这几句写景句前，有这么一句，“它等待我出生，然后又等待我活到最狂妄的年龄上忽地残废了双腿”，这句中也是用了“残废了双腿”这种动宾句式，“残废”一般是不能带宾语的，这种动宾式的句式，表现人在无情命运前的无奈和绝望。史铁生开朗、热爱运动，他在《我二十一岁那年》写他住在医院，每天祈祷上天能给他留下双腿，有一段描写，形象地表现他的感受：我已经不敢去羡慕那些在花丛树行间漫步的健康人和在小路上打羽毛球的年轻人。我记得我久久地看过一个身着病服的老人，在草地上踱着方步晒太阳；只要这样我想只要这样！只要能这样就行了就够了！我回忆脚踩在软软的草地上是什么感觉？想走到哪儿就走到哪儿是什么感觉？踢一颗路边的石子，踢着它走是什么感觉？没这样回忆过的人不会相信，那竟是回忆不出来的！老人走后我仍呆望着那块草地，阳光在那儿慢慢地淡薄，脱离，凝作一缕孤哀凄寂的红光一步步爬上墙，爬上楼顶……这段话是“忽地残废了双腿”中“忽地”这个表述的慢镜头，表现一个人不能抗拒命运的无奈和痛苦。

其次，我们看，这一段运用了几处夸饰性的修饰语。“琉璃”前加“浮夸”，“朱红”前加“炫耀”，“高墙”“玉砌雕栏”前的“高”“玉”“雕”，不管这些景物多么奢华，厄运到来时，依然不能抗拒。对照一下，会发现，原文在“年龄”前面也加了一个修饰语“最狂妄”。于是我们就明白，作者不只是在写地坛里的景物，也是在写自己，地坛的种种遭遇，无非是作者遭遇的外化。一场命中注定的相遇，地坛就在那里等着作者到来。失魂落魄，猝不及防，作者本以为自己有着最悲催的遭遇，有着全世界绝无仅有的不幸，陷入无边的黑暗和绝望。但在这里，他看到，岁月饶过谁，地坛有同样的遭遇。但地坛的态度是如此让人肃然起敬。

第三点，运用对比。地坛荒芜里有生机，摧残中有抗争，“老柏树愈见苍幽”“野草荒藤也都茂盛得自在坦荡”，“老”和“苍幽”“野草”“荒藤”和“茂盛得自在坦荡”形成鲜明的对比，且有预期性反差，明白无误地告诉我应该怎样对待命运的摧残，所以作者说“我一下就理解了它的意图”，就“再没长久离开过它”。

再来看第五段的景物描写：

“蜂儿如一朵小雾稳稳地停在半空；蚂蚁摇头晃脑捋着触须，猛然间想透了什么，转身疾行而去；瓢虫爬得不耐烦了，累了祈祷一回便支开翅膀，忽悠一下升空了；树干上留着一只蝉蜕，寂寞如一间空屋；露水在草叶上滚动、聚集，压弯了草叶轰然坠地摔开万道金光。”“满园子都是草木竞相生长弄出的响动，窸窸窣窣窸窸窣窣片刻不息。”

首先，我们发现这里选取的都是极微小的事物，“蜂儿”“蚂蚁”“瓢虫”“蝉”“露水”“草木”，但它们都各具生命的形态。连微小的生物都如此，何况是人呢？这些一般人不会关注的微小事物，引发了他深深的思考，给了他人生感悟。

其次，这里密集地使用动词，“停”“捋”“转身疾行而去”“祈祷”“支开翅膀”“升空”“滚动、聚集”“压弯”“坠地”“摔开”“竞相生长”，表现了生命的力量，掌控的力量。哪怕再微小的生命，也能产生巨大的力量，也有生命的华美的姿态。唯有蝉蜕，没有动词，要注意，这里重点不是写蝉蜕，而是写飞出去的蝉，那是生命摆脱束缚的升华。这些独特的观察，自然有种力量，给作者以启发。所以在他笔下，这一切充满力量，也充满诗意。所以他写“蜂儿如一朵小雾稳稳地停在半空”，把“蜂儿”比作“雾”，“雾”往往是风一吹即散的，但它却在半空“停”住，而且停得“稳稳地”。作者用“一朵”这个数量词来修饰，一般是形容花的，既写出了蜂的形态，又突出了作者的怜爱。很明显，作者和地坛里的生命在对话，在交流，就连露水这样没生命的东西，也在作者笔下拥有强劲的生命力。地坛里的一切，都是那么美好坚实地存在着，“我”也应该有不息的坚实的生命的律动。

再看下一段：

譬如祭坛石门中的落日，寂静的光辉平铺的一刻，地上的每一个坎坷都被映照得灿烂；譬如在园中最为落寞的时间，一群雨燕便出来高歌，把天地都叫喊得苍凉；譬如冬天雪地上孩子的脚印，总让人猜想他们是谁，曾在哪儿做过些什么，然后又都到哪儿去了；譬如那些苍黑的古柏，你忧郁的时候它们镇静地站在那儿，你欣喜的时候它们依然镇静地站在那儿，它们没日没夜地站在那儿，从你没有出生一直站到这个世界上又没了你的时候；譬如暴雨骤临园中，激起一阵阵灼烈而清纯的草木和泥土的气味，让人想起无数个夏天的事件；譬如秋风忽至，再有一场早霜，落叶或飘摇歌舞或坦然安卧，满园中播散着熨帖而微苦的味道。

大家可以参考前面两段的分析，让自己有“以情观景”的意识，这样就不难读懂这段文字了，就能够感受到这段写景文字的魅力了。

在这里，作者调动视觉、听觉、味觉、触觉等各种感官感受力，把景物写得凄美而华丽：祭坛石门的落日，寂静安详，但又尽力地散发灿烂的光芒，照亮每一个坎坷；高歌的雨燕，在寂寞里起飞，喊叫天地，苍凉而有力量；冬天雪地上孩子的脚印，那是生命的童话，引发人幸福的遐想；古柏千百年矗立在那里，看淡一切变化，表现生命的坚守；暴雨骤临，草木和泥土的味道灼烈而清纯，生命的气息浓重；早霜忽至，落叶或飘摇或坦然安卧，播散着独特的味道。这一切，充满了人生的禅意，充满了抗争的力量。

朱光潜把人们对自然美的欣赏分为三个层次：一是“爱微风以其凉爽，爱花以其气香色美，爱鸟声泉水以其对于听官愉快，爱晴天碧水以其对视官愉快”；二是“起于情趣的默契怡和”；三是“把大自然全体看作神灵的表现，在其中看出不可思议的妙谛”。显然，史铁生的描写，已经到了第三层次，他在痛苦的现实里，从地坛里寻找自己的精神家园，形成自己独特的哲学，以期获得力量和自由，变成“诗性的存在”。

所以，要目中有人，才能心中有人，才能读懂写景散文，那些景物描写才会走进我们的心灵，产生巨大的艺术感染力。

书写，为什么要像对待一门学科一样对待

一句话就回答了，因为书写对学生考试的影响太大了。

中考高考的无纸化时代，可能不会太遥远了。到那时，写字可能就像今天写毛笔字一样，属于个人爱好。但在当前，书写还是非常重要的。

学生估分常常比自己实际考的分数高，甚至会有较大差距。很重要的一个原因就是因书写不规范，被扣了很多分。

我们大多数老师都在班里给学生展示过、对比过，很多时候，考试中即使学生写的是差不多的内容，给分也会不同。我们让学生当阅卷老师测试过，学生甚至比老师还难以做到“一视同仁”，不“以貌取人”。

更重要的是，有的书写经过扫描，阅卷老师能否看清就是一个问题，就算是跟答案完全相符也未必能得分。

另外，大家要知道，中高考阅卷答题卡扫描到电脑上面以后，答题卡上红色的直线和方格，都不会被扫描到，只显示字。这样对我们书写的要求就更高了。

阅卷开会时组长常常要强调：“请各位阅卷教师不要因为学生的书写影响对学生答题的公平评判。”怎么样，听了是不是很感动？但凡事要从两面想，这样说，恰恰证明因为书写而导

致对答题不公正的评判现象，是非常普遍的。

比如作文。

语文老师最清楚，每次考试，要找几篇高分作文给学生看一看，50分以上作文，无论哪一篇都是书写非常工整的，“颜值”都很高，几乎没有例外。字写得不好的学生，就写不出好作文吗？是因为没办法过“第一关”，阅卷老师看一眼你糟糕的书写，就觉得你无论如何都不能得很高的分，作文虽然也有评分细则，但毕竟不像选择题或填空题那么确定，“弹性”是非常大的。心理学上的“晕轮效应”（以点概面或以偏概全的主观印象）在这里就会产生神奇的效果，字好遮百丑，字丑毁所有，字好的和字差的就一下子被拉开了差距。这种效应在其他主观题中，也是普遍存在的。

中高考时，很多同学都觉得自己名句默写肯定是满分。想一想，背诵都是有范围的，就那么几十篇，背三年，按理说，是不可能丢分的。但实际情况是不乐观的，高考名句默写满分6分，常常平均分只有一半，有时还不到一半。除了因理解型默写写错句、大量写错字的情况外，很大一部分是书写问题。尤其是写行书、草书的同学，常常丢了分自己还浑然不觉。“江州司马青衫湿”，“州”字的三点用一横来代替的，“衫”字衣字旁简化的，都是不给分的；“云青青兮欲雨”，“兮”字上面写成合口的，第二个“青”字用简写的，也是不得分的。甚至有一年高考，考周邦彦的《苏幕遮》，里面有一句“叶上初阳干宿雨”，“干”字如果下面一横不比上面一横长，也是不给分的。因为这个题目相对难度小，所以评分就对书写提出了更高的要求。

说书写决定你上什么样的学校，决定你和谁在一起，决定一个人的未来，也许不完全是危言耸听。中高考这样的大型考试，扫描到电脑上阅卷，对孩子的书写规范和答题习惯提出了更高要求。尤其是题目没有难度时，书写好的同学就更容易突围，更容易进入更高一层次的学校，享受到更好的资源，拥有更多的机会。

很多同学也觉得委屈，现在作业负担太重了，没时间练字，其实不是要把字写得有书法效果，有的同学行书写得很好，但因为连笔过多，还是会吃亏的。关键是态度，要写得工工整整，卷面干干净净，本着“我很丑，但是我很温柔”的原则。

只需要做到两点：第一，可以每周练一个字，比如先花几个星期把自己名字写好，再把最常用的50个字写好。能写好50个字，就能写好所有的字。第二，作文要记住九字诀：靠中站，一刀切，不出格。写在方格的正中间，不要偏左或偏右，让两个字之间的距离均匀，一刀切就是横平竖直，写方正，另外写在方格内。有的同学写字几乎每个边都连上，效果肯定就会差很多。

即使是评分标准看似严格的数理化学科，好的书写在阅卷弹性范围内也是会受奖励的，这个可是问过好多老师，他们很确定的。

当然，这只是从考试角度来说，从未来求职、工作角度来说，一笔好字，也是很重要的软实力，写字颐养身心的功效就不说了。当然练字要趁早，错过黄金期，就有心无力，我自己就是个惨痛的教训。所以，我才念念叨叨，在这本书里专门写这一篇。